Wolfgang Durner / Christian Walter (Hrsg.)

Rechtspolitische Spielräume bei der Umsetzung der Århus-Konvention

Wolfgang Durner/Christian Walter (Hrsg.)

Rechtspolitische Spielräume bei der Umsetzung der Århus-Konvention

Der juristische Verlag
lexxion
Berlin

Bibliografische Information der Deutschen Bibliothek

Die Deutsche Bibliothek verzeichnet diese Publikation in der Deutschen Nationalbibliografie; detaillierte bibliografische Daten sind im Internet über http://dnb.ddb.de abrufbar.

ISBN: 3-936232-48-2

www.lexxion.de
Satz und Titelgestaltung: Annika Langer
Titelbild: Birte Schumann

Vorwort

Seit Februar 2005 gibt es erste konkrete Entwürfe des Bundesumweltministeriums zur Umsetzung der Richtlinie 2003/35/EG über die Öffentlichkeitsbeteiligung und den Zugang zu Gerichten in Umweltangelegenheiten. Die Richtlinie setzt im Wesentlichen Vorgaben eines völkerrechtlichen Vertrags (der Århus-Konvention) um. Diese Vorgaben stellen das deutsche Verwaltungsrecht vor erhebliche strukturelle und dogmatische Herausforderungen. Durch die Einführung einer Verbandsklage weit über die bislang im Naturschutzrecht anerkannten Fälle hinaus gerät der am subjektiven Recht orientierte Verwaltungsrechtsschutz in Deutschland unter Anpassungs- und Veränderungsdruck. Der Ablauf der Umsetzungsfrist am 25. Juni 2005 und die bis dahin nur noch knappe verbleibende Zeit ließen es dringend angezeigt erscheinen, die bei der Umsetzung vorhandenen Spielräume auszuloten und unter breiter Beteiligung der betroffenen Kreise rechtspolitisch nach sinnvollen Ausgestaltungsmöglichkeiten zu fragen.

Der Verband der Chemischen Industrie e.V. (VCI) und die Herausgeber dieses Bandes haben deshalb am 18. April 2005 eine Diskussionsveranstaltung organisiert, auf der die gesetzgeberischen Spielräume für eine sachgerechte Umsetzung ausgelotet und kritisch analysiert wurden. Grundlage waren drei Referate, die sich mit den völker- und europarechtlichen Vorgaben, den konzeptionellen Umsetzungsmöglichkeiten und einer Reihe von Einzelfragen der Ausgestaltung befasst haben. Auf der Basis dieser Referate und angestoßen von vier Impulsstatements aus der Praxis (Verwaltungsgerichtsbarkeit, Anwaltschaft, Umwelt- und Industrieverbände) wurden die durch das völker- und europarechtliche Konzept eines "prozeduralen Umweltrechts" aufgeworfenen Rechtsfragen diskutiert. Der vorliegende Tagungsband dokumentiert die Referate und Impulsstatements und enthält eine Zusammenfassung der wichtigsten Aspekte der Diskussion. Er wird ergänzt durch einen Annex, in dem die wesentlichen Rechtstexte, insbesondere auch die Entwürfe des Bundesumweltministeriums vom 11. Februar 2005, und das Teilnehmerverzeichnis abgedruckt sind.

Die inhaltliche Konzeption der Tagung (und damit auch dieses Bandes!) ist das Ergebnis einer engen Zusammenarbeit mit Herrn Hans Hermann Nacke und Frau Dr. Anja von Hahn vom Verband der Chemischen Industrie e.V. Hierfür danken wir beiden sehr herzlich! Dankbar sind wir auch dem Oberverwaltungsgericht Berlin, insbesondere seinem Präsidenten Jürgen Kipp, für die Gastfreundschaft, Herrn Prof. Dr. Michael Kloepfer für die Leitung der

Diskussion am Nachmittag sowie allen Referenten für die Bereitschaft, ihre Beiträge kurzfristig zu erstellen und die Manuskripte innerhalb kürzester Zeit abzuschließen.

Wir freuen uns, dass es dank der engagierten Mitarbeit aller Beteiligten gelungen ist, diesen Band noch vor Ablauf der Umsetzungsfrist vorzulegen. Die Diskussionsveranstaltung war der Versuch, das partizipatorische und beteiligungsoffene Konzept der Århus-Konvention auf den Prozess ihrer Umsetzung im nationalen Recht anzuwenden und den potentiell Betroffenen Gehör zu verschaffen, Alternativen offen anzusprechen und die Stärken und Schwächen unterschiedlicher Umsetzungsoptionen möglichst breit zu erörtern. Wir verbinden mit der Veröffentlichung die Hoffnung, dass die hier dokumentierten Inhalte der Berliner Diskussionsveranstaltung zumindest zum Teil noch Einfluss auf die konkrete Ausgestaltung der deutschen Umsetzung nehmen werden.

München und Jena im Mai 2005
Wolfgang Durner
Christian Walter

Inhaltsverzeichnis

Christian Walter[1]

Beteiligungsrechte im Verwaltungsverfahren und Zugang zu Gerichten

Die Vorgaben des Völker- und Europarechts

I. Einleitung

Breite Beteiligungsrechte und die Verbandsklage im Umweltrecht polarisieren Fachwelt und politische Öffentlichkeit. Den einen sind sie ein wesentliches, wenn nicht „das" Instrument moderner und fortschrittlicher Umweltpolitik, die anderen halten sie dagegen für mit der Grundsatzentscheidung des deutschen Verwaltungsrechtsschutzes für eine Orientierung an der Verletzung subjektiver Rechte unvereinbar und brandmarken sie deshalb als Systembruch. Es macht die Sache nicht leichter, dass der wesentliche Anstoß für ihre relativ breit gefächerte Einführung im Umweltrecht mit der Århus-Konvention[2] und dem zu ihrer Umsetzung erlassenen europäischen Richtlinienrecht[3] nun ausgerechnet aus dem Bereich des internationalen und europäischen Rechts kommt. Neben die prozessrechtliche Polarisierung tritt dadurch die nicht minder grundsätzliche Auseinandersetzung um die richtige Balance zwischen internationaler Öffnung und nationaler Autonomie. Wer hier behauptet, es gehe ihm um nüchterne Analyse, macht sich von vornherein verdächtig. Und doch muss genau diese nüchterne Analyse zunächst das Ziel sein, bevor die jeweiligen Bastionen bezogen und verteidigt werden können.

---

1 Prof. Dr. Christian Walter ist Inhaber des Lehrstuhls für Öffentliches Recht, Völkerrecht, Europarecht und Internationales Wirtschaftsrecht an der Friedrich-Schiller-Universität in Jena. Bei dem Beitrag handelt es sich um eine gekürzte und auf die Diskussionsveranstaltung zugeschnittene Fassung eines längeren Beitrags, der in EuR 40 (2005) erscheinen wird.

2 Übereinkommen über den Zugang zu Informationen, die Öffentlichkeitsbeteiligung an Entscheidungsverfahren und den Zugang zu Gerichten in Umweltangelegenheiten, Doc. ECE/CEP/43; im Internet verfügbar unter http://www.unece.org/env/pp/treatytext.htm (geprüft am 8. April 2005); zur Entstehungsgeschichte siehe M. Zschiesche, Die Århus-Konvention – mehr Bürgerbeteiligung durch umweltrechtliche Standards?, ZUR 12 (2001), S. 177 ff. (1177 f.); P. Jeder, Neue Entwicklungen im Umweltrecht vor dem Hintergrund der Århus-Konvention, Jahrbuch des Umwelt- und Technikrechts 2002, S. 145 ff. (147); eine ausführliche Darstellung der Geschichte des partizipatorischen Modells der Århus-Konvention gibt M. Prieur, La Convention d'Århus, instrument universel de la démocratie environnementale, Revue juridique de l'environnement, Numéro spécial 1999, S. 9 ff. (11 ff.).

3 Richtlinie 2003/35/EG des Europäischen Parlaments und des Rates vom 26. Mai 2003 über die Beteiligung der Öffentlichkeit bei der Ausarbeitung bestimmter umweltbezogener Pläne und Programme und zur Änderung der Richtlinien 85/337/EWG und 96/61/EG des Rates in Bezug auf die Öffentlichkeitsbeteiligung und den Zugang zu Gerichten (ABl. 2003 L 156/17).

Dieses Einleitungsreferat soll die völker- und europarechtlichen Hintergründe des Themas der heutigen Diskussionsveranstaltung aufdecken und verständlich machen sowie auf Problembereiche bei der Umsetzung hinweisen. Es beginnt mit einem Überblick über den Inhalt der Århus-Konvention und ordnet sie in den allgemeinen umweltrechtlichen Kontext ein (II.). Daran schließt sich ein Abschnitt zur Zuständigkeit der Gemeinschaft für die Umsetzung der Århus-Konvention an (III.). In einem dritten Abschnitt wird ganz kurz auf ein nicht unerhebliches Umsetzungsproblem auf europäischer Ebene bei der Einführung der Verbandsklage im Prozessrecht des EuGH hingewiesen (IV.), bevor der Schwerpunkt auf Umsetzungsschwierigkeiten im deutschen Recht gelegt wird (V.). Die Schlussüberlegung ordnet die Problematik in den größeren Zusammenhang der Globalisierung im öffentlichen Recht ein und zieht Schlussfolgerungen für die Bedeutung des allgemeinen Verwaltungsrechts (VI.).

II. Der Inhalt der Århus-Konvention im Überblick

Die Århus-Konvention wurde am 25. Juni 1998 als UN/ECE-Konvention von der Gemeinschaft und ihren Mitgliedstaaten unterzeichnet. Sie trat am 30. Oktober 2001 in Kraft. Die Europäische Gemeinschaft hat ihre Genehmigungsurkunde am 17. Februar 2005 hinterlegt.[4] Von den alten Mitgliedstaaten der EG haben inzwischen Österreich, Belgien, Dänemark, Italien, Finnland, Frankreich, die Niederlande, Spanien, Portugal und das Vereinigte Königreich die Konvention ratifiziert,[5] während die Ratifikation durch die Bundesrepublik Deutschland noch aussteht.

Die Århus-Konvention enthält 22 Artikel und 2 Anhänge. Ihr Ziel ist eine verstärkte Beteiligung der Öffentlichkeit an umweltbezogenen Entscheidungsverfahren. Die dazu von ihr aufgestellten materiellen Regelungen ruhen auf drei Säulen.[6] Die erste betrifft den Zugang des einzelnen zu Informationen über die Umwelt (Art. 4 und Art. 5 Århus-Konvention). Hier wird ein

---

4 Von den neuen Mitgliedstaaten haben Zypern, Estland, Ungarn, Lettland, Litauen, Malta, Polen, Slowenien und die Tschechische Republik die Konvention ratifiziert, siehe nochmals den Nachweis in Fn. 2.

5 Siehe die Zusammenstellung unter http://www.unece.org/env/pp/ctreaty.htm (geprüft am 8. April 2005).

6 Zum folgenden Überblick über den Inhalt der Konvention siehe M. Scheyli, Århus-Konvention über Informationszugang, Öffentlichkeitsbeteiligung und Rechtsschutz in Umweltfragen, AVR 38 (2000), S. 217 ff. (227 ff.); A. Epiney/M. Scheyli, Die Århus-Konvention – Rechtliche Tragweite und Implikationen für das schweizerische Recht, 2000, S. 25 ff.; Zschiesche (Fn. 2), S. 178 ff.; J. Jendroska, Århus Convention and Community Law: the Interplay, JEEPL 2 (2005), S. 12 ff. (15 ff.).

Umweltinformationsanspruch geregelt, wie er bereits vor der Århus-Konvention in der Umweltinformationsrichtlinie vorhanden war[7] und auch seit einiger Zeit schon im deutschen Recht – nicht ohne mühsame Diskussionen – anerkannt ist.[8] Neben dem Recht auf Informationszugang werden in diesem Abschnitt der Konvention auch Fragen aktiver Informationsverbreitung und der „Informationsinfrastruktur", also das Problem geeigneter Formen der Zurverfügungstellung von Umweltdaten, geregelt.[9]

Die zweite Säule der Århus-Konvention enthält Regelungen über die Beteiligung der Öffentlichkeit bei der Entscheidung über bestimmte umweltrelevante Projekte (Art. 6 bis Art. 8 Århus-Konvention). Anhang I zur Konvention enthält eine Liste mit 22 Positionen, in denen Projekte beschrieben sind, auf welche die Regelungen über die Öffentlichkeitsbeteiligung Anwendung finden.

Die dritte Säule der Konvention schließlich regelt Fragen des verwaltungsrechtlichen Widerspruchsverfahrens und des Zugangs zu Gerichten in Umweltangelegenheiten, mithin also Teile des Rechtsschutzes in Umweltangelegenheiten.[10] Die Regelungen zum Rechtsschutz beziehen sich sowohl auf die erste Säule, also die Durchsetzung des Informationsanspruchs, als auch auf die Durchsetzung der in der zweiten Säule vorgesehenen Beteiligungsrechte.[11] Für die deutsche und gemeinschaftsrechtliche Diskussion ist dabei die in der Konvention vorgesehene Möglichkeit von Verbandsklagen von besonderer Bedeutung.[12] Die Århus-Konvention enthält eine Vermutung, dass

---

7 Art. 3 Abs. 1 der Richtlinie 90/313/EWG (ABl. 1990 L 158/56); dazu das Gesetz zur Umsetzung der Richtlinie 90/313/EWG des Rates vom 7. Juni 1990, BGBl. I 1994 S. 1490; zur Entstehungsgeschichte siehe J. Fluck/A. Theuer, Informationsfreiheitsrecht mit Umweltinformations- und Verbraucherinformationsrecht (Loseblattkommentar; Stand: November 2003), Einleitung, Rn. 91 ff.

8 Art. 4 Abs. 1 des geänderten Umweltinformationsgesetz, BGBl. 2004 I S. 3704, siehe auch den Entwurf in BT-Drs. 15/3405 vom 21. Juni 2004.

9 Dazu Scheyli (Fn. 6), S. 228 und 233 f.

10 Dazu ausführlich und mit umfassenden rechtsvergleichenden Nachweisen A. Epiney/K. Sollberger, Zugang zu Gerichten und gerichtliche Kontrolle im Umweltrecht – Rechtsvergleich, völker- und europarechtliche Vorgaben und Perspektiven für das deutsche Recht, 2002; dies., Verwaltungsgerichtlicher Rechtsschutz in Umweltangelegenheiten, Rechtsvergleich, europa- und völkerrechtliche Vorgaben und Implikationen für die Schweiz, 2003.

11 Art. 9 Abs. 1 und Abs. 2 Århus-Konvention.

12 Ausführlich unten VI.3., S. 27 ff.; für einen Überblick über die Diskussion siehe A. Epiney, Gemeinschaftsrecht und Verbandsklage, NVwZ 1999, S. 485 ff. (488 ff.); R. Seelig/B. Gündling, Die Verbandsklage im Umweltrecht – Aktuelle Entwicklungen und Zukunftsperspektiven im Hinblick auf die Novelle des Bundesnaturschutzgesetzes und supranationale und europarechtliche Vorgaben, NVwZ 2002, S. 1033 ff. (1038 ff.); C. Calliess, Die umweltrechtliche Verbandsklage nach der Novellierung des Bundesnaturschutzgesetzes – Tendenzen zu einer „Privatisierung des Gemeinwohls" im Verwaltungsrecht?, NJW 2003, S. 97 ff. (98 ff.); derselbe, Europäische Vorgaben für die umweltrechtliche Verbandsklage, EurUP 1 (2003), S. 7 ff. (13 ff.); A. Schink, Die Århus-Konvention und das deutsche Umweltrecht, EurUP 1 (2003), S. 27 ff. (34 ff.).

Umweltschutzverbände Mitglieder der sog. „betroffenen Öffentlichkeit“ sind, für die nach der Konvention Zugang zu einem gerichtlichen oder gerichtsähnlichen Überprüfungsverfahren in Umweltangelegenheiten geschaffen werden muss.[13]

III. Gemeinschaftsrechtliche Einordnung und Zuständigkeitsprobleme

Die Århus-Konvention wurde sowohl von der Gemeinschaft als auch von ihren Mitgliedstaaten unterzeichnet. Es handelt sich um ein sog. „gemischtes Abkommen“, also um einen Vertrag, der sowohl Zuständigkeiten der Gemeinschaft als auch solche der Mitgliedstaaten berührt.

Für die Auslotung der rechtspolitischen Umsetzungsspielräume, um die es bei der heutigen Veranstaltung zentral geht, ist allein die Kompetenzverteilung im Innenverhältnis von Interesse. Inwieweit besteht eine Zuständigkeit der Gemeinschaft zur Umsetzung der Århus-Konvention? Und auf die Umsetzungsspielräume bezogen: Wo hat die Gemeinschaft Umsetzungsspielraum, wo die Mitgliedstaaten?

Es liegt in der Logik gemischter Abkommen, dass die geteilte Zuständigkeit für den Abschluss sich in einer entsprechenden internen Umsetzungszuständigkeit fortsetzt. Danach wäre die Gemeinschaft für die Umsetzung derjenigen Teile des Übereinkommens zuständig, die in ihre Kompetenz fallen und die Mitgliedstaaten entsprechend für ihre Teile. Die Gemeinschaft ist im Bereich der Beteiligungs- und Informationsrechte in Umweltsachen schon vor der Unterzeichnung der Århus-Konvention intensiv rechtssetzend tätig geworden. Das gilt namentlich für den Umweltinformationsanspruch, der bereits auf eine Richtlinie aus dem Jahr 1990 zurückgeht.[14] Zur Anpassung an die Vorgaben der Århus-Konvention hat die Gemeinschaft inzwischen zwei Änderungsrichtlinien erlassen. Mit der Richtlinie 2003/4/EG vom 28. Januar 2003[15] wurde die Umweltinformationsrichtlinie geändert, an die Århus-Konvention angepasst und insgesamt neu verkündet. Diese Änderungen waren bis zum 24. Februar 2005 von den Mitgliedstaaten umzusetzen.

13 Art. 9 Abs. 2 i. V. m. Art. 2 Nr. 5 Århus-Konvention.

14 Umweltinformationsrichtlinie 90/313/EWG (Fn.7).

15 ABl. 2003 L 41/36.

Die Bundesrepublik hat insoweit das UIG geändert.[16] Zu den hier auftretenden Problemen folgen sogleich noch einige Hinweise.[17]

Außerdem wurden mit der Richtlinie 2003/35/EG vom 26. Mai 2003[18] die UVP-Richtlinie und die IVU-Richtlinie geändert. Zugleich wurden Regelungen über die Öffentlichkeitsbeteiligung im Planungsrecht erlassen. Diese Änderungen sind bis zum 25. Juni 2005 umzusetzen und stehen im Zentrum der Veranstaltung. Zu ihrer Umsetzung hat das Bundesumweltministerium am 21. Februar 2005 die Entwürfe für ein Öffentlichkeitsbeteiligungsgesetz und ein Umweltrechtsbehelfsgesetz vorgelegt.[19]

In Vorbereitung der Genehmigung durch die Gemeinschaft hat die Kommission außerdem am 23. Oktober 2003 Vorschläge für drei Rechtsakte unterbreitet. Neben einem Beschluss des Rates, der die Ratifikation ermöglicht,[20] schlug die Kommission eine Verordnung über die Anwendung der Bestimmungen der Århus-Konvention auf Organe und Einrichtungen der Europäischen Gemeinschaft[21] und eine Richtlinie über den Zugang zu Gerichten in Umweltangelegenheiten vor.[22] Der Beschluss des Rates zur Genehmigung des Abkommens wurde am 17. Februar 2005 gefasst.[23] Während es für die Verordnung einen gemeinsamen Standpunkt gibt,[24] scheint das Projekt der Richtlinie zurzeit nicht weiterverfolgt zu werden.

An der Kompetenz der Gemeinschaft hinsichtlich der Änderung ihres bereits vorhandenen Richtlinienrechts zum Umweltinformationsanspruch und zur Umweltverträglichkeitsprüfung können keine Zweifel bestehen. Dagegen ist die Gemeinschaftszuständigkeit für die Regelung verwaltungsverfahrens- und verwaltungsprozessualer Fragen umstritten. Bezogen auf die Umsetzung der Århus-Konvention bedarf demnach der Klärung, in welchem Umfang eine Gemeinschaftszuständigkeit für die Regelung des Rechtsschutzes in Umweltangelegenheiten, also im Bereich der dritten Säule der Århus-Konvention besteht.

---

16 Dazu das geänderte Umweltinformationsgesetz (Fn. 8).

17 Siehe unten V.1, S. 19.

18 ABl. 2003 L 156/17.

19 Beide sind im Internet verfügbar unter http://www.bmu.de/buergerbeteiligungsrechte/downloads/doc/35113.php (geprüft am 19. April 2005); siehe auch im Anhang dieses Bandes S. 171 ff.

20 KOM (2003) 625 endgültig vom 24. Oktober 2003.

21 KOM (2003) 622 endgültig vom 24. Oktober 2003.

22 KOM (2003) 624 endgültig vom 24. Oktober 2003.

23 Nachweis unter http://register.consilium.eu.int/pdf/fr/05/st06/st06281.fr05.pdf (geprüft am 8. April 2005).

24 Nachweis unter http://register.consilium.eu.int/pdf/fr/05/st05/st05172.fr05.pdf (geprüft am 8. April 2005).

Die Zuständigkeit zur Umsetzung der Århus-Konvention folgt im Bereich des Rechtsschutzes zunächst der „normalen" Kompetenzverteilung zwischen der Gemeinschaft und den Mitgliedstaaten. Damit stellt sich die Frage nach der Reichweite der umweltrechtlichen Zuständigkeit der Gemeinschaft, wenn es um das Verwaltungsverfahrens- und das Verwaltungsprozessrecht geht. Die Reichweite der umweltpolitischen Kompetenz der Gemeinschaft war wegen der entwicklungsoffenen Formulierungen in den vertraglichen Rechtsgrundlagen von Anfang an umstritten.[25] Während einige Autoren durch Anwendung eines restriktiven Umweltbegriffs die Zuständigkeit der Gemeinschaft im Umweltbereich begrenzen wollen,[26] geht die herrschende Meinung in der Literatur von einem entwicklungsoffenen Begriff aus, der grundsätzlich eine breite Zuständigkeit der Gemeinschaft ermöglicht.[27] Für diese Meinung spricht nicht zuletzt die deutliche Fortentwicklung der umweltpolitischen Zielsetzung der Europäischen Gemeinschaft, die in der Nennung des Umweltschutzes bei der Tätigkeit der Gemeinschaft in Art. 3 lit. l EGV und der Einführung einer Querschnittsklausel in Art. 6 EGV durch den Vertrag von Amsterdam deutlich zum Ausdruck kommt.

1. Keine „Schubladenlösung" bei der Kompetenzverteilung

Ein "Gemeinschaftsrechtsgrundsatz der mitgliedstaatlichen Verfahrensautonomie bei der Durchführung des Gemeinschaftsrechts",[28] der das gesamte Verwaltungsverfahrens- und Verwaltungsprozessrecht dem Einfluss des Gemeinschaftsrechts entziehen würde, lässt sich dem Gemeinschaftsrecht in dieser Allgemeinheit nicht entnehmen.[29] Eine solche „Schubladenlösung" bei

25 Allerdings kreist ein guter Teil der Diskussion weniger um die Frage einer Kompetenzabgrenzung zwischen der Gemeinschaft und den Mitgliedstaaten, sondern vielmehr um die der richtigen Rechtsgrundlage innerhalb des EG-Vertrags, wenn für einen Rechtsakt mehrere Rechtsgrundlagen in Frage kommen. Zu diesem Problemkreis und den vertretenen Positionen S. Breier, Kompetenzen, in: H.-W. Rengeling, Handbuch zum europäischen und deutschen Umweltrecht, Bd. I, 2. Aufl. 2003, S. 414 ff. (430 ff.); R. von Borries, Kompetenzverteilung und Kompetenzausübung, ebenda, S. 853 ff. (866 ff.); C. Calliess, Art. 175, Rn. 1 und 3, in: ders/M. Ruffert (Hrsg.), Kommentar des Vertrags über die Europäische Union und des Vertrags zur Gründung der Europäischen Gemeinschaft, 2. Aufl. 2002.

26 H. Matuschak, Die Bedeutung des neuen Art. 130s Abs. 2 EGV im Rahmen des EG-vertraglichen Umweltrechts, DVBl. 1995, S. 81 ff. (84 ff.);

27 A. Epiney, Umweltrecht in der Europäischen Union, 1997, 3 und 6 ff.; Calliess, Art. 175, Rn. 1 und 3, in: derselbe/Ruffert (Fn.25); Kahl, Art. 175, Rn. 6, in: Streinz, EUV/EGV, 2003.

28 Th. v. Danwitz, Århus-Konvention: Umweltinformation, Öffentlichkeitsbeteiligung, Zugang zu den Gerichten, NVwZ 2004, S. 272 ff. (277).

29 F. Ekardt/K. Pöhlmann, Die Kompetenz der Europäischen Gemeinschaft für den Rechtsschutz – am Beispiel der Århus-Konvention, EurUP 2004, S. 128 ff. (130 f.).

der Kompetenzverteilung, die bestimmte Materien vollständig von der Gemeinschaftszuständigkeit ausnehmen will, wird der finalen Zielsetzung der gemeinschaftsrechtlichen Kompetenzzuweisungen nicht gerecht. Das hat sich bereits in vielen anderen Bereichen gezeigt. So bleibt den Mitgliedstaaten zwar grundsätzlich die Ausgestaltung ihrer Sozialversicherungssysteme überlassen. Dies schließt aber vereinzelte Einwirkungen der Grundfreiheiten nicht aus.[30] Das Gleiche zeigte sich bei der Organisation der Streitkräfte[31] und ist inzwischen sogar im Staatskirchenrecht akzeptiert.[32] Gemeinschaftsrecht und nationales Recht der Mitgliedstaaten liegen eben nicht wie Schubladen streng nach Sachbereichen getrennt nebeneinander, sondern sind auch dort punktuell miteinander verschränkt, wo grundsätzlich die Mitgliedstaaten allein regelungsbefugt sind. Das gilt auch beim Rechtsschutz in Umweltangelegenheiten: Schon die Umweltinformationsrichtlinie aus dem Jahr 1990 enthielt in Art. 4 Regelungen über den Rechtsschutz bei einer Verweigerung des Zugangs zu Umweltinformationen.[33]

2. Keine pauschale Gemeinschaftszuständigkeit zur Regelung des Verfahrensrechts als allgemeine „Annexkompetenz“

Zu weitgehend ist aber auch die Auffassung, nach der die Gemeinschaft zuständig sein soll, unabhängig von einem konkreten materiellen umweltrechtlichen Rechtsakt umweltbezogene verfahrens- und prozessrechtliche Regeln zu erlassen.[34] Würde man diesen Gedanken in andere Politikbereiche übertragen, so entstünde leicht eine allgemeine verfahrensrechtliche Kompetenz der Gemeinschaft. Dass „Aspekte der Rechtsdurchsetzung – unter Ein-

30 EuGH, Slg. 1998, I-1931 – Kohll; Slg. 1998, I-1831 – Decker.

31 EuGH, Slg. 2000, I-69 – Tanja Kreil.

32 Etwa M. Heinig, Öffentlich-rechtliche Religionsgesellschaften, 2003, S. 390 ff.; St. Mückl, Religions- und Weltanschauungsfreiheit im Europarecht, 2002, S. 23; C. Link, Staat und Kirche im Rahmen des europäischen Einigungsprozesses, ZevKR 42 (1997), S. 130 ff. (134 f.); tendenziell anderer Ansicht C. Hillgruber, Staat und Religion, DVBl. 1999, S. 1155 ff. (1178) mit der Formulierung, dass die Kirchen „dem gemeinschaftsrechtlichen Regelungszugriff entzogen“ seien.

33 „Eine Person, die der Ansicht ist, dass ihr Informationsersuchen zu Unrecht abgelehnt oder nicht beachtet worden ist, oder die von einer Behörde eine unzulängliche Antwort erhalten hat, kann den Bescheid auf dem Gerichts- oder Verwaltungsweg gemäß der einschlägigen einzelstaatlichen Rechtsordnung anfechten.“

34 Am ausführlichsten A. Epiney, Gemeinschaftsrecht und Verbandsklage, NVwZ 1999, S. 485 ff. (492); im Ergebnis ebenso C. Calliess, Europarechtliche Vorgaben für die umweltrechtliche Verbandsklage, EurUP 1 (2003), S. 7 ff. (15 mit Fn. 83); ohne nähere Begründung wird die Zuständigkeit der Gemeinschaft verneint bei Jeder (Fn. 2), S. 147 mit Fn 5.

schluss von Fragen des gerichtlichen Verfahrens – für die effektive Wirkung eines Rechtsakts entscheidend sein können",[35] gilt überall. Erst recht geht es zu weit, wenn aus der allgemeinen Umweltzuständigkeit der Gemeinschaft und einem tatsächlich vorhandenen oder nur behaupteten allgemeinen Vollzugsdefizit im Bereich des Umweltrechts gefolgert wird, die Gemeinschaft habe eine allgemeine Zuständigkeit, Verfahrensvorschriften zur Einhaltung des materiellen Umweltrechts gleich welcher Provenienz (also insbesondere auch des nationalen Umweltrechts) zu erlassen.[36] Hierdurch würde eine völlig neue Fallgruppe des Vollzugs geschaffen. Der Gemeinschaftsgesetzgeber würde in Anspruch nehmen, über den Vollzug von nationalem Recht durch nationale Stellen zu wachen. Für eine solche Fallgruppe ist eine Kompetenzgrundlage nicht zu erkennen und Parallelen zur Durchsetzung des Umweltinformationsanspruchs tragen nicht, weil dort der durchzusetzende materielle Anspruch gerade im Gemeinschaftsrecht verankert ist.[37]

3. Lösung über das Umweltverfahrensrecht als rechtspolitische Gesamtkonzeption

Man muss demnach zunächst festhalten, dass eine Zuständigkeit zum Erlass von Verfahrensregeln nur dort besteht, „wo sie der Durchsetzung konkreter, im Rahmen zugewiesener Regelungsbereiche wie etwa dem Umweltschutz gesetzter, materieller Rechtsvorschriften dient."[38] Aber wird diese Auslegung der Entwicklung eines „prozeduralen Umweltrechts" auf europäischer Ebene noch gerecht? Hintergrund der neuen umweltrechtlichen Konzeptionen ist, dass Verfahrensrechte als „umweltpolitisches Mittel zur Überwindung des gravierenden Vollzugsdefizits verstanden werden."[39] Es gilt also bei der Interpretation die Funktion der Verfahrensregeln im Umweltrecht zu berücksichtigen. Die Diskussion im Umweltrecht geht seit längerem dahin, die verfahrensrechtlichen Aspekte des Umweltschutzes stärker zu betonen als dies der

35 So das Argument bei Epiney (Fn. 34), S. 492.

36 I. Pernice/V. Rodenhoff, Die Gemeinschaftskompetenz für eine Richtlinie über den Zugang zu Gerichten in Umweltangelegenheiten, ZUR 2004, S. 149 ff. (150).

37 Pernice/Rodenhoff (Fn. 36), S. 150 f.

38 B.W. Wegener, Rechte des Einzelnen, Die Interessenklage im Europäischen Umweltrecht, 1998, 86; gegen eine Annexkompetenz argumentiert auch M. Ruffert, Subjektive Rechte im Umweltrecht der Europäischen Gemeinschaft, 1996, S. 322.

39 Ruffert (Fn. 38), S. 321.

deutschen verwaltungsrechtlichen Tradition entspricht.[40] Akzeptiert man die Gedanken des „prozeduralen Umweltrechts" und der „informierten Öffentlichkeit" als umweltpolitische Regelungskonzepte, dann ergibt sich die Kompetenz zum Erlass von Verfahrensregeln zwanglos aus der Kompetenz zum Erlass materieller Regeln, weil sich – zumindest mit Blick auf die Kompetenzgrundlage – materielles und Verfahrensrecht nicht mehr ohne weiteres trennen lassen.[41] Die verfahrensrechtliche Konzeption ist ihrer Ausrichtung nach materielles Umweltrecht.

Diese Art der gemeinschaftsrechtlichen Kompetenzbegründung über eine umweltpolitische Gesamtkonzeption, die das Verfahrens- und Prozessrecht einschließen muss, hat gegenüber den anderen Ansätzen den Vorteil, dass sie einerseits zwar dem finalen Zuschnitt der Kompetenz in Art. 174 und Art. 175 EGV Rechnung trägt, gleichzeitig aber eine besondere Verzahnung von materiellem und Verfahrensrecht in einer Gesamtkonzeption verlangt und so eine wichtige Einschränkung gegenüber der Annexkompetenz enthält.[42] Dies schließt es nicht aus, das Konzept in andere Bereiche zu übertragen (der Verbraucherschutz wäre ein wichtiges weiteres Beispiel!), aber Voraussetzung bleibt, dass ein prozedurales Gesamtkonzept gewählt wird. Erst dieses begründet die Gemeinschaftskompetenz zur Verfahrensregelung. Daneben lässt sich aus dem Subsidiaritätsgrundsatz ableiten, dass der Gemeinschaft gerade im Bereich von Verfahrensvorschriften nur eine Kompetenz zum Erlass von Mindestnormen zusteht, die den Mitgliedstaaten Spielraum zur Ausfüllung lassen müssen.[43]

4. Der Richtlinienvorschlag der Kommission vom 23. Oktober 2003 als Bestandteil des umweltrechtlichen Konzepts einer „informierten Öffentlichkeit"

Nimmt man diese Überlegungen zum Ausgangspunkt, dann erlangt die von der Gemeinschaft mit ihren Rechtsakten verfolgte umweltpolitische Gesamt-

40 Dazu allgemein G.-P. Calliess, Prozedurales Recht, 1999; E. Schmidt-Aßmann, Europäisches Verwaltungsverfahrensrecht, in: P.-C. Müller-Graff (Hrsg.), Perspektiven des Rechts in der Europäischen Union, 1998, S. 131 ff. (133 und 146 ff.); insbes. zum Umweltrecht E. Hagenah, Prozeduraler Umweltschutz, 1996; E. Schmidt-Aßmann/C. Ladenburger, Umweltverfahrensrecht, in: Rengeling (Fn. 25), S. 551 ff. (552 ff.).

41 Ekardt/Pöhlmann (Fn. 29), S. 131.

42 Hierin liegt eine wesentlicher Unterschied gegenüber der im Übrigen durchaus ähnlich verlaufenden Argumentation bei Pernice/Rodenhoff (Fn. 36), S. 150, wo die Zuständigkeit im Wesentlichen mit dem rechtspolitischen Argument des Vollzugsdefizits im Bereich des Umweltrechts und dessen nachteiligen Auswirkungen auf die Umwelt begründet wird.

43 Calliess (Fn. 25), Rn. 10 ff.

konzeption entscheidende Bedeutung für die Antwort auf die Frage nach der Zuständigkeit. Hier kann inzwischen kein ernsthafter Zweifel mehr bestehen, dass die enge Verzahnung von materiellem und Verfahrensrecht gerade eine der Neuerungen und Fortentwicklungen war, die das europäische Umweltrecht für das nationale Umweltrecht der Bundesrepublik Deutschland gebracht hat.[44] Die Regelungen der Århus-Konvention fügen sich nahtlos in dieses an Partizipation orientierte Modell. Als Belege für die gesamte Entwicklung des europäischen Umweltrechts in Richtung auf ein partizipatorisches Modell seien angeführt: Die Umweltinformationsrichtlinie aus dem Jahr 1990,[45] die einen interessenunabhängigen Anspruch auf Zugang zu bei Behörden vorhandenen Umweltinformationen gibt,[46] sowie die ausdrücklich auf Betroffenen- oder Interessenpartizipation abstellenden Regelungen in der UVP-Richtlinie[47], der Richtlinie zur Schaffung eines Ordnungsrahmens für Maßnahmen der Gemeinschaft im Bereich der Wasserpolitik[48] oder der Richtlinie über die integrierte Vermeidung und Verminderung der Umweltverschmutzung (IVU-Richtlinie)[49]. Die Entwicklung kulminierte in der bereits mit dem ausdrücklichen Ziel der Umsetzung der Århus-Konvention im Mai 2003 erlassenen Richtlinie über die Beteiligung der Öffentlichkeit bei der Ausarbeitung bestimmter umweltbezogener Pläne und Programme und zur

44 Vgl. neben den Nachweisen in Fn. 40 aus der älteren Literatur noch E. Schmidt-Aßmann, Der Verfahrensgedanke in der Dogmatik des öffentlichen Rechts, in: P. Lerche/W. Schmitt-Glaeser/E. Schmidt-Aßmann (Hrsg.), Verfahren als staats- und verwaltungsrechtliche Kategorie, 1984, S. 3 ff. (6 ff.)

45 Nachweise oben Fn. 7; siehe auch die sog. „Seveso-Richtlinie" (Richtlinie 96/82; ABl. 1997 L 10/13; dazu die Änderung durch die Richtlinie 2003/105/EG; ABl. 2003 L 345/97), mit der ein spezielles Informationszugangsrecht und Beteiligungsrechte der Öffentlichkeit mit Blick auf gefährliche Stoffe normiert werden.

46 Neben den einschlägigen Kommentierungen zu dem für Deutschland hinsichtlich der Umsetzung maßgeblichen UIG (R. Röger, Umweltinformationsgesetz, Kommentar, 1995; Th. Schomerus/Ch. Schrader/B. Wegener (Hrsg.), Umweltinformationsgesetz – Handkommentar, 2. Aufl. 2002; J. Fluck/A. Theuer (Fn. 7)) sei hingewiesen auf die Beiträge von A. Hatje, Verwaltungskontrolle durch die Öffentlichkeit – eine dogmatische Zwischenbilanz zum Umweltinformationsanspruch, EuR 33 (1998), S. 734 ff.; G. Nolte, Die Herausforderung für das deutsche Recht der Akteneinsicht durch europäisches Verwaltungsrecht, DÖV 52 (1999), S. 363 ff.; M. Kaufmann, Grundrechtlicher Anspruch auf Akteneinsicht als Voraussetzung der Demokratie?, in: M. Bertschi u.a. (Hrsg.), Demokratie und Freiheit, 39. Tagung der Wissenschaftlichen Mitarbeiterinnen und Mitarbeiter der Fachrichtung Öffentliches Recht, 1999, S. 41 ff.; D. König, Das Umweltinformationsgesetz – ein Modell für mehr Aktenöffentlichkeit?, DÖV 53 (2000), S. 45 ff.; M. Rossi, Das Umweltinformationsgesetz in der Rechtsprechung – ein Überblick, UPR 20 (2000), S. 175 ff.

47 Art. 6 Abs. 2 der Richtlinie 85/337/EWG (oben Fn. 3; näher zum rein verfahrensrechtlichen Charakter der Richtlinie W. Haneklaus, Vorbemerkungen Rn. 8., in: W. Hoppe (Hrsg.), Gesetz über die Umweltverträglichkeitsprüfung, Kommentar, 2. Aufl. 2002.

48 Art. 14 der Richtlinie 2000/60/EG (ABl. 2000 L 327/1).

49 Art. 15 der Richtlinie 96/61 (ABl. 1996 L 257/26).

Änderung der Richtlinien 85/337/EWG und 96/61/EG des Rates in Bezug auf die Öffentlichkeitsbeteiligung und den Zugang zu Gerichten.[50] Aus der Gesamtschau dieser einzelnen Entwicklungsschritte ergibt sich eine Kompetenz der Gemeinschaft zum Erlass derjenigen Vorschriften des Verwaltungsverfahrens- und Verwaltungsprozessrechts, die zur Realisierung der Konzeption eines „prozeduralen Umweltrechts" unter Subsidiaritätsgesichtspunkten erforderlich sind.

IV. Probleme bei der Umsetzung der Århus-Konvention im Bereich des gemeinschaftlichen Verfahrens- und Prozessrechts

Interessant und rechtlich nicht unproblematisch sind die von der Kommission vorgeschlagenen Regelungen mit Blick auf die in der Århus-Konvention vorgesehene Verbandsklage.[51] Die entscheidende Frage ist, wie der Zugang zum Europäischen Gerichtshof ermöglicht wird. Das Problem besteht darin, dass die Nichtigkeitsklage nach dem ausdrücklichen Wortlaut des Art. 230 EGV die „unmittelbare und individuelle" Betroffenheit des Klägers verlangt.[52] Obwohl die insoweit relativ strenge Rechtsprechung des EuGH zu diesem Erfordernis seit langem Gegenstand der Diskussion ist,[53] hält der Gerichtshof nach wie vor an ihr fest.[54] Da es sich bei Art. 230 Abs. 4 EGV um eine primärrechtliche Vorgabe handelt, kann diese Zulässigkeitshürde nicht durch den Erlass von Normen des Sekundärrechts modifiziert werden.

Der Kommissionsentwurf möchte das hier auftretende Problem letztlich durch einen Trick überwinden. Er sieht zunächst ein verwaltungsinternes Widerspruchsverfahren vor (Art. 9 Abs. 1) und schließt daran die Konsequenz an, dass ein Verein, der mit dem Ergebnis dieses Widerspruchsverfahrens unzufrieden ist, nach 230 Abs. 4 EGV eine Nichtigkeitsklage (und im Falle der Untätigkeit eine Untätigkeitsklage) vor dem Gerichtshof erheben

50 Vgl. Fn. 3.

51 Siehe nochmals den Nachweis oben Fn. 13; sowie die Darstellung bei nationalem Recht unten unter VI.3, S. 27 ff.

52 Hierzu auch den knappen Hinweis bei Jendroska (Fn. 6)

53 Siehe namentlich die Schlussanträge von Generalanwalt Jacobs in EuGH, Slg. 2002, I-6677 – Unión de Pequeños Agricultores.

54 EuGH, Slg. 2002, I-6677, Rn. 44 f. – Unión de Pequeños Agricultores; zu dieser Entscheidung die Analyse bei J.-D. Braun/M. Kettner, Die Absage des EuGH an eine richterliche Reform des EG-Rechtsschutzsystems – „Plaumann" auf immer und ewig?, DÖV 2003, S. 58 ff.

kann.[55] Indem dieser Ansatz den Individualrechtsschutz an Beteiligungsrechte im Verwaltungsverfahren (hier dem Widerspruchsverfahren) knüpft, fügt er sich auf den ersten Blick in die Rechtsprechung des Gerichtshofs ein. Andererseits verfolgt die Einräumung des Widerspruchsrechts allein das Ziel, ein Rechtsschutzverfahren zuzulassen, das nach Art. 230 Abs. 4 EGV eigentlich nicht eröffnet wäre. Es kann kaum überraschen, dass sich gegen diese Konstruktion Einwände erheben lassen, die hier nicht näher ausgeführt werden sollen.[56] Sollte die Verordnung in der jetzt vorgeschlagenen Fassung erlassen werden, dann wird eine Entscheidung über diese Frage früher oder später unvermeidlich werden, denn sie bildet in Zukunft die Grundlage für die Zulässigkeit der Klagen.

V. Auswirkungen auf das nationale Verwaltungsverfahrens- und Verwaltungsprozessrecht – praktische Probleme bei der Umsetzung der Vorgaben der Århus-Konvention

Im Zentrum der Diskussionsveranstaltung stehen die rechtspolitischen Spielräume bei der nationalen Umsetzung der Konvention und des zu ihrer Ausführung erlassenen europäischen Richtlinienrechts. Für den Bereich der ersten und zweiten Säule der Århus-Konvention (Informationspflicht und Beteiligungsrechte) ist schon heute neues, an den Erfordernissen der Konvention orientiertes Richtlinienrecht, vorhanden[57]. Dieses ist bei der nationalen Umsetzung selbstverständlich neben der Konvention immer auch zu beachten.

Wo liegen praktische Probleme? Im Bereich der ersten Säule (Umweltinformation) gibt es Schwierigkeiten beim Rechtsschutz gegen die Informationsverweigerung privater Einrichtungen (1.), aus dem Bereich der zweiten Säule (Beteiligungsrechte) muss der Umfang der von der Konvention gewähr-

55 Art. 11 Abs. 1 des Entwurfs, a. a. O. (Fn. 21) lautet: „Betrachtet die qualifizierte Einrichtung, die einen Antrag auf interne Überprüfung gemäß Artikel 9 gestellt hat, eine über den Antrag ergangene Entscheidung von Organen oder Einrichtungen der Gemeinschaft als unzulänglich, um die Einhaltung des Umweltrechts zu gewährleisten, so kann die qualifizierte Einrichtung gemäß Artikel 230 Absatz 4 EG-Vertrag ein gesetzliches Verfahren vor dem Gerichtshof anstrengen, um die materiell-rechtliche und verfahrensrechtliche Rechtmäßigkeit der Entscheidung überprüfen zu lassen."

56 Näher C. Walter, Internationalisierung des deutschen und europäischen Verwaltungsverfahrens- und Verwaltungsprozeßrechts – am Beispiel der Århus-Konvention, EuR 40 (2005), im Erscheinen.

57 Vgl. die Nachweise oben Fn. 3 und Fn. 14 ff.

leisteten Beteiligungsrechte geklärt werden (2.), und in der dritten Säule (Rechtsschutz) bedarf erneut die Verbandsklage, nun in ihren Wirkungen auf das deutsche Verwaltungsprozessrecht, näherer Analyse (3.).

1. Rechtsschutz gegen die Auskunftsverweigerung durch Private

a. Die Auskunftspflicht Privater

Schon nach bisherigem Recht waren neben Behörden im herkömmlichen Sinne des § 1 Abs. 4 VwVfG auch private Personen informationspflichtig, wenn sie „öffentlich-rechtliche Aufgaben des Umweltschutzes wahrnehmen und dafür der Aufsicht einer Behörde unterstehen“ (§ 2 Nr. 2 UIG a. F.). Unter dieser Formulierung war in der deutschen Kommentarliteratur umstritten, ob die bloß gesellschaftsrechtliche Kontrolle mittels einer Anteilsmehrheit eine „Aufsicht“ im Sinne dieser Regelung begründete. Während teilweise dieser Wortlaut dahin verstanden wurde, es müsse ein Über-/Unterordnungsverhältnis bestehen, bei dem eine „Aufsicht“ im öffentlich-rechtlichen Sinne ausgeübt werde[58], wurde von anderen (zutreffend) unter Auslegung anhand der Umweltinformationsrichtlinie ein weiter Aufsichtsbegriff zugrunde gelegt.[59] Der Aufsichtsbegriff hat insbesondere Folgewirkungen hinsichtlich der Informationspflicht von juristischen Personen des Privatrechts, die Aufgaben der Daseinsvorsorge wahrnehmen. Ein zweites Auslegungsproblem betraf den Umfang der Befassung mit dem Vollzug von Umweltrecht. Der Wortlaut von § 2 Nr. 2 UIG a. F. verlangte, dass „öffentlich-rechtliche Aufgaben im Bereich des Umweltschutzes“ wahrgenommen werden. Auch hierüber bestand Streit. Teilweise wurde darunter der „Vollzug“ umweltrechtlicher Bestimmungen verstanden, mit der Konsequenz, dass bestimmte Unternehmen der Daseinsvorsorge mit deutlichem Umweltbezug (etwa Abfallentsorgungsbetriebe) nicht unter die Auskunftspflicht fallen sollten, weil ihre Aufgabe nicht der Vollzug des Umweltrechts sei.[60] Andere hingegen vertraten eine weite Auslegung, nach der es unerheblich sei, ob es sich um Haupt- oder Nebenaufgaben des Umweltschutzes handelte. Diese Autoren gelangten ent-

58 So namentlich J. Fluck/A. Theuer, (Fn. 7), Einleitung, § 2 Rn. 72 ff.

59 Th. Schomerus, § 2 Rn. 20 und 22, in: Th. Schomerus/C. Schrader/B.W. Wegener, Umweltinformationsgesetz, 2. Aufl. Baden-Baden 2002; A. Turiaux, Umweltinformationsgesetz – Kommentar, 1995, § 2 Rn. 104.

60 Fluck/Theuer (Fn. 7), § 2 Rn. 25 ff. und 41.

sprechend zur Auskunftspflicht von Unternehmen der Daseinsvorsorge, soweit sie einen, wenn auch nur losen, Bezug zur Umwelt aufwiesen.[61]

Der Wortlaut der Konvention schafft hier teilweise Klärung. Nach Art. 2 Nr. 2 lit. c Århus-Konvention sind natürliche und juristische Personen informationspflichtig, die unter der „Kontrolle" einer Behörde stehen, und „im Zusammenhang mit der Umwelt öffentliche Zuständigkeiten haben, öffentliche Aufgaben wahrnehmen oder öffentliche Dienstleistungen erbringen". Diese Formulierung reicht weiter, als die bislang vom UIG erfassten Fälle der Auskunftspflicht von Privatpersonen[62]. Aus dem Zusammenhang der Regelungsabsicht wird klar, dass mit diesem Wortlaut der Versuch verbunden ist, negative Wirkungen von Privatisierungsvorgängen auf Umweltinformationsrechte zu reduzieren.

Dies betrifft zunächst den Begriff der „Kontrolle". Er wird zwar im UIG ebenso verwendet wie in der Århus-Konvention. Aus der Systematik der Århus-Konvention ergibt sich aber ein wichtiges zusätzliches Argument gegen eine Orientierung an einer öffentlich-rechtlichen Weisungsbefugnis. Art. 2 Nr. 2 lit. b Århus-Konvention führt gesondert natürliche und juristische Personen auf, „die aufgrund innerstaatlichen Rechts Aufgaben der öffentlichen Verwaltung, einschließlich bestimmter Pflichten, Tätigkeiten oder Dienstleistungen im Zusammenhang mit der Umwelt, wahrnehmen". Dieser Personenkreis kann nur dann sinnvoll als eine eigene, von den übrigen informationsverpflichteten juristischen und natürlichen Privatpersonen abgrenzbare Gruppe verstanden werden, wenn man ihm die bislang von der engen Auslegung des § 2 Nr. 2 UIG erfassten Personen, also insbesondere die Beliehenen und Verwaltungshelfer zuordnet.[63] Im Ergebnis werden von der Informationspflicht nach der Århus-Konvention also auch rein wirtschaftliche Kontrollverhältnisse im Bereich des Verwaltungsprivatrechts erfasst. Diese Auslegung liegt nun auch dem geänderten Umweltinformationsgesetz zugrunde, das in § 2 Abs. 2 eine Definition von Kontrolle enthält, die es u. a. genügen lässt, wenn die staatliche Stelle des Mehrheit des gezeichneten Kapitals oder die Mehrheit der Stimmrechte hält, oder wenn sie die Mehrheit der Mitglieder des Verwaltungs-, Leitungs- oder Aufsichtsorgans bestellen kann.

Die zweite Klarstellung ergibt sich aus der weiten Formulierung in Art. 2 Nr. 2 lit. c Århus-Konvention: „(...) im Zusammenhang mit der Umwelt

61 Schomerus (Fn. 59), Rn. 18 und 29; Turiaux (Fn. 59), Rn. 103 und 109.

62 M.E. Butt, Die Ausweitung des Rechts auf Umweltinformation durch die Århus-Konvention, 2001, S. 143 f.

63 Siehe nochmals Fluck/Theuer (Fn. 7), § 2 Rn. 29 ff.

öffentliche Zuständigkeiten haben, öffentliche Aufgaben wahrnehmen oder öffentliche Dienstleistungen erbringen." Bei dieser Formulierung kann kein Zweifel mehr bestehen, dass der Vollzug des Umweltrechts weder Haupt- noch Nebenaufgabe der betreffenden Personen sein muss, sondern dass es ausreicht, wenn sie im Bereich der Daseinsvorsorge tätig sind und eine Aufgabe im Zusammenhang mit der Umwelt erfüllen.[64] Darunter wird man sicherlich die nach bisherigem Recht umstrittenen Abfallentsorgungs- und Energieversorgungsunternehmen verstehen müssen.[65]

b. Konsequenzen für den Rechtsschutz

Geht man davon aus, dass eine entsprechende Erweiterung des Kreises der Informationspflichtigen auf in privater Rechtsform organisierte, aber nicht hoheitlich tätige Stellen die richtige Auslegung der Konvention ist, dann hat dies Folgen im deutschen Recht, die sich beim Rechtsschutz zeigen. Das Problem besteht darin, dass Konvention und Richtlinie einen zweistufigen Rechtsschutz verlangen. Nach den Vorgaben soll es zunächst ein dem deutschen Widerspruchsverfahren entsprechendes kostengünstiges nicht-gerichtliches Verfahren und im Anschluss eine gerichtliche oder gerichtsähnliche Kontrolle geben.[66] Dies umzusetzen ist nicht ganz einfach, denn wenn der Informationspflichtige eine Privatperson ist, dann haben wir es – der Antragsteller ist ja auch eine Privatperson – mit einem Rechtsstreit zwischen zwei Privatpersonen zu tun, der auf irgendeine Weise in ein verwaltungsrechtliches Schema überführt werden muss.[67] Die in der Literatur dafür angedachte Lösung, den privaten Informationspflichtigen im Wege der Beleihung zum Erlass eines Verwaltungsakts zu ermächtigen,[68] dürfte angesichts des unklaren Umfangs der Informationspflichtigen ausscheiden. Es geht nicht an,

---

64 Vgl. zu dieser erweiternden Auslegung den entsprechenden Kommentar der Bundesregierung in ihrem Entwurf eines Gesetzes zur Neugestaltung des UIG, a. a. O. (Fn. 19), Rn. 12.

65 C. Schrader, Neue Informationsgesetze durch die Richtlinie 2003/4/EG, ZUR 2004, S. 130 ff. (131 f.); zu letzteren auch Fluck/Theuer (Fn. 7), § 2 Rn. 53 f.; Schomerus (Fn. 59), Rn. 32; Turiaux (Fn. 59), Rn. 112.

66 Art. 9 Abs. 1 Århus-Konvention und Art. 6 Abs. 1 und Abs. 2 der Richtlinie 2003/4/EG.

67 Dieses Problem wird übersehen bei H. W. Louis, Die Übergangsregelungen für das Verbandsklagerecht nach den §§ 61, 69 Abs. 7 BNatSchG vor dem Hintergrund der europarechtlichen Klagerechte für Umweltverbände auf Grund der Änderungen der IVU- und der UVP-Richtlinie zur Umsetzung des Århus-Übereinkommens, NuR 2004, S. 287 ff. (289).

68 M. Butt, Erweiterter Zugang zu Umweltinformationen – Die neue EG-Umweltinformationsrichtlinie, NVwZ 2003, S. 1071 ff. (1073).

hoheitliches Tätigwerden – und darum ginge es ja bei der Ermächtigung zur Entscheidung mit Verwaltungsakt – einem unklaren Personenkreis für eine nicht genau bestimmte Zahl von Fällen zu erlauben.[69]

Will man den öffentlich-rechtlichen Rechtsweg eröffnen,[70] dann muss man in eine andere Richtung denken: Besser wäre es, die Zuständigkeit einer Behörde für den Vollzug des Umweltinformationsgesetzes zu begründen.[71] Streitigkeiten über Auskunftsansprüche gegen informationspflichtige Privatpersonen könnten dann durch eine (hier untechnisch so genannte) „Beschwerde" gegen die ablehnende oder als unzureichend empfundene Entscheidung der Privatperson vor die Behörde gebracht werden. Diese würde zunächst dem Informationspflichtigen Gelegenheit zur Stellungnahme und gegebenenfalls zur Abhilfe geben. Hilft der private Informationspflichtige nicht ab, so könnte ihn die Behörde durch Verwaltungsakt zur Auskunft verpflichten, wenn sie das Auskunftsbegehren für berechtigt hält. Anderenfalls würde sie die „Beschwerde" per Verwaltungsakt zurückweisen. In beiden Varianten wäre danach der Verwaltungsrechtsweg eröffnet. Idealerweise müsste man dann noch für den einen Informationsanspruch verneinenden Bescheid das Widerspruchsverfahren ausschließen, denn ansonsten wäre der Informationssuchende auf einen dreistufigen Rechtsweg verwiesen (zunächst die „Beschwerde" zur Behörde, danach das „echte" Widerspruchsverfahren und schließlich die verwaltungsgerichtliche Klage). Diese Dreistufigkeit würde nicht nur die Vorgaben der Konvention und der Richtlinie übererfüllen, sondern sie geriete mit dem gleichfalls verfolgten Ziel eines einfachen, kostengünstigen und schnellen Verfahrens (Art. 9 Abs. 1 UAbs. 2 Århus-Konvention) in Konflikt. Insgesamt könnte man aber mit dem hier vorgeschlagenen Weg sicherstellen, dass Rechtsstreitigkeiten über den Umfang der Informationspflicht von Privatpersonen auf jeden Fall im Ver-

69 Außerdem würde es nur schwer mit der gängigen Konzeption der Beleihung zusammenpassen (zu dieser statt anderer H. Maurer, Allgemeines Verwaltungsrecht, 14. Aufl. 2002, § 56, Rn. 22 ff.), denn die hoheitliche Aufgabe würde sich in der Entscheidung über den Auskunftsanspruch erschöpfen.

70 Das ist nicht zwingend. In der Tat gibt es zahlreiche Auskunftsansprüche, über die auf dem Privatrechtsweg entschieden wird. Allerdings betreffen diese dann in der Regel Auskünfte im Vorfeld eines zivilrechtlichen Haftungs- oder Herausgabeanspruchs. Geht es – wie hier – dagegen um einen Auskunftsanspruch im öffentlichen Interesse, dann spricht dies für den Verwaltungsrechtsweg. Hinzu kommt, dass Rechtsstreitigkeiten über Auskunftsansprüche gegen Behörden in jedem Fall auf dem Verwaltungsrechtsweg entschieden werden. Will man diese Ansprüche nicht je nach entscheidender Stelle vor den Gerichten verschiedener Gerichtszweige verhandeln, sollten sie vor den Verwaltungsgerichten konzentriert werden.

71 In Frage käme die nach allgemeinen Regeln zuständige untere Verwaltungsbehörde (vgl. etwa § 13 LVG Baden-Württemberg).

waltungsrechtsweg entschieden werden. Zugleich würde das von der Konvention verlangte zweistufige Verfahren stattfinden.

In einer auf den ersten Blick erstaunlichen Kehrtwende nimmt der Bund mit der Neugestaltung des UIG Abstand von seiner bisherigen Position einer breiten Bundeszuständigkeit und beschränkt sich nun auf die Regelung des Anspruchs gegen Dienststellen des Bundes.[72] Hintergrund der geänderten Position des Bundes dürfte die neue Rechtsprechung des Bundesverfassungsgerichts zu Art. 72 Abs. 2 GG sein,[73] die sich kürzlich auch in der Rechtsprechung zur Rahmenkompetenz des Bundes fortgesetzt hat.[74] Die früher vertretene Auffassung, das Kriterium der „Erforderlichkeit einer bundesgesetzlichen Regelung" in Art. 72 Abs. 2 GG habe kaum praktische Bedeutung,[75] ist durch diese neue Rechtsprechung überholt.[76]

Die neue Position des Bundes hat erhebliche praktische Konsequenzen. Das automatische Außerkrafttreten des bisherigen UIG mit dem Inkrafttreten der Neuregelung am 14. Februar 2005[77] hat notwendig zur Folge, dass es gesonderter landesrechtlicher Grundlagen für die bisher vom UIG geregelten Fälle von Auskunftsansprüchen gegen kommunale Dienststellen und Landesbehörden bedarf. Teilweise sind in den Landesverfassungen unmittelbar Umweltinformationsansprüche garantiert.[78] Wo das nicht der Fall ist (etwa weil die vorhandenen Regeln isoliert auf einzelne Bereiche des Umweltrechts bezogen sind[79]), bleibt der Regelungsumfang hinter dem von der Richtlinie 2003/4/EG und von der Århus-Konvention geforderten Anspruch zurück. Für die betroffenen Bundesländer besteht demnach ein erheblicher Handlungsbedarf.[80] Anderenfalls droht der Bundesrepublik Deutschland erneut wegen

72 § 1 Abs. 2 UIG n. F. (BGBl. 2004 I S. 3704).

73 BVerfGE 106, 42 (145 f.).

74 BVerfG, 2 BvF 2/02, Entscheidung vom 27. Juli 2004 (im Internet verfügbar unter www.bverfg.de); Rn. 87 ff. der im Internet zur Verfügung stehenden Fassung.

75 So namentlich Schomerus (Fn. 59), § 2 Rn. 55.

76 C. Haslach, Zuständigkeitskonflikte bei der Umsetzung von EG-Richtlinien, DÖV 2004, S. 12 ff. (18 f.); v. Danwitz (Fn. 28), 278.

77 Art. 9 Gesetz zur Neugestaltung des UIG und zur Änderung der Rechtsgrundlagen zum Emissionshandel (Fn. 72).

78 Nachweise bei Butt (Fn. 62), S. 22

79 Das gilt namentlich im Wasserrecht, siehe etwa das Einsichtsrecht in das Wasserbuch nach § 117 des Wassergesetzes Baden-Württemberg.

80 Schrader (Fn. 65), 134.

Nichtumsetzung umweltrechtlicher Vorschriften des Gemeinschaftsrechts ein gemeinschaftsrechtliches Vertragsverletzungsverfahren.[81]

Eine zweite wichtige Konsequenz der neuen Zurückhaltung des Bundes betrifft die Auskunftsansprüche gegen auskunftspflichtige Private. Die neue Position des Bundes hat zur Folge, dass die Regelung dieses gesamten Komplexes Aufgabe der Länder wird, denn der Bund kann nach der neuen Argumentation im Bereich der Kompetenzverteilung nur noch Ansprüche gegen seine Behörden regeln. Folgerichtig verweist der Entwurf sowohl die Begründung des Auskunftsanspruchs[82] als auch die Regelung des Rechtsschutzverfahrens[83] an die Länder. Der oben unterbreitete Vorschlag für ein verwaltungsrechtliches Verfahren zur Überprüfung von Auskunftsentscheidungen privater Informationspflichtiger müsste also von den Ländern aufgenommen werden.[84]

2. Partizipationsrechte (Vorgaben aus dem Bereich der zweiten Säule)

Im Bereich der zweiten Säule stellt sich die Frage nach dem Umfang der Beteiligungsrechte. Für die gesamte Århus-Konvention gilt eine Unterscheidung zwischen der Öffentlichkeit im Allgemeinen und der sog. betroffenen Öffentlichkeit, die definiert wird als „die von umweltbezogenen Entscheidungsverfahren betroffene oder wahrscheinlich betroffene Öffentlichkeit oder die Öffentlichkeit mit einem Interesse daran.“ (Art. 2 Nr. 5 Århus-Konvention). Wichtig für das Konzept der Århus-Konvention ist, dass sie ausdrücklich für alle „nichtstaatlichen Organisationen, die sich für den Umweltschutz einsetzen und alle nach innerstaatlichem Recht geltenden Voraussetzungen erfüllen“ ein entsprechendes Interesse unterstellt, im Ergebnis also den Mitglied-

81 Die Schwierigkeiten bei früheren Umsetzungsverpflichtungen im Bereich des Umweltrechts sind allgemein dargestellt bei E. Rehbinder/R. Wahl, Kompetenzprobleme bei der Umsetzung von europäischen Richtlinien, NVwZ 2002, S. 21 ff; speziell zu Verstößen im Bereich der Umweltinformation EuGH, Slg. 1998, I-3809 – Mecklenburg und EuGH, Slg. 1999, I-5087 – Kommission gegen Deutschland; dazu S. Heselhaus, Wie durchsichtig muss die „gläserne Umweltverwaltung“ sein? Mängel bei der Umsetzung der EG-Richtlinie über den freien Zugang zu Umweltinformationen in Deutschland, EuZW 2000, S. 298 ff.; B.W. Wegener, Umweltinformationsgesetz – Deutsche Geheimniskrämerei in europäischer Perspektive – Anmerkung zum Urteil des EuGH vom 9.9.1999, Kommission/Deutschland, Rs. C-217/97, EuR 35 (2000), S. 227 ff.

82 So in der Tat die Bundesregierung in BT-Drs. 15/3406, 14: „Nach der Kompetenzordnung des Grundgesetzes obliegt es den Ländern, den Informationszugang gegenüber den privaten Stellen nach Art. 2 Abs. 2 Buchstabe c der Richtlinie 2003/4/EG zu eröffnen.“

83 Siehe noch einmal § 13 des neuen UIG-Entwurfs, a. a. O. (Fn. 19).

84 Siehe oben den Text bei Fn. 71.

staaten zwar die Möglichkeit eines Anerkennungsverfahrens überlässt, im Übrigen aber ausdrücklich besondere Beteiligungsrechte für anerkannte Umweltverbände schafft.

Da Umweltverbände also, soweit sie die betreffenden innerstaatlichen Voraussetzungen erfüllen, der „betroffenen Öffentlichkeit" zuzurechnen sind, gelten für sie die besonderen Beteiligungsregeln des Art. 6 Århus-Konvention. Dieser wählt im Vergleich mit dem deutschen Planfeststellungsverfahren einen etwas ungewöhnlichen, im Ergebnis vielleicht nicht stärkere, sondern eher andere Beteiligungsrechte schaffenden Weg. Nach Art. 6 Abs. 2 Århus-Konvention ist die „betroffene Öffentlichkeit" frühzeitig über Einzelheiten des Vorhabens zu informieren. Zu den bekannt zu machenden Informationen gehören u. a. Einzelheiten des Verfahrensablaufs einschließlich der Zeit und des Orts öffentlicher Anhörungen, sowie eine Auskunft darüber, ob eine Umweltverträglichkeitsprüfung durchzuführen ist (Art. 6 Abs. 2 lit. e Århus-Konvention). Diese Informationspflichten sind detaillierter als diejenigen im deutschen Recht.[85] So findet nach § 3a UVPG nur in manchen Fällen – nämlich bei Durchführung einer Vorprüfung im Einzelfall – eine Information der Öffentlichkeit statt, und auch dies geschieht nur nach den Vorschriften des UIG, also auf Antrag und nicht von Amts wegen.[86] Andererseits bleibt die Århus-Konvention insofern hinter dem deutschen Recht zurück, als die Informationspflicht nur hinsichtlich der „betroffenen Öffentlichkeit" gilt, während das deutsche Planfeststellungsrecht eine allgemeine Information vorsieht, die allen potentiell Betroffenen die Möglichkeit eröffnen soll, ihre Rechte geltend zu machen.[87]

Neben solchen kleineren Unterschieden und Anpassungsnotwendigkeiten dürfte die wichtigste Veränderung durch die Århus-Konvention darin bestehen, dass sie ein allgemeines Beteiligungsrecht begründet. Nach Art. 6 Abs. 7 Århus-Konvention kann nicht nur die „betroffene Öffentlichkeit", sondern die Öffentlichkeit im Allgemeinen „alle von ihr für die geplante Tätigkeit als relevant erachteten Stellungnahmen, Informationen, Analysen oder Meinungen in Schriftform vorlegen oder gegebenenfalls während einer öffentlichen Anhörung oder Untersuchung mit dem Antragsteller vortragen." Aus dieser

85 Schink (Fn. 12), S. 32; der Entwurf für ein Öffentlichkeitsbeteiligungsgesetz (Fn. 19) trägt diesem Umstand mit der Änderung in § 9 Abs. 1a Nr. 1–7 UVPG Rechnung.

86 Die Bundesregierung hielt diese Form der Information für ausreichend, vgl. BT-Drs. 14/4599, S. 94.

87 Näher E. Allesch/R. Häußler, § 73, Rn. 55 ff., in: K. Obermayer, Verwaltungsverfahrensgesetz, 3. Aufl. 1999; H.J. Bonk/W. Neumann, § 73, Rn. 38, in: P. Stelkens/H. J. Bonk/M. Sachs, Verwaltungsverfahrensgesetz, 6. Aufl. 2001.

Formulierung ergibt sich ein umfassendes Beteiligungsrecht ohne subjektives Beteiligungsinteresse.[88] Allerdings lässt die Konvention wichtige Einzelfragen offen. Das Wort „gegebenenfalls" macht deutlich, dass eine Beteiligung der gesamten Öffentlichkeit an einer Anhörung nicht zwingend vorgeschrieben ist. Die Konvention sagt auch nicht konkret, wie die Behörde mit Eingaben aus der nicht betroffenen Öffentlichkeit umzugehen hat. Art. 6 Abs. 8 Århus-Konvention verlangt in sehr allgemeiner Art, dass das Ergebnis der Öffentlichkeitsbeteiligung „bei der Entscheidung angemessen berücksichtigt wird." Man wird daraus zumindest schließen können, dass keine förmliche Bescheidung sämtlicher Eingaben erfolgen muss.[89] Insofern ist es etwas vorschnell, wenn in der Literatur aus der Konvention ein Anhörungsanspruch für jedermann abgeleitet und daraus geschlossen wird, das deutsche Planfeststellungsverfahren genüge den Anforderungen der Konvention nicht.[90]

Man wird hier stärker differenzieren müssen: Richtig ist zunächst einmal, dass das am Rechtsbegriff des „berührten Belangs" orientierte deutsche Planfeststellungsrecht die Rechte der „betroffenen Öffentlichkeit", also die Rechte derjenigen Personen, deren „Belange" im Sinne des § 73 Abs. 4 VwVfG berührt sind, stärker ausgestaltet als dies die Århus-Konvention tut, die eben nur Rechte der allgemeinen Öffentlichkeit formuliert. Nach dem deutschen Planfeststellungsrecht sind Einwendungen Betroffener[91] zu erörtern[92] und zu bescheiden[93]. Richtig ist aber auch, dass wegen des deutlichen Fokus des deutschen Planfeststellungsrechts auf dem „berührten Belang" keine Regeln dafür vorhanden sind, wie Eingaben nicht Betroffener behandelt werden müssen. Dies gilt zumindest für die allgemeinen Regeln des Planfeststellungsverfahrens. Ausnahmen finden sich zum Teil in einzelnen Sonderregeln. So lässt etwa § 10 BImSchG die sog. „Jedermann-Einwendung" zu.[94] Nimmt man

88 St. Stec/S. Casey-Lefkowitz/J. Jendroska, The Århus-Convention: An Implementation Guide, S. 108; im Internet verfügbar unter http://www.unece.org/env/pp/acig.pdf (geprüft am 18. August 2004).

89 A. Fisahn, Effektive Beteiligung solange noch alle Optionen offen sind – Öffentlichkeitsbeteiligung nach der Århus-Konvention, ZUR 2004, S. 136 ff. (139).

90 Schink (Fn. 12), S. 32.

91 Zur Unterscheidung zwischen dem „Einwender" und dem „Betroffenen" näher Bonk/Neumann (Fn. 87), § 73, Rn. 60 f. und 95.

92 Bonk/Neumann (Fn. 87), § 73, Rn. 94 ff.

93 Dies geschieht im Planfeststellungsbeschluss nach § 74 Abs. 2 S. 1 VwVfG; näher Bonk/Neumann (Fn. 87), § 74, Rn. 81.

94 Näher H.D. Jarass, § 10, Rn. 71, in: ders., Bundesimmissionsschutzgesetz – Kommentar, 2002.

die Konzeption der Konvention ernst, dann muss das allgemeine deutsche Genehmigungsrecht um Vorschriften über die Öffentlichkeitsbeteiligung von nicht Betroffenen ergänzt werden.

Bemerkenswert und bedauerlich ist in diesem Zusammenhang, dass die Europäische Gemeinschaft für Verfahren im Anwendungsbereich der UVP- und der IVU-Richtlinie gerade diese Vorgaben der Århus-Konvention nur unvollständig umsetzt, denn die geänderten Vorschriften in den neuen Richtlinien enthalten nur einen Beteiligungsanspruch der „betroffenen Öffentlichkeit" und bleiben so hinter den Vorgaben der Konvention zurück.[95] Auch in der Literatur wird nur selten näher thematisiert, dass Art. 6 Abs. 7 Århus-Konvention ein „Jedermann"-Beteiligungsrecht statuiert.[96] Der Gesetzesentwurf der Bundesregierung für ein Öffentlichkeitsbeteiligungsgesetz schreibt dieses Problem fort:[97] Er folgt – was nahe liegend ist – den Vorgaben der Richtlinie, verfehlt damit aber die "Jedermann"-Einwendung des Art. 6 Abs. 7 Århus-Konvention. An dieser Stelle liegt ein Umsetzungsproblem im Mehrebenenbau des Umweltrechts, das noch der Auflösung bedarf.

3. Verbandsklage

Für die meiste Aufregung in den vergangenen Jahren hat sicherlich die in der Århus-Konvention enthaltene Regelung zur Einführung einer Verbandsklage in Umweltangelegenheiten gesorgt.[98] Diese Diskussion schließt an ältere Überlegungen zur Einführung einer umweltrechtlichen Verbandsklage im

95 Siehe den neuen Art. 6 Abs. 4 der UVP-Richtlinie und Art. 15 Abs. 1 der geänderten IVU-Richtlinie, beide in der Richtlinie 2003/35/EG, a. a. O. (Fn. 3); näher dazu die – allerdings im entscheidenden Punkt keinen Aufschluss gebenden – Ausführungen der Kommission in ihrem Vorschlag, KOM(2000) 839 endgültig, S. 9 und 14; im Internet verfügbar unter http://europa.eu.int/eur-lex/de/com/pdf/2000/com2000_0839de01.pdf (geprüft am 15. August 2004).

96 Ungenau insoweit A. Epiney, Zu den Anforderungen der Århus-Konvention an das europäische Gemeinschaftsrecht, in: J. Falke/S. Schlacke (Hrsg.), Information – Beteiligung – Rechtsschutz: Neue Entwicklungen im, Umwelt- und Verbraucherrecht, 2004, S. 9 ff. (13), wo nur der „betroffenen Öffentlichkeit" ein Beteiligungsrecht zugestanden wird; ähnlich dies./M. Scheyli, Die Århus-Konvention – Rechtliche Tragweite und Implikationen für die Schweiz, 2000, S. 39 ff. (42 f.); dies/. K. Sollberger, Zugang zu Gerichten und gerichtliche Kontrolle im Umweltrecht, Rechtsvergleich, völker- und europarechtliche Vorgaben und Perspektiven für das deutsche Recht, 2002, S. 318 ff.; v. Danwitz (Fn. 28), 275; richtig dagegen Stec/Casey-Lefkowitz/Jendroska (Fn. 88), S. 108.

97 § 9 Abs. 1 UVPG in der Fassung des Entwurfs vom 21. Februar 2005 (verfügbar im Internet unter http://www.bmu.de/files/buergerbeteiligungsrechte/downloads/application/pdf/oeffentlichkeitsbeteilgesetz.pdf; geprüft am 8. April 2005).

98 Siehe dazu nochmals die Nachweise in Fn. 17.

deutschen[99] und europäischen Recht[100] an, die sich aber bislang nur vereinzelt durchsetzen konnten.[101] Das gilt namentlich für den Bereich des Naturschutzrechts.[102] Um die hier von der Århus-Konvention aufgeworfenen Rechtsprobleme sachgerecht einordnen zu können, rechtfertigt sich ein kurzer Überblick über die bisherige deutsche Rechtslage, bevor die Wirkungen der Århus-Konvention näher analysiert werden können.

a. Die bisherige Rechtslage

Für die gegenwärtige deutsche Rechtslage im Bereich der umweltrechtlichen Verbandsklage sind zwei Rechtsgrundlagen von Bedeutung. Diese sind zum einen die landesrechtlichen Bestimmungen im Bereich des Naturschutzrechts, nach denen anerkannten Naturschutzverbänden schon seit längerem ein eigenes Klagerecht zugestanden wurde.[103] Diese landesrechtliche Entwicklung wurde zum anderen im Jahr 2002 für den Bereich des Naturschutzrechts auf Bundesebene übernommen.[104] Nach der nun in § 61 BNatSchG getroffenen Regelung sind anerkannte Naturschutzverbände berechtigt, Rechtsbehelfe nach Maßgabe der Verwaltungsgerichtsordnung einzulegen, ohne in eigenen Rechten verletzt zu sein.[105] Voraussetzung ist allerdings, dass die angegriffene Verwaltungsentscheidung entweder eine Befreiung von Verboten oder Geboten im Bereich des Naturschutzes enthält (§ 61 Abs. 1 S. 1 Nr. 1 BNatSchG) oder dass es sich um einen Planfeststellungsbeschluss handelt, der mit Eingriffen in Natur und Landschaft verbunden ist (§ 61 Abs. 1 S. 1 Nr. 2

99 Dazu die umfangreichen Nachweise zur Diskussion in den 1970er Jahren bei C.H. Ule/H.-W. Laubinger, Empfehlen sich unter dem Gesichtspunkt der Gewährleistung notwendigen Umweltschutzes ergänzende Regelungen im Verwaltungsverfahrens- und Verwaltungsprozessrecht?, Gutachten B für den 52. Deutschen Juristentag, in: Verhandlungen des 52. Deutschen Juristentags, Band I, 1978, B 63, Fn. 101.

100 Dazu namentlich B.W. Wegener, Ein Silberstreif für die Verbandsklage am Horizont des europäischen Rechts, in: W. Cremer/A. Fisahn (Hrsg.), Jenseits der marktregulierten Steuerung – Perspektiven des Umweltrechts, 1997, S. 183 ff.

101 Für eine kritische Bewertung der Verbandsklage im Entwurf der Unabhängigen Sachverständigen-Kommission für ein Umweltgesetzbuch, siehe R. Breuer, Tendenzwende des Rechtsschutzes? Betrachtungen zu den §§ 43 ff. UGB-KomE, Jahrbuch des Umwelt- und Technikrechts 45 (1998), S. 161 ff. (209 f.).

102 Siehe im Einzelnen die Nachweise bei J. Bizer/Th. Ormond/U. Riedel, Die Verbandsklage im Naturschutzrecht, 1990, S. 55 ff.

103 Die Regelungen sind nachgewiesen bei Calliess, EurUP 2003 (Fn. 12), S. 8.

104 Zu Auswirkungen des Vorschlags im Entwurf der Unabhängigen Sachverständigen-Kommission für ein Umweltgesetzbuch auf die Kompetenzausübung im diesem Bereich siehe J. Kokott/L.-F. Lee, Die Verbandsklage im deutschen und US-amerikanischen Umweltrecht, Jahrbuch des Umwelt- und Technikrechts 45 (1998), S. 215 ff. (220 f.).

105 U. Marzik/Th. Wilrich, Bundesnaturschutzgesetz – Kommentar, 2004, § 61, Rn. 1 f.

BNatSchG). Außerdem muss der Verband die Verletzung landschaftsschützender Vorschriften behaupten, in seinem satzungsmäßigen Aufgabenbereich berührt sein und sich am vorausgehenden Verwaltungsverfahren beteiligt haben (§ 61 Abs. 2 BNatSchG). Schließlich sind alle Einwendungen präkludiert, die der Verein während des laufenden Verwaltungsverfahrens nicht geltend gemacht hat, obwohl er dies auf der Basis der ihm vorliegenden Informationen hätte tun können (§ 61 Abs. 3 BNatSchG). Auch die landesrechtlichen Verbandsklagen beschränken sich auf den Bereich des Naturschutzes[106]. Außerdem können sie aus kompetenzrechtlichen Gründen nur Klagen gegen Entscheidungen von Landesbehörden vorsehen[107].

b. Veränderungen durch die Århus-Konvention

Fragen des Rechtsschutzes werden in Art. 9 Århus-Konvention geregelt. Für die Verbandsklage sind dabei die Bestimmungen in Art. 9 Abs. 2 und Abs. 3 Århus-Konvention maßgeblich. Der Unterschied zwischen den beiden Absätzen besteht darin, dass Art. 9 Abs. 2 Århus-Konvention auf diejenigen Verfahren beschränkt ist, die einer Öffentlichkeitsbeteiligung nach Art. 6 Århus-Konvention unterliegen, während Art. 9 Abs. 3 Århus-Konvention weiter reichende Klagemöglichkeiten vorsieht. Berechtigt nach dieser Vorschrift sind "Mitglieder der Öffentlichkeit", also nicht nur die betroffene Öffentlichkeit und mithin auch nicht nur Verbände, sondern jedermann. Der Sache nach statuiert Art. 9 Abs. 3 mithin eine Jedermann-Rechtsschutzmöglichkeit, deren Ausgestaltung freilich weitgehend dem nationalen Gesetzgeber überlassen wird. Lässt man im Rahmen der nationalen Ausgestaltungsmöglichkeiten das Erfordernis einer subjektiven Rechtsverletzung zu – was nach dem Wortlaut nicht ausgeschlossen scheint –,[108] dann erzeugt die Regelung aber keinen zwingenden Änderungsbedarf im deutschen Recht.[109]

---

106 Grundlage dafür ist § 61 Abs. 5 BNatSchG; näher E. Gassner, in: ders./u.a. (Hrsg.), Bundesnaturschutzgesetz – Kommentar, 2. Aufl. 2003, § 61, Rn. 31.

107 BVerwGE 92, 263 (265 f).

108 Siehe die Nachweise in diesem Band bei Durner, S. 75 (Fn. 52).

109 Wenig überzeugend ist dagegen die Argumentation des Rats von Sachverständigen für Umweltfragen in seiner Stellungnahme "Rechtsschutz für die Umwelt – die altruistische Verbandsklage ist unverzichtbar, Februar 2005, S. 12, wo aus der Verbandsklage in Art. 9 Abs. 2 auf ihre Notwendigkeit in den Fällen des Art. 9 Abs. 3 geschlossen wird, was aber gerade wegen des dort zugunsten der innerstaatlichen Rechtsvorschriften gemachten Vorbehalts die Frage ist (http://www.umweltrat.de/03stellung/downlo03/stellung/Stellung_Verbandsklage_Februar2005.pdf, geprüft am 21. April 2004).

Im Zentrum der Umsetzungsprobleme steht mithin Art. 9 Abs. 2 der Århus-Konvention. Der Rechtsschutz im Rahmen dieser Vorschrift ist zu Recht als „entscheidungsbezogen“ bezeichnet worden, weil er an die Beteiligungsrechte aus Art. 6 der Konvention anknüpft.[110] Wichtig ist aber, dass es nur darauf ankommt, dass das Vorhaben den Regeln über die Öffentlichkeitsbeteiligung nach Art. 6 Århus-Konvention unterliegt; nicht verlangt für die Klage wird, dass der Kläger eine Verletzung seines Beteiligungsrechts geltend macht.[111] Ist so die Zulässigkeitshürde überwunden, erfolgt eine Überprüfung der "materiellen und verfahrensrechtlichen Rechtmäßigkeit" der Entscheidung (Art. 9 Abs. 2 Århus-Konvention). Dafür spricht neben dem Wortlaut vor allem auch der Vergleich mit Art. 9 Abs. 1 Århus-Konvention, der ausdrücklich die Behauptung einer Verletzung des Beteiligungsrechts voraussetzt. Daraus, dass das bei Art. 9 Abs. 2 Århus-Konvention nicht der Fall ist, ergibt sich der Verbandsklagecharakter von Rechtsschutzbegehren nach dieser Vorschrift. Müsste die Verletzung eines Beteiligungsrechts behauptet werden, so wäre unproblematisch sogar die Verletzung eines subjektiven Rechts (eben des Beteiligungsrechts) gegeben. Die Konstellation entspräche dann der auch in Deutschland inzwischen anerkannten sog. „Partizipationserzwingungsklage“.[112] Die feinsinnige Unterscheidung nach unterschiedlichen Formen des Rechtsschutzes, die in Art. 9 Abs. 2 Århus-Konvention vorgesehen ist, wäre dann überflüssig.

Art. 9 Abs. 2 Århus-Konvention überlässt es den Mitgliedstaaten, ob sie sich für Rechtsschutzfragen an einer „Rechtsverletzung“ orientieren (also dem deutschen Modell des subjektiven Rechtsschutzes folgen) oder ob sie schon bei einem „ausreichendes Interesse“ Rechtsschutz ermöglichen wollen (und damit eher der französischen und englischen Tradition folgen). In beiden Varianten enthält die Regelung aber eine Vermutung, die im Ergebnis die Einführung einer Verbandsklage verlangt. Folgt ein Mitgliedstaat der Konzeption

110 E. Schmidt-Aßmann, Rechtsdurchsetzung im internationalen und im nationalen Umweltrecht: Beobachtungen zur Annäherung ihrer Instrumente, in: V. Epping/H. Fischer/W. Heintschel von Heinegg (Hrsg.), Brücken bauen und begehen, Festschrift für Knut Ipsen zum 65. Geburtstag, 2000, S. 305 ff. (319).

111 Ungenau insoweit Zschiesche (Fn. 2), S. 181: „Verletzungen gegen das Beteiligungsverfahren“; v. Danwitz (Fn. 28), S. 276 (Zugang zu Gericht diene der Durchsetzung des Beteiligungsrechts).

112 Bei dieser Form der Verbandsklage handelt es sich um eine „unechte“ Verbandsklage, weil der Verband eigene Rechte geltend machen kann. Er streitet um die ihm eingeräumten Beteiligungsrechte. Diese Form der Verbandsklage passt in die gängige verwaltungsprozessuale Systematik, weil das Beteiligungsrecht inzwischen ganz einhellig als subjektives Recht des betreffenden Verbands und nicht nur als objektive Pflicht der Behörden angesehen wird, siehe BVerwG NVwZ 1998, 395 (396); NVwZ 1997, 905 (906); weitere Nachweise bei Seelig/Gündling (Fn. 12), S. 1034.

des ausreichenden Interesses, so wird nach Art. 9 Abs. 2 UAbs. 2 vermutet, dass Umweltverbände ein solches Interesse haben. Folgt ein Mitgliedstaat der Konzeption des subjektiven Rechtsschutzes, so gelten Umweltverbände als Träger von Rechten, die verletzt sein können. Im Ergebnis wird damit die Einführung einer Verbandsklage für alle Vorhaben verlangt, die den Beteiligungsvorschriften des Art. 6 Århus-Konvention unterfallen.[113] Die Klagemöglichkeit erstreckt sich nach dem ausdrücklichen Wortlaut von Art. 9 Abs. 2 auf eine materielle und eine formelle Prüfung. Die bereits ergangene Richtlinie zur Änderung der UVP- und der IVU-Richtlinien[114] übernimmt diese Vorgaben der Århus-Konvention wörtlich in das Gemeinschaftsrecht, so dass die Bundesrepublik Deutschland kraft Gemeinschaftsrechts verpflichtet ist, die Vorgaben bis zum 25. Juni 2005[115] im nationalen Recht umzusetzen. Was das konkret für den Prüfungsumfang bedeutet und welche materiellen Rechtsverletzungen genau einer Überprüfung im Wege der Verbandsklage zugänglich sind, ist Gegenstand des Referats von Wolfgang Durner.[116]

4. Unmittelbare Anwendbarkeit

Als letzter Punkt möglicher Umsetzungsprobleme ist kurz die Frage nach einer möglichen unmittelbaren Anwendbarkeit der Rechtsschutzregelungen in den Richtlinien anzusprechen.[117] Hinsichtlich der Rechtsschutzbestimmungen in der geänderten UVP-/IVU-Richtlinie wird die unmittelbare Anwendbarkeit in der Literatur teilweise ohne nähere Problematisierung bejaht.[118] Das erscheint etwas vorschnell. Die unmittelbare Anwendbarkeit setzt ihre inhaltliche Unbedingtheit und hinreichende Genauigkeit voraus.[119] Inhaltliche Unbedingtheit setzt voraus, dass die Richtlinienbestimmung vorbehaltlos und ohne Bedingung anwendbar ist und keiner weiteren Maßnahme der Organe der Mitgliedstaaten oder der Gemeinschaft bedarf.[120] Aus-

---

113 Schmidt-Aßmann (Fn. 110), S. 319 f.

114 Richtlinie 2003/35/EG (Fn. 3).

115 Art. 6 Richtlinie 2003/35/EG.

116 In diesem Band S. 77 ff.

117 Ausführlich jetzt Durner, ZUR 2005, S. 285 ff.

118 Louis (Fn. 67), S. 291.

119 Das ist st.Rspr. des EuGH, siehe die Nachweise bei M. Ruffert, Art. 249 Rn. 75, in: Calliess/Ruffert (Fn. 25); zu den beiden Kriterien auch W. Schroeder, Art. 249 Rn. 108 und 109, in: Streinz (Fn. 27.).

120 Ruffert (Fn. 118), Rn. 76 m. w. N.

nahmevorschriften hindern zwar den inhaltlich unbedingten Charakter einer Bestimmung nicht, weil sich die Regel als unbedingt verstehen lässt und die Mitgliedstaaten sich ausdrücklich auf die Ausnahmemöglichkeit berufen müssen.[121] Aber man kann bei der hier in Rede stehenden Regelung nicht von einem Regel-Ausnahme-Verhältnis ausgehen. Die Schwierigkeit liegt darin, dass die Richtlinie es den Mitgliedstaaten überlässt festzulegen, welchen Verbänden sie den Zugang eröffnen wollen. Maßgeblich sind insoweit Art. 1 Abs. 2 der geänderten UVP-Richtlinie und Art. 2 Nr. 14 der geänderten IVU-Richtlinie, die von "Nichtregierungsorganisationen, die sich für den Umweltschutz einsetzen und alle nach innerstaatlichem Recht geltenden Voraussetzungen erfüllen" sprechen. Die Erfüllung dieser Bedingungen begründet keine Ausnahme von einer an sich geltenden Regel, sondern sie ist vielmehr selbst Bestandteil der Regel. Der ausdrückliche Zusatz, dass die nach innerstaatlichem Recht vorgesehenen Voraussetzungen erfüllt sein müssen, lässt sich demnach als echte Bedingung verstehen.

Zudem lässt sich fragen, ob nicht die den Mitgliedstaaten eingeräumte Wahlmöglichkeit zwischen einem am Schutz von Interessen und einem an Rechtsverletzungen ausgerichteten Modell des Rechtsschutzes die unmittelbare Anwendbarkeit der Richtlinien hindert. Hinzu kommt, dass Art. 10a Abs. 1 der geänderten UVP-Richtlinie und Art. 15a Abs. 1 der geänderten IVU-Richtlinie nicht ohne weiteres ein gerichtliches Überprüfungsverfahren verlangen, sondern ausdrücklich auch eine "andere auf gesetzlicher Grundlage geschaffene unabhängige und unparteiische Stelle" als gleichwertig anerkennen. Hier besteht eine echte Wahlmöglichkeit der Mitgliedstaaten, die dazu führt, dass man zumindest starke Zweifel an der These von der unmittelbaren Anwendbarkeit anmelden muss.

VI. Schlussüberlegung: Theoretische und praktische Konsequenzen eines „internationalisierten Verwaltungsverfahrensrechts"

Ohne den bislang beschriebenen Veränderungsbedarf und die aufgeworfenen rechtstechnischen Probleme klein reden zu wollen, lässt sich wohl sagen, dass die notwendigen Schritte durchaus machbar sind. Die literarische Diskussion

121 C. Herrmann, Richtlinienumsetzung durch die Rechtsprechung, 2003, S. 49 f.

um die mit der Umsetzung der Århus-Konvention verbundenen Änderungen im nationalen Recht offenbart aber einen grundsätzlichen Aspekt, den für die Zukunft im Auge zu behalten wichtig sein dürfte. Er ist eng verbunden mit Strukturveränderungen im modernen Völkerrecht, die zurzeit intensiv diskutiert werden.

Das Völkerrecht entwickelt sich gegenwärtig von einer „akteurzentrierten" Rechtsordnung, in der die Rechtsbeziehungen zwischen Staaten oder Staaten und anderen Völkerrechtssubjekten im Vordergrund standen, zu einer nach Sektoren differenzierenden Ordnung.[122] Im Zentrum stehen nun einzelne Sachgebiete, die insgesamt einer Regelung zugeführt werden sollen, und die, wenn man eine Begrifflichkeit der Politikwissenschaft aufnehmen will, gesonderte Regime bilden. Diese Regime verfügen häufig auch über eigene Durchsetzungsmechanismen.[123] Das Problem dieser Sektoralisierung besteht darin, dass weder die Lebenssachverhalte noch eine Reihe von anwendbaren allgemeinen völkerrechtlichen Regeln an der jeweiligen Sektorengrenze Halt machen. So wird es theoretisch denkbar und ist auch praktisch schon relevant geworden, dass jedes Regime relativ blind für die Regeln außerhalb seiner selbst ist und deshalb die strikte Durchsetzung seiner eigenen Vorgaben einfordert.[124] Man kann leicht erkennen, dass dies schon auf der Ebene des Völkerrechts zu Schwierigkeiten führen kann, wenn die jeweils eingerichteten Streitschlichtungsorgane zu einander widersprechenden Ergebnissen kommen. Für solche "Regime-Kollisionen"[125] gibt es bislang keine Lösung.[126]

---

122 F. Schorkopf/C. Walter, Elements of Constitutionalization: Multilevel Structures of Human Rights Protection in General International and WTO-Law, Germanlawjournal 4 (2003), S. 1359 ff. (1361 ff.).

123 Zur Anschlussfähigkeit des Regime-Begriffs für die völkerrechtliche Analyse siehe C. Walter, (Inter)national Governance in verfassungsrechtlicher Perspektive: Überlegungen zu Möglichkeiten und Grenzen der Entwicklung eines „Internationalen Verfassungsrechts", in: A. Héritier/M. Stolleis/F.W. Scharpf (eds.), European and International Regulation after the Nation State – Different Scopes and Multiple Levels, 2004, S. 33 ff. (51); W. Graf Vitzthum, The Search for Sectoral World Orders, in: ders. (Hrsg.), Aspekte der Seerechtsentwicklung, 1980, S. 273 ff.

124 J. Neumann, Die materielle und prozessuale Koordination völkerrechtlicher Ordnungen – Die Problematik paralleler Streitbeilegungsverfahren am Beispiel des Schwertfisch-Falls, ZaöRV 61 (2001), S. 529 ff.; P.-T. Stoll/S. Vöneky, The Swordfish-Case: Law of the Sea v. Trade, ZaöRV 62 (2002), S. 21 ff.

125 Zum Begriff A. Fischer-Lescano/G. Teubner, Regime-Collisions: The Vain Search for Legal Unity in the Fragmentation of Global Law, Michigan Journal of International Law 25 (2004), S. 999 ff.

126 Dazu statt anderer K. Oellers-Frahm, Multiplication of International Courts and Tribunals and Conflicting Jurisdictions – Problems and Solutions, Max Planck UNYB. 5 (2001), S. 67 ff.; J.I. Charney, Is International Law Threatened by Multiple International Tribunals?, RdC, S. 271 (1998), S. 101 ff.; M. Koskenniemi/P. Leino, Fragmentation of International Law? Postmodern Anxieties, Leiden Journal of International Law 15 (2002), S. 553 ff.

Es ist nun geradezu aufregend, dass man anhand der innerdeutschen Diskussion um die Århus-Konvention beobachten kann, dass dieses Strukturproblem des modernen Völkerrechts bis in das nationale Verwaltungsverfahrensrecht durchzuschlagen droht, wenn man es mit einem völkerrechtlichen Vertrag zu tun hat, der Vorgaben für die Ausgestaltung des innerstaatlichen Rechts macht. Die Einzelheiten der innerstaatlichen Umsetzung sind Gegenstand der folgenden Referate. In einem kleinen Vorgriff möchte ich aber – schon überleitend und vor allem den Hintergrund betonend – kurz auf sie hinweisen.

Die Århus-Konvention macht keine Vorgaben über Einzelheiten der Ausgestaltung des Verwaltungsverfahrens- und des Verwaltungsprozessrechts. Sie statuiert insbesondere keine Präklusionsregeln und auch keine allgemeinen Voraussetzungen für den Erfolg von Verbandsklagen. Damit stellt sich die Frage, was mit solchen allgemeinen Regeln des nationalen Rechts zu geschehen hat. Bei der naturschutzrechtlichen Verbandsklage gibt es etwa die Vorgabe, dass der Naturschutzverband nur dann klagen kann, wenn er sich am vorausgehenden Verwaltungsverfahren beteiligt hat.[127] Außerdem können Verfahrensfehler unerheblich sein, wenn sie sich nicht auf das Ergebnis ausgewirkt haben können. Nach der Rechtsprechung des Bundesverwaltungsgerichts kommt etwa nach der Einführung einer altruistischen Verbandsklage im Naturschutzrecht eine isolierte Durchsetzung des Partizipationsrechts nur noch dann in Frage, wenn sich der Verstoß auf das Ergebnis auswirkt.[128]

---

127 § 61 Abs. 2 Nr. 3 und Abs. 3 BNatSchG.

128 Diese Rechtsprechung ist eine Abkehr von der früheren Position des Gerichts, die zu begrüßen ist, weil die frühere Begründung nicht zu überzeugen vermochte. Vor Einführung der Verbandsklagemöglichkeit sah das Bundesverwaltungsgericht in der unterbliebenen Beteiligung eines anerkannten Naturschutzverbandes einen absoluten Verfahrensfehler, der zur Aufhebung des entsprechenden Planfeststellungsbeschlusses führen sollte (BVerwGE 87, 62 (71); ebenso BVerwG NVwZ 1998, S. 279 (280 f.)). Nach der Einführung einer „echten", d.h. auf die materiell-rechtliche Zulässigkeit eines Vorhabens bezogenen Verbandsklagemöglichkeit in § 61 BNatSchG soll sich hier die Fehlerfolge geändert haben. Das Bundesverwaltungsgericht sieht nun keinen Grund mehr, dem Verfahrensverstoß uneingeschränkt die Aufhebung des Planfeststellungsbeschlusses folgen zu lassen. Der bei der Beteiligung unterlaufene Fehler nötige nicht dazu, den Planfeststellungsbeschluss aufzuheben oder für rechtswidrig zu erklären, denn der Rechtsverstoß sei unbeachtlich. Die frühere Rechtsprechung habe sich maßgeblich von dem Gedanken leiten lassen, dass eine Verletzung der Beteiligungsrechte nicht folgenlos bleiben dürfe. Stehe lediglich das Mittel der Partizipationserzwingungsklage zur Verfügung, um auf die Sachentscheidung Einfluss zu nehmen, so könne es gerechtfertigt sein, für die Fehlerfolgen strenge Maßstäbe anzulegen. Eine solche Verstärkung des Verfahrensrechts erübrige sich aber in den Fällen, in denen die Naturschutzverbände nicht darauf beschränkt seien, ihre Verfahrensposition zu verteidigen, sondern es auf der Grundlage des Landes- oder Bundesrechts in der Hand hätten, einen Planfeststellungsbeschluss oder eine sonstige Behördenentscheidung einer gerichtlichen Prüfung anhand der Kriterien des materiellen Rechts unterziehen zu lassen (BVerwG NVwZ 2002, S. 1103 (1105); ebenso BVerwG NVwZ 2003, S. 1120 (1120). Alle genannten Argumente hätten eigentlich auch schon gegenüber der Partizipationserzwingungsklage durchgreifen müssen.

In der deutschen Literatur wird nun die Auffassung vertreten, derartige Regelungen dürften in Verfahren unter der Århus-Konvention und den sie umsetzenden Richtlinien keine Anwendung finden, weil sie in der Konvention und den Richtlinien nicht vorgesehen seien.[129] Für diese Sicht könnte sprechen, dass ein Teil der betreffenden Regeln, wie etwa die geforderte Beteiligung im Verwaltungsverfahren, Aspekte des subjektiven Rechtsschutzes aufweisen, die mit der Konzeption eines prozeduralen Umweltschutzes und der mit ihm einhergehenden objektiven Funktion der Verbandsklage auf den ersten Blick nur schwer zusammenzupassen scheinen. Insofern könnten sie tatsächlich konzeptionell überholt sein. Daneben wird der Wortlaut der Århus-Konvention herangezogen, die in Art. 9 Abs. 2 die prozessuale und materielle Prüfung gleichsetze. Daraus wird geschlossen, dass Deutschland sich kaum Veränderungen bei § 46 VwVfG werde entziehen können.[130] Der Gesetzentwurf der Bundesregierung für ein Umwelt-Rechtsbehelfs-Gesetz verfolgt einen Mittelweg, der in § 3 eine eigene Fehlerlehre begründet, die sog. "wesentliche Verfahrensfehler" definiert und in Abweichung von § 46 VwVfG für beachtlich erklärt.[131]

Die Notwendigkeit solcher Lösungen muss gleichwohl noch einmal hinterfragt werden. Rechtspolitisch möglich sind sie natürlich immer, aber ihre Gebotenheit kraft Gemeinschaftsrechts oder aufgrund der Århus-Konvention ist noch nicht wirklich dargetan.[132] Zum einen erschöpfen sich die genannten Regeln nicht in ihrer Nähe zum subjektiven Rechtsschutz. Sie verfolgen auch Aspekte eines modernen Verfahrensansatzes, nämlich den der Effizienz und

129 Schink (Fn. 12), S. 35; dem folgend H.W. Louis, Die Übergangsregelungen für das Verbandsklagerecht nach den §§ 61, 69 Abs. 7 BNatSchG vor dem Hintergrund der europarechtlichen Klagerechte für Umweltverbände auf Grund der Änderungen der IVU- und der UVP-Richtlinie zur Umsetzung des Århus-Übereinkommes, NuR 2004, 287 ff. (290); F. Ekardt/K. Pöhlmann, NVwZ 2005, S. 532 (534).

130 J. Ziekow, Von der Reanimation des Verfahrensrechts, NVwZ 2005, S. 263 ff. (266); S. Schlacke, Rechtsschutz durch Verbandsklage, NuR 2004, S. 629 ff. (632).

131 Siehe den Abdruck im Anhang zu diesem Band, S. 171 ff.

132 Dazu ausführlich in diesem Band Durner, S. 92 ff.

Beschleunigung von Verwaltungsverfahren.[133] Die Erweiterung des § 46 VwVfG etwa geht auf ein Gesetz zurück, das sog. „Genehmigungsbeschleunigungsgesetz" aus dem Jahr 1996, das diesen Aspekt schon im Titel trägt.[134] Wollte man nun dem umweltrechtlichen Verfahrensgedanken der Århus-Konvention uneingeschränkt zur Geltung verhelfen – worauf die zitierte Position hinausläuft –, so setzte sich das beschriebene Strukturproblem des modernen Völkerrechts im nationalen Verwaltungsverfahren fort. Die relative Blindheit des völkerrechtlichen Umweltregimes für andere als Umweltbelange zöge eine einseitige Ausgestaltung des Verfahrens zugunsten der Umwelt nach sich. Man muss sich nur das Gegenstück eines auf Investitionsförderung ausgerichteten wirtschaftsvölkerrechtlichen „Genehmigungsbeschleunigungsvertrags" (mit relativer Umweltblindheit) vorstellen, um zu erkennen, dass bei einem solchen Ansatz die „Regime-Kollisionen"[135] aus dem Völkerrecht eine Fortsetzung im nationalen Verwaltungsrecht fänden.

Der Ausgleich zwischen sich (auch objektiv!) widerstreitenden Interessen wie denjenigen der Verfahrensbeschleunigung und des Umweltschutzes ist etwas, was typischerweise im parlamentarischen Gesetzgebungsverfahren erfolgt. Die Sektoralisierung der Völkerrechtsordnung bringt als eines von mehreren Demokratieproblemen mit sich,[136] dass dieser Ausgleich nicht

---

133 Etwa die Beiträge in B. Stüer (Hrsg.), Verfahrensbeschleunigung: Wirtschaft, Verwaltung, Rechtsschutz, Osnabrück 1997; Schmidt-Aßmann (Fn. 110), S. 293 ff.; J. Ziekow, Zügige Verwaltungsverfahren, S. 51 ff., in: ders. (Hrsg.), Beschleunigung von Planungs- und Genehmigungsverfahren, 1998, F.-L. Knemeyer, Deregulierung, Verfahrensvereinfachung und Verfahrensbeschleunigung – Bauverfahrensrecht in einem schlanken Staat, in: K. Grupp/M. Ronellenfitsch (Hrsg.), Planung – Recht – Rechtsschutz, Festschrift für Willi Blümel zum 70. Geburtstag, Berlin 1999, S. 259 ff.; mit Bezug auf die Århus-Konvention ist aufschlussreich, dass die Bundesrepublik Deutschland schon während des Verhandlungsprozesses diesen Konflikt sah und deshalb anlässlich der Unterzeichnung folgende Erklärung abgab (Die Erklärung ist im Internet verfügbar unter http://www.unece.org/env/pp/ctreaty.htm (geprüft am 8.April 2005).

„The text of the Convention raises a number of difficult questions regarding its practical implementation in the German legal system which it was not possible to finally resolve during the period provided for the signing of the Convention. These questions require careful consideration, including a consideration of the legislative consequences, before the Convention becomes binding under international law.

The Federal Republic of Germany assumes that implementing the Convention through German administrative enforcement will not lead to developments which counteract efforts towards deregulation and speeding up procedures."

134 Gesetz vom 12. September 1996 (BGBl. 1996 I S. 1354).

135 Siehe nochmals, Fn. 124.

136 Zu den Demokratieproblemen der Globalisierung siehe E.-W. Böckenförde, Die Zukunft politischer Autonomie. Demokratie und Staatlichkeit im Zeichen von Globalisierung, Europäisierung und Individualisierung, in: ders., Staat – Nation – Europa, Studien zur Staatslehre, Verfassungstheorie und Rechtsphilosophie, 1999, S. 103 ff. (119 ff.); die theoretischen Lösungsangebote werden dargestellt bei A. von Bogdandy, Demokratie, Globalisierung, Zukunft des Völkerrechts – eine Bestandsaufnahme, ZaöRV 63 (2003), S. 853 ff.

mehr ohne weiteres möglich ist. Im nationalen parlamentarischen Verfahren kann er nicht mehr stattfinden, weil zu diesem Zeitpunkt die materiellen Entscheidungen bereits getroffen sind. Während der völkerrechtlichen Verhandlungen droht er ebenfalls auszufallen, weil dabei vornehmlich die jeweiligen Fachspezialisten zusammenkommen.

Diese völkerrechtliche Problemlage kann allein sicherlich nicht zu einem bestimmten Auslegungsergebnis führen. Sie kann aber dort die Interpretation leiten, wo der Wortlaut dies zulässt. Die Konvention enthält vielfach Verweise auf das nationale Recht der Mitgliedstaaten. Gerade die Vorschrift zum Rechtsschutz verweist an der entscheidenden Stelle auf den „Rahmen der innerstaatlichen Rechtsvorschriften".[137] Diese Klausel wurde wörtlich in die entsprechenden Bestimmungen der UVP- und der IVU-Richtlinie übernommen.[138] Über die genaue Auslegung der Klausel wird damit für den Bereich der Mitgliedstaaten der EG letztlich der EuGH entscheiden, worin ein weiteres Element der Ebenenverzahnung im transnationalen Umweltrecht sichtbar wird. Die Klausel darf selbstverständlich nicht dazu genutzt werden, das Regelungsziel der Århus-Konvention zu konterkarieren. Sie erfüllt aber eine sehr sinnvolle und wichtige Funktion, wenn man sie heranzieht, um auf der Ebene der Rechtsanwendung für einen sachgerechten Ausgleich zwischen sich widerstreitenden Interessen zu sorgen, die miteinander abzuwägen auf der Ebene des Völkerrechts versäumt wurde oder nicht möglich war.[139] Der halboffizielle Implementation Guide zur Århus-Konvention nennt ausdrücklich nationale Präklusionsregeln als zulässige Beschränkungen des Rechtsschutzes nach dieser Vorschrift.[140] In der Literatur werden darüber hinaus auch Vorschriften über eine nachträgliche Heilung wie etwa § 45 VwVfG als weiterhin anwendbar angesehen.[141]

Auch wenn dogmatisch ein Unterschied zwischen der nachträglichen Heilung und der Unbeachtlichkeit besteht, so fragt sich dennoch, warum die eine Fehlerfolge zulässig sein soll, die andere aber nicht. Allein die Parallelisierung der materiellen und verfahrensrechtlichen Prüfung kann hier als Argument

---

137 Art. 9 Abs. 2 Århus-Konvention.

138 Art. 10a Abs. 1 UVP-Richtlinie (neu) und Art. 15a Abs. 1 IVU-Richtlinie (neu); siehe die Änderungsrichtlinie 2003/35/EG (Fn. 3).

139 Für die Zulässigkeit von Präklusionsvorschriften im Anwendungsbereich der Århus-Konvention auch Th. Bunge, Rechtsschutz bei der UVP nach der Richtlinie 2003/35/EG, ZUR 2004, S. 141 ff. (146); M. Schmidt-Preuß, NVwZ 2005, S. 489 (495).

140 Stec/Casey-Lefkowitz/Jendroska (Fn. 84), S. 130.

141 Schlacke (Fn. 129), 632; Bunge (Fn. 138), 146.

kaum ausreichen. Auch das weitere Argument, das innerstaatliche Recht dürfe nicht die Unbeachtlichkeit von Verfahrensfehlern "in den meisten Fällen" anordnen, wenn grundsätzlich die Überprüfung der verfahrensrechtlichen Rechtmäßigkeit vom Gemeinschaftsrecht angeordnet sei,[142] ist stark vom Ergebnis her formuliert. Die Anwendung des § 46 VwVfG schließt die geforderte verfahrensrechtliche Prüfung nicht aus, sondern sie findet im Gegenteil statt – angeordnet wird nur die Unbeachtlichkeit bestimmter Fehler auf der Rechtsfolgenseite.[143]

Abschließend und zusammenfassend: Die gerade beschriebenen Umsetzungsprobleme der Århus-Konvention sind bezeichnend für strukturelle Probleme bei der gegenwärtigen Internationalisierung des öffentlichen Rechts. Die schon eingetretene Sektoralisierung des Völkerrechts droht eine Sektoralisierung des nationalen Verwaltungsrechts nach zu ziehen. Diese Entwicklung abzufedern und in gewissen Grenzen zu korrigieren, ist eine wichtige zukünftige Aufgabe des allgemeinen Verwaltungsrechts.

142 So Bunge (Fn. 138), 146.

143 Ähnlich in diesem Band Durner, S. 95

Jan Ziekow[1]

Strategien zur Umsetzung der Århus-Konvention in Deutschland

Einbettung in das allgemeine Verwaltungsrecht und Verwaltungsprozessrecht oder sektorspezifische Sonderlösung für das Umweltrecht?

I. Vorbemerkung

Die Strukturierung von Rechtsmaterien in einen allgemeinen und einen besonderen Teil gehört zu den Spezifika des deutschen Rechts. Für das Verwaltungsrecht gilt insoweit nichts anderes; allerdings gibt es insoweit nur Teilkodifikationen einzelner Bereiche des allgemeinen Verwaltungsrechts. Die in der Wissenschaft immer stärker akzentuierte Rolle des allgemeinen Verwaltungsrechts wird in der Gesetzgebungspraxis nicht in gleicher Weise aufgenommen. Walter Klappstein, jemand, der wusste, wovon er sprach, hat das Dilemma schön zusammengefasst: "Hinweise der Wissenschaft (...) finden bei der Entwurfsarbeit in den Fachressorts kaum Beachtung, wenn sie aus dem allgemeinen Recht abgeleitet werden. Schon im Entwurfsstadium wird also der mit Sachargumenten begründete ‚Ressortegoismus' spürbar (...) Für Einwände aus allgemeinen oder systematischen Gründen wird im Rahmen des Gesetzgebungsverfahrens für – in der Regel eilige – Entwürfe der Fachressorts keine Zeit erübrigt. Die Kurzatmigkeit der heutigen Gesetzgebung wirkt sich zum Nachteil des allgemeinen Rechts aus".[2]

Zur Annäherung an die Frage des sinnvollen Regelungsstandorts – oder besser: der Regelungsstandorte – zur Umsetzung der Århus-Konvention und der in ihrem Gefolge erlassenen Richtlinien wird im Folgenden kurz zusammengefasst, um welche Regelungsbedarfe es geht (II). Anschließend wird in geraffter Form dargestellt, wie sich der Stand der Diskussion zum Verhältnis erstens von allgemeinem und besonderem Verwaltungsrecht (III.) und

1 Univ.-Prof. Dr. Jan Ziekow ist Direktor des Forschungsinstituts für öffentliche Verwaltung Speyer und Inhaber des Lehrstuhls für allgemeines und besonderes Verwaltungsrecht an der Deutschen Hochschule für Verwaltungswissenschaften Speyer.

2 W. Klappstein, Rechtseinheit und Rechtsvielfalt im Verwaltungsrecht. Dargestellt am Beispiel der Bestandskraft von Verwaltungsakten nach dem Allgemeinen und dem Besonderen Verwaltungsrecht, 1994, S. 153 f.

zweitens von allgemeinem und bereichsspezifischem Verfahrensrecht (IV.) darstellt. Schließlich sollen diese Überlegungen für die Transformation der Århus-Vorgaben in deutsches Recht konkretisiert werden (V.).

II. Die umzusetzenden gemeinschaftsrechtlichen Regelungen zur Angleichung an die Bestimmungen der Århus-Konvention

Die Århus-Konvention lässt sich bekanntlich als Drei-Säulen-Modellen darstellen, mit den Säulen: Zugang zu Informationen über die Umwelt, Öffentlichkeitsbeteiligung an Entscheidungsverfahren und Zugang zu Gerichten in Umweltangelegenheiten.[3] Die EU hat seit geraumer Zeit ein Paket zur Transformation der Vorgaben der Århus-Konvention in Gemeinschaftsrecht geschnürt. Es enthält neben der Richtlinie über den Zugang der Öffentlichkeit zu Umweltinformationen[4] und einem Verordnungsvorschlag betreffend die Anwendung der Århus-Konvention auf Organe und Einrichtungen der Europäischen Gemeinschaft[5] auch eine Richtlinie zur Änderung der UVP-Richtlinie und der IVU-Richtlinie[6] sowie einen Richtlinienvorschlag betreffend den Gerichtszugang in Umweltangelegenheiten.[7] Die Breite der damit angesprochenen Gegenstände bedingt von vornherein die Notwendigkeit einer gewissen Selbstbeschränkung. Von vornherein in einem anderen Diskurszusammenhang steht derzeit der Zugang zu Informationen über die Umwelt[8], der mitten in die Diskussion über die Schaffung einer Bereichskodifizierung in einem Informationsfreiheitsgesetz und seine Reichweite[9] zielt. An dieser

3 Dazu bereits in diesem Band Walter, S. 8 ff.

4 RL 2003/4/EG des Europäischen Parlaments und des Rates vom 28.1.2003 über den Zugang der Öffentlichkeit zu Umweltinformationen und zur Aufhebung der RL 90/313/EWG des Rates, ABl. L 41/26 vom 14.2.2003.

5 Vorschlag für eine Verordnung des Europäischen Parlaments und des Rates über die Anwendung der Bestimmungen des Århus-Übereinkommens über den Zugang zu Informationen, die Öffentlichkeitsbeteiligung an Entscheidungsverfahren und den Zugang zu Gerichten in Umweltangelegenheiten auf Organe und Einrichtungen der Europäischen Gemeinschaft, KOM (2003) 622 endg. vom 24.10.2003.

6 RL 2003/35/EG des Europäischen Parlaments und des Rates vom 26.5.2003 über die Beteiligung der Öffentlichkeit bei der Ausarbeitung bestimmter umweltbezogener Pläne und Programme und zur Änderung der Richtlinien 85/337/EWG und 96/61/EG des Rates in Bezug auf die Öffentlichkeitsbeteiligung und den Zugang zu Gerichten, ABl. L 156/17 vom 25.6.2003.

7 Vorschlag für eine Richtlinie des Europäischen Parlaments und des Rates über den Zugang zu Gerichten in Umweltangelegenheiten, KOM (2003) 624 endg. vom 24.10.2003.

8 Vgl. M. E. Butt, Die Ausweitung des Rechts auf Umweltinformation durch die Århus-Konvention, 2001.

9 Dazu F. Schoch/M. Kloepfer, Informationsfreiheitsgesetz, 2002.

Stelle muss der Hinweis genügen, dass die Ausgliederung des Komplexes Zugang zu Behördeninformationen aus dem Regelungszusammenhang des VwVfG schon lange als systematische Fehlentscheidung des Gesetzgebers kritisiert worden ist.[10] In der Tat dürfte der Diskussionsstand hier – auch und gerade durch die bundesweiten Erfahrungen in der Anwendung des UIG – so weit konsolidiert sein, dass einer Rückholung dieser Materie in das VwVfG wenig entgegensteht. Deshalb scheint mir hier nicht allzu viel Erörterungsbedarf zu bestehen.

1. Öffentlichkeitsbeteiligung

Die Århus-Konvention kennt nach Art des Verfahrensgegenstandes drei Gestaltungen der Öffentlichkeitsbeteiligung[11], nämlich die Öffentlichkeitsbeteiligung an Entscheidungen über bestimmte Tätigkeiten (Art. 6 Århus-Konvention), die Öffentlichkeitsbeteiligung bei umweltbezogenen Plänen, Programmen und Politiken (Art. 7 Århus-Konvention) und die Öffentlichkeitsbeteiligung während der Vorbereitung exekutiver Vorschriften und/oder allgemein anwendbarer rechtsverbindlicher normativer Instrumente (Art. 8 Århus-Konvention).

Für die Beteiligung an Entscheidungen über bestimmte Tätigkeiten wird eine obligatorische Beteiligung der betroffenen Öffentlichkeit vorgegeben. Was unter der "betroffenen Öffentlichkeit" zu verstehen ist, erläutert Art. 2 Nr. 5 Århus-Konvention, nämlich einzelne oder mehrere natürliche oder juristische Personen oder Organisationen, die von umweltbezogenen Entscheidungsverfahren betroffen oder wahrscheinlich betroffen sind oder die ein Interesse daran haben. Nichtstaatlichen Organisationen, die sich für den Umweltschutz einsetzen und die nach innerstaatlichem Recht geltenden Voraussetzungen erfüllen, wird ein solches Interesse von vornherein zuerkannt (Art. 2 Nr. 5 2. Halbsatz Århus-Konvention). Diese betroffene Öffentlichkeit ist im Wege öffentlicher oder individueller Bekanntmachung unter Beachtung des Frühzeitigkeitsgebots über das betreffende Projekt, die Zuständig-

10 Vgl. nur W. Kahl, Das Verwaltungsverfahrensgesetz zwischen Kodifikationsidee und Sonderrechtsentwicklungen, in: W. Hoffmann-Riem/E. Schmidt-Aßmann, Verwaltungsverfahren und Verwaltungsverfahrensgesetz, 2002, S. 67 (132).

11 Dazu A. Fisahn, Effektive Beteiligung solange noch alle Optionen offen sind – Öffentlichkeitsbeteiligung nach der Århus-Konvention, ZUR 2004, S. 136 ff.; J. Ziekow, Perspektiven von Öffentlichkeitsbeteiligung und Verbandsbeteiligung in der Raumordnung, NuR 2002, S. 701 (707 f.); M. Zschiesche, Die Århus-Konvention – mehr Bürgerbeteiligung durch umweltrechtliche Standards?, ZUR 2001, S. 177 ff.

keiten und das Verfahren sowie die Möglichkeiten zur Informationserlangung und Öffentlichkeitsbeteiligung zu informieren (Art. 6 Abs. 2 Århus-Konvention). Welche Informationen seitens der Behörden für Zwecke der Öffentlichkeitsbeteiligung gebührenfrei zur Verfügung gestellt werden müssen, ist in Form eines nicht abschließenden Katalogs geregelt (Art. 6 Abs. 6 Århus-Konvention). Zu beachten ist dabei, dass sich die Pflicht zur Öffentlichkeitsbeteiligung nicht nur auf die in Anhang I zur Konvention – insoweit enumerativ – aufgeführten Tätigkeiten bezieht, sondern auch auf Entscheidungen über andere Tätigkeiten, die eine erhebliche Auswirkung auf die Umwelt haben können (Art. 6 Abs. 1 lit. b Århus-Konvention). Allerdings liegt es hier bei den Vertragsparteien, die Anwendung der Bestimmungen über die Öffentlichkeitsbeteiligung auf derartige Tätigkeiten zu bestimmen. Auch für diese fakultativen Projekte dürfte ein allgemeiner Ausschluss vom Anwendungsbereich durch das Recht einer Vertragspartei nicht mit dem Zweck der Konvention vereinbar sein.[12] Das Gemeinschaftsrecht hat sich mit der RL 2003/35/EG dafür entschieden, dies in die Systematik von UVP- und IVU-Richtlinie zu übersetzen.

Weitere Bestimmungen betreffen u.a. die angemessene zeitliche Gestaltung der Phasen der Öffentlichkeitsbeteiligung (Art. 6 Abs. 3 Århus-Konvention) und die Ermutigung von Antragstellern auf eigenständige Vorab-Information der betroffenen Öffentlichkeit (Art. 6 Abs. 5 Århus-Konvention). Von beträchtlicher Bedeutung ist schließlich die Einbeziehung der Öffentlichkeit, nunmehr nicht im – engeren – Sinne der betroffenen Öffentlichkeit, sondern aller natürlichen und juristischen Personen sowie – in Übereinstimmung mit den jeweiligen nationalen Rechtsvorschriften – anderer Vereinigungen. Die Öffentlichkeit in diesem weiteren Sinne wird ebenfalls beteiligt, und zwar in der Weise, dass sie die Möglichkeit haben muss, alle von ihr für die geplante Tätigkeit für relevant erachteten Stellungnahmen und Informationen sowohl schriftlich vorzulegen als auch in einer ggf. durchgeführten mündlichen Anhörung mit dem Antragsteller vorzutragen (Art. 6 Abs. 7 Århus-Konvention). Auch diese Stellungnahmen gehören zum Ergebnis der Öffentlichkeitsbeteiligung, das bei der zu treffenden Entscheidung angemessen zu berücksichtigen ist (Art. 6 Abs. 8 Århus-Konvention). Über die dann getroffene Entscheidung und die diese stützenden Gründe und Erwägungen ist die Öffentlichkeit im weiteren Sinne zu informieren.

12 A. Epiney/M. Scheyli, Die Århus-Konvention, 2000, S. 38.

Die Beteiligung der Öffentlichkeit bei umweltbezogenen Plänen, Programmen und Politiken ist durch angemessene Vorkehrungen sicherzustellen und hat während der Planvorbereitung in einem transparenten und fairen Rahmen stattzufinden. Hierfür sind der Öffentlichkeit die erforderlichen Informationen zur Verfügung zu stellen. Eine Einschränkung der Öffentlichkeit – im weiteren Sinne –, die sich beteiligen kann, besteht insofern, als die Ermittlung dieser Öffentlichkeit durch die zuständige Behörde erfolgt – allerdings nicht willkürlich, sondern unter Berücksichtigung der Ziele der Århus-Konvention (Art. 7 Århus-Konvention).

Art. 8 der Århus-Konvention betrifft die Öffentlichkeitsbeteiligung während der Vorbereitung exekutiver Vorschriften und sonstiger allgemein anwendbarer rechtsverbindlicher Bestimmungen. Insoweit haben sich die Vertragsparteien allerdings nur zu einem Bemühen, eine effektive Öffentlichkeitsbeteiligung zu fördern, verpflichtet. Bei den vorgesehenen Maßnahmen (Festlegung eines zeitlichen Rahmens, öffentliche Zugänglichmachung von Vorschriftenentwürfen, Möglichkeit der Öffentlichkeit zur Stellungnahme) handelt es sich nur um Soll-Vorgaben.

Im Wesentlichen werden die Bestimmungen der Århus-Konvention durch die RL 2003/35/EG recht vorlagentreu übertragen. Auffallend ist allerdings, dass das Gemeinschaftsrecht die von der Århus-Konvention vorgesehenen Rollen von "Öffentlichkeit" und "betroffener Öffentlichkeit" teilweise vertauscht.[13] Weiter als die Konvention geht das Gemeinschaftsrecht, wenn es eine Information über das betreffende Entscheidungsverfahren nicht nur gegenüber der betroffenen Öffentlichkeit, sondern für die Öffentlichkeit im weiteren Sinne vorschreibt (Art. 3 Ziff. 6 Abs. 2, Anhang II Ziff. 1 RL 2003/35/EG; Art. 6 Abs. 2 Århus-Konvention). Im Einklang mit dem Konventionsrecht steht das Gemeinschaftsrecht, wenn es die Pflicht zur Zugänglichmachung bestimmter Informationen nur für die betroffene Öffentlichkeit vorsieht (Art. 3 Ziff. 6 Abs. 3, Anhang II Ziff. 2 RL 2003/35/EG; Art. 6 Abs. 6 Århus-Konvention). Hinter der Århus-Konvention zurück bleibt die RL 2003/35/EG hingegen, wenn das Recht, zu der geplanten Tätigkeit Stellung zu nehmen, auf die betroffene Öffentlichkeit beschränkt wird (Art. 3 Ziff. 6 Abs. 4, Anhang II Ziff. 3 RL 2003/35/EG; Art. 6 Abs. 7 Århus-Konvention). Hier wird man bei der Umsetzung zu beachten haben, dass auch die Bundesrepublik Deutschland zu den Unterzeichnern der Konvention gehört, weshalb

13 Vgl. in diesem Band Walter, S. 24 ff.

eine Beschränkung auf die Übernahme der gemeinschaftsrechtlichen Regelungen nicht ausreicht. Dem entspricht der vom BMU vorgelegte Entwurf eines Gesetzes über die Öffentlichkeitsbeteiligung in Umweltangelegenheiten nach der EG-Richtlinie 2003/35/EG (Öffentlichkeitsbeteiligungsgesetz).

2. Zugang zu Gerichten

Während Art. 9 Abs. 1 Århus-Konvention den Zugang zu einem Überprüfungsverfahren bei Verletzung des Umweltinformationsanspruchs betrifft, verpflichtet Art. 9 Abs. 2 UAbs. 1 die Vertragsparteien zur Eröffnung des Zugangs zu einem Überprüfungsverfahren vor einem Gericht und/oder einer anderen auf gesetzlicher Grundlage geschaffenen unabhängigen und unparteiischen Stelle, um die Rechtmäßigkeit von Entscheidungen, Handlungen oder Unterlassungen anzufechten. Erfasst sind alle solche Entscheidungen etc., für die entweder Art. 6 der Århus-Konvention gilt oder die von anderen Bestimmungen der Konvention erfasst werden, wobei in letzterer Konstellation das jeweilige nationale Recht dies vorsehen muss.

Die Vorgaben des Art. 9 Abs. 2 der Århus-Konvention verlangen von den Vertragsparteien sicherzustellen, dass Mitglieder der betroffenen Öffentlichkeit, die ein ausreichendes Interesse haben oder eine Rechtsverletzung geltend machen, sofern das Verwaltungsprozessrecht der Vertragspartei dies erfordert, Zugang zu einem Überprüfungsverfahren haben müssen. Die weitreichendsten Vorgaben macht die Konvention für den Rechtsschutzzugang von nichtstaatlichen Umweltschutzorganisationen, für die sowohl ein solches, zur Zuordnung zur betroffenen Öffentlichkeit führendes Interesse (Art. 2 Nr. 5 2. Halbsatz Århus-Konvention) als auch ein ausreichendes Interesse zur Einleitung eines Rechtsschutzverfahrens (Art. 9 Abs. 2 UAbs. 2 Sätze 2 und 3 Århus-Konvention) durch die Konvention selbst festgeschrieben wird.

Die Vorgaben, die Art. 9 Århus-Konvention für die Ausgestaltung des Rechtsschutzes macht, werfen für das deutsche Verwaltungsverfahrens- und Verwaltungsprozessrecht – mit Ausnahme der bereits erwähnten Rechtsschutzmöglichkeiten für Nichtregierungsorganisationen und der noch zu behandelnden zweiten Ausnahme – keinen Änderungsbedarf auf. Da es die Konvention den Vertragsparteien überlässt, als Rechtsschutzvoraussetzung die Geltendmachung einer Rechtsverletzung verlangen und deren Voraussetzungen festlegen zu können (Art. 9 Abs. 2 UAbs. 1 lit. b, UAbs. 2 Satz 1 Århus-Konvention), genügt das Erfordernis der Klagebefugnis nach § 42 Abs. 2 VwGO diesen Anforderungen. Auch hinsichtlich der Notwendigkeit, angemessenen, effektiven und ggf. vorläufigen Rechtsschutz in einem fairen, gerechten, zügigen und nicht übermäßig teuren Verfahren bereitzustellen (Art. 9 Abs. 4 Århus-Konvention), dürfte sich das deutsche Verwaltungsprozessrecht bereits auf der Höhe des durch die Konvention Geforderten bewegen. Größerer Veränderungsdruck geht allerdings von dem Erfordernis des § 9 Abs. 2 UAbs. 1 Århus-Konvention aus, dass sich die Eröffnung des Zugangs zu Rechtsschutzverfahren auf die Überprüfung der Rechtmäßigkeit der angefochtenen Entscheidung in materiell-rechtlicher *und* verfahrensrechtlicher Hinsicht erstrecken muss.[14]

Die Richtlinie zur Änderung der UVP- und der IVU-Richtlinie, die RL 2003/35/EG, fügt in die UVP-Richtlinie einen Art. 10a und in die IVU-Richtlinie einen Art. 15a ein. Beide Artikel sind – mit Ausnahme der jeweiligen Binnenverweise innerhalb der betreffenden Richtlinie – wortgleich und entsprechen – bis auf einzelne Nuancen – dem Art. 9 Abs. 2, 4 und 5 der Århus-Konvention. Zusätzlich aufgenommen wurde die Klausel, dass es den Mitgliedstaaten freisteht festzulegen, in welchem Verfahrensstadium die Entscheidungen, Handlungen oder Unterlassungen angefordert werden können (Art. 10a Abs. 2 UVP-RL n.F., Art. 15a Abs. 2 IVU-RL n.F.).

III. Die Rollenverteilung zwischen allgemeinem und besonderem Verwaltungsrecht

Das Problem der Zuordnung ist mehrschichtig und bedarf deshalb einer entsprechenden Abschichtung. Auf einer allgemeineren Ebene geht es zunächst um die Rollenverteilung zwischen allgemeinem und besonderem Verwaltungsrecht. Hier ist über die Funktion unterschiedlicher Steuerungsebenen zu handeln. Spezifischer stellt sich das Problem zwischen Allgemeinem und Besonderem dann für das Verfahrensrecht. Hier ist zusätzlich zu beachten, dass das deutsche Verwaltungsrecht für das gerichtliche und das Verwaltungsverfahrensrecht grundsätzlich über Kodifikationen verfügt.

14 Dazu J. Ziekow, Von der Reanimation des Verfahrensrechts, NVwZ 2005, S. 263 (265 ff.).

15 E. Schmidt-Aßmann, Das Allgemeine Verwaltungsrecht vor den Herausforderungen neuer europäischer Verwaltungsstrukturen, in: Heller/Kopetzki/Novak (Hrsg.), Staat und Recht. FS für Günter Winkler, 1997, S. 995 (1000); ders., Zur Funktion des Allgemeinen Verwaltungsrechts, Verw. 1994, S. 137 (141).

Begreift man das allgemeine Verwaltungsrecht – zumindest auch – als Auftrag[15], so wird deutlich, dass das hier zugrunde gelegte Verständnis dem Ansatz Schmidt-Aßmanns vom allgemeinen Verwaltungsrecht als offenem System verpflichtet ist: "Das allgemeine Verwaltungsrecht ist (in den Worten Schmidt-Aßmanns) ... kein Gebiet der Statik, sondern der Flexibilität." "Neue Theorieansätze werden in seinem Rahmen diskutiert und erprobt."[16] Das damit gezeichnete Bild des allgemeinen Verwaltungsrechts zeigt Experimentierfreudigkeit und Innovationsoffenheit. Allerdings darf sich dieser Zugang nicht ungeteilter Zustimmung gewiss sein. Die Bewertungsdiskrepanzen entstehen daraus, dass das *allgemeine* Verwaltungsrecht eben nicht *das* Verwaltungsrecht ist, sondern hierzu erst in der Ergänzung durch das besondere Verwaltungsrecht wird. Die Verteilung der Rollen zwischen Allgemeinem und Besonderem ist leitend für die Bestimmung der Funktionen des allgemeinen Verwaltungsrechts. Dessen dynamisches Potential wird durchaus unterschiedlich wahrgenommen. Für Hoffmann-Riem ist der "Innovationspool", das "Regulierungslaboratorium der Rechtsordnung", das besondere Verwaltungsrecht.[17] Das allgemeine Verwaltungsrecht spielt in diesem Bild den Part des tagespolitischer Aufgeregtheit entrückten ruhenden Gegenpols, des Dauerhaften.[18] Zwar wird eingeräumt, dass das allgemeine Verwaltungsrecht als System anpassungs- und aufnahmefähig bleiben muss. Jedoch wird die Rückkopplung an bereichsübergreifende Trends des besonderen Verwaltungsrechts eingefordert.[19]

Die referierten unterschiedlichen Gewichtungen des Innovationspotentials von allgemeinem und besonderem Verwaltungsrecht können allerdings nicht als in dem Sinne exklusiv verstanden werden, dass sie sich gegenseitig ausschließen. Sie dürften vielmehr unterschiedliche Modelle der Bewältigung von Transformationsphänomenen widerspiegeln, welche komplementär eingesetzt werden können.

---

16 Schmidt-Aßmann (Fn. 15), Verw. 1994, S. 137.

17 W. Hoffmann-Riem, Ermöglichung von Flexibilität und Innovationsoffenheit im Verwaltungsrecht, in: W. Hoffmann-Riem/E. Schmidt-Aßmann (Hrsg.), Innovation und Flexibilität des Verwaltungshandelns, 1994, S. 9 (16).

18 W. Brohm, Die Dogmatik des Verwaltungsrechts vor den Gegenwartsaufgaben der Verwaltung, VVDStRL 30 (1972), S. 245 (255); Th. Groß, Die Beziehungen zwischen dem Allgemeinen und dem Besonderen Verwaltungsrecht, in: Die Wissenschaft vom Verwaltungsrecht, 1999, S. 57 (72).

19 Groß (Fn. 18), S. 73 f.

Die überkommene und nach wie vor berechtigte Bestimmung des Verhältnisses zwischen allgemeinem und besonderem Verwaltungsrecht könnte als vertikales Modell bezeichnet werden. In ihm stehen allgemeines und besonderes Verwaltungsrecht in einer gestuften Korrelation von Induktion und Deduktion. Das besondere Verwaltungsrecht ist das an Sachgesetzlichkeiten orientierte Sonderrecht. Es soll sektoral spezifische Problemlagen unterschiedlicher Aufgabenbereiche bewältigen.[20] Wegen der Differenziertheit der Sachmaterien entsteht ein Speicher von vielartigen Lösungsmustern, die auf ihre Generalisierbarkeit durchgemustert werden. Durch Reduktion bereichsspezifischer Erscheinungsformen entstehen verallgemeinerungsfähige Grundmuster. Deren Abstraktion ermöglicht die Entwicklung bereichsübergreifender Regelungsmodelle, die in allen oder doch mehreren Gebieten des besonderen Verwaltungsrechts Anwendung finden.[21]

Das Innovationspotential des allgemeinen Verwaltungsrechts ergibt sich danach primär aus seiner Rezeptionsoffenheit. Neue Entwicklungen auf den Feldern des besonderen Verwaltungsrechts signalisieren einen Anpassungsbedarf, den das allgemeine Verwaltungsrecht durch Bereitstellung breit einsetzbarer Regelungsmuster befriedigt.[22] Diese in Permanenz zu erbringende Rezeptionsleistung rechtfertigt es, das allgemeine Verwaltungsrecht als Prozess zu begreifen. Entscheidende Bedeutung kommt dabei der Zusammenstellung des auf seine Transferierbarkeit durchzumusternden sektoralen Materials zu. Die Auswahl der Referenzgebiete des besonderen Verwaltungsrechts prägt die Themen des allgemeinen Verwaltungsrechts nachhaltig. Starrheit oder Flexibilität des allgemeinen Verwaltungsrechts hängen davon ab, ob keinen durchgreifenden Wandlungen unterworfene oder unter hohem Innovationsdruck stehende Bereiche auf ihren Entwicklungshorizont unter-

---

20 Vgl. R. Wahl, Vereinheitlichung oder bereichsspezifisches Verwaltungsverfahrensrecht?, in: W. Blümel (Hrsg.), Die Vereinheitlichung des Verwaltungsverfahrensrechts, 1984, S. 19 (45).

21 Groß (Fn. 18), S. 70 ff.; Hoffmann-Riem (Fn. 17), S. 16; F. Ossenbühl, Das allgemeine Verwaltungsrecht als Ordnungsidee, Verw. 1999, S. 97.

22 Groß (Fn. 18), S. 73; Hoffmann-Riem (Fn. 17), S. 16.

23 Dazu E. Schmidt-Aßmann, Zur Reform des Allgemeinen Verwaltungsrechts, in: W. Hoffmann-Riem/E. Schmidt-Aßmann/G.F. Schuppert (Hrsg.), Reform des Allgemeinen Verwaltungsrechts, 1993, S. 11 (14 f.); ders., Das allgemeine Verwaltungsrecht als Ordnungsidee, 2. Aufl. 2004, S. 8 ff.

24 Dazu W. Hoffmann-Riem, Verwaltungsrechtsreform – Ansätze am Beispiel des Umweltschutzes, in: W. Hoffmann-Riem/E. Schmidt-Aßmann/G.F. Schuppert (Hrsg.), Reform des Allgemeinen Verwaltungsrechts, 1993, S. 115 ff.

sucht werden. Zur Verarbeitung auf die Verwaltung zukommender neuer Herausforderungen ist das allgemeine Verwaltungsrecht nur dann fähig, wenn ein Mix entsprechend repräsentativer Referenzgebiete gelingt.[23]

Unzweifelhaft eines der wesentlichen Referenzgebiete in der neueren Entwicklung des allgemeinen Verwaltungsrechts stellt das Umweltrecht dar.[24] Zahlreiche Rechtsfiguren, die mittlerweile Eingang in die Dogmatik des allgemeinen Verwaltungsrechts gefunden haben, haben ihren Ursprung im Umweltrecht. Beispiele sind die Figur der normkonkretisierenden Verwaltungsvorschriften oder informale Steuerungsinstrumente wie Selbstverpflichtungserklärungen. Das Umweltrecht hat sich daher in der Vergangenheit als besonders transferträchtig erwiesen. Insoweit besteht durchaus eine thematische Vorprägung des allgemeinen Verwaltungsrechts durch dem Umweltrecht entstammende Fragestellungen.

Die Funktion des allgemeinen Verwaltungsrechts im vertikalen Modell besteht in der durch Abbreviatur bewirkten Speicherleistung. Die Transformation von Regelungsmustern von der Ebene des Besonderen auf die des Allgemeinen reduziert Komplexität. Das allgemeine Verwaltungsrecht hält Bausteine vor, die eine vertypte Bewältigung vergleichbar strukturierter Problemkonstellationen ermöglichen. Die Speicherkapazität dieser Bausteine ist groß genug, um auch bisher nicht aufgetretene Fragen zu erfassen.[25] Beispiel ist die Ausdifferenzierung der Handlungsformenlehre: Die vertypten Handlungsformen bilden einen Speicher, der bei gelungener klassifikatorischer Zuordnung ein bestimmtes Normenregime anwendbar macht. So führt die Qualifizierung einer Verwaltungsmaßnahme als Verwaltungsakt zu den gesetzlichen Regeln über die Bestandskraft, die Aufhebung, Anfechtung etc. Für nicht einer bestimmten Handlungsform zuordenbare Maßnahmen können strukturelle Ähnlichkeiten ermittelt und vergleichend Lösungswege entwickelt werden.[26]

---

25 Schmidt-Aßmann, Das allgemeine Verwaltungsrecht (Fn. 23), S. 4 f.

26 W. Pauly, Der Regelungsvorbehalt, DVBl. 1991, S. 521 (522); R. Pitschas, Entwicklung der Handlungsformen im Verwaltungsrecht, in: W. Blümel/R. Pitschas (Hrsg.), Reform des Verwaltungsverfahrensrechts, 1994, S. 229 (238 f.); E. Schmidt-Aßmann, Die Lehre von den Rechtsformen des Verwaltungshandelns, DVBl. 1989, S. 533.

27 Schmidt-Aßmann (Fn. 15), Verw. 1994, S. 137 (140); R. Wahl, Die Aufgabenabhängigkeit von Verwaltung und Verwaltungsrecht, in: W. Hoffmann-Riem/E. Schmidt-Aßmann/G.F. Schuppert (Hrsg.), Reform des Allgemeinen Verwaltungsrechts, 1993, S. 177 (212).

Das Interdependenzverhältnis des allgemeinen Verwaltungsrechts zum besonderen Verwaltungsrecht, d.h. seine Abstraktionsleistung einerseits und seine Ausstrahlungswirkung auf die Materien des besonderen Verwaltungsrechts andererseits, prädestiniert das allgemeine Verwaltungsrecht dazu, Brücke zwischen verschiedenen Abstraktionsebenen zu sein. Zwischen Verfassung und bereichsspezifischen Sonderregelungen ist das allgemeine Verwaltungsrecht der "Transmissionsriemen", der die Vorgaben des Verfassungsrechts bis in die sektorale administrative Handlungspraxis hinein befördert.[27]

An seine Grenzen stößt das vertikale Modell, wenn die Bereitstellungsfunktion des Rechts in die Betrachtung einbezogen wird. Sie weist auf die Funktion des Verwaltungsrechts hin, ein als legitim empfundenes, rechtsstaatlich geordnetes, sachadäquate Entscheidungen produzierendes, bürgernahes und effektives Verwaltungshandeln zu ermöglichen. Das Recht muss die hierfür erforderlichen Rechtsformen, Institute, Verfahren und Organisationstypen bereitstellen. Methodisch ergibt sich daraus die Forderung nach einer aufgaben- und funktionenorientierten Betrachtungsweise: Das Verwaltungsrecht hat danach zu fragen, welche Funktionen und Aufgaben die Verwaltung zu erfüllen hat, und dasjenige bereitzustellen, das die Verwaltung benötigt, um zur Bewältigung jener Aufgaben ausreichend gerüstet zu sein.[28]

Diesen Aufgaben- und Wirklichkeitsbezug vermag das vertikale Modell nicht zu interpretieren. Dem vertikalen muss daher ein horizontales Modell an die Seite gestellt werden, in dem allgemeines und besonderes Verwaltungsrecht nebeneinander stehen. Die Implementation von Innovationen vollzieht sich dabei nicht zwangsläufig durch Abstraktion. Allgemeines und besonderes Verwaltungsrecht übernehmen komplementäre Steuerungsfunktionen: Direkte Steuerungsleistungen sind regelmäßig durch das besondere Verwaltungsrecht zu erbringen, während beim allgemeinen Verwaltungsrecht die indirekte Steuerungsleistung in den Vordergrund rückt.[29] Für die Erfüllung der Bereitstellungsaufgabe ist diejenige Steuerungsebene zu wählen, die die größte Aufgabengerechtigkeit bietet.

Fasst man diese Überlegungen für unser Thema zusammen, so lässt sich Folgendes festhalten: Nach dem gleichsam klassischen vertikalen Modell, das das allgemeine Verwaltungsrecht in erster Linie durch Abstrahierung von

28 G.F. Schuppert, Verwaltungsrechtswissenschaft als Steuerungswissenschaft, in: W. Hoffmann-Riem/E. Schmidt-Aßmann/G.F. Schuppert (Hrsg.), 1993, S. 65 (96 f.), Fn. 23.

29 Schuppert (Fn. 28), S. 97 f.

Figuren des besonderen Verwaltungsrechts in maßgeblichen Referenzgebieten gespeist sieht, handelt es sich bei den hier relevanten Problemkomplexen der Öffentlichkeitsbeteiligung, der Verbandsklage und der Kontrolle von Verfahrensfehlern zwar zunächst um Themen des Umweltrechts. Doch besteht eine beträchtliche Vorprägung des allgemeinen Verwaltungsrechts gerade durch Themen des Umweltrechts, so dass eine gewisse Vertypung nicht von vornherein ausgeschlossen erscheint.

Für das horizontale Modell der Komplementarität von allgemeinem und besonderem Verwaltungsrecht kommt es weniger auf die Abstrahierbarkeit von Bewährtem, sondern auf die Unterscheidung direkte/indirekte Steuerung an. Liegt der Schwerpunkt bei der indirekten Steuerung und ist dies gerade der programmatische Ansatz des Steuerungsinstruments, sein innovativer Gehalt, so kann dies für eine Zuordnung zum allgemeinen Verwaltungsrecht sprechen. Geht es dagegen um die Inhalte der Entscheidung, so liegt eine Verortung im besonderen Verwaltungsrecht näher. Beispiele dafür, dass Innovationen mit indirekter Steuerung deshalb von vornherein dem allgemeinen Verwaltungsrecht zugewiesen worden sind, sind – bundesrechtlich – die §§ 71 a ff VwVfG und – landesrechtlich – die Art. 78 a ff. BayVwVfG, die für Bayern die landesrechtlichen Vorschriften über die UVP enthalten. Eine entsprechende Verortung liegt für die gemeinschaftsrechtlichen Schritte zur Transformation der Århus-Konvention nahe. Hier hat die Kommission klar darauf hingewiesen, dass es sich um den Anfang eines neuen Umweltverfahrensrechts der Gemeinschaft handeln soll;[30] der programmatische Gehalt der Rechtsakte wird hier sehr deutlich. Diese exponierte Funktion deutet darauf hin, diese Richtungssetzung zumindest auch auf der Steuerungsebene des allgemeinen Verwaltungsrechts abzubilden.

IV. Allgemeines oder bereichsspezifisches Verfahrensrecht?

Sprechen auf der Ebene der Unterscheidung von allgemeinem und besonderem Verwaltungsrecht also gute Gründe dafür, dass eine Umsetzung der die Århus-Konvention transformierenden Richtlinien in deutsches Recht jeden-

30 Vorschlag für eine Richtlinie des Europäischen Parlaments und des Rates über den Zugang zu Gerichten in Umweltangelegenheiten, KOM(2003) 624 eng., Begr. sub 3.2.

31 S. nur C.D. Hermanns, Einheit der Verwaltungsgerichtsbarkeit, 2002.

falls auch die Ebene des allgemeinen Verwaltungsrechts ansteuert, so wird im Folgenden versucht, diesen Befund anhand der Frage "allgemeines oder bereichsspezifisches Verfahrensrecht" weiter zu konkretisieren. Diese Frage ist so alt wie die Diskussion über die jeweiligen Kodifikationen oder Kodifikationsversuche des Verwaltungsrechts. Beispiele sind die VwGO mit der immer wieder aufflackernden Diskussion um eine einheitliche VwPO für das gerichtliche Verfahren[31] und das VwVfG für das allgemeine Verwaltungsverfahrensrecht in Abgrenzung zu den zahlreichen Sonderverfahrensrechten,[32] von denen das gescheiterte UGB eine eigenständige Kodifikation für das Umweltrecht bringen sollte.[33] Von daher kann ich mich auf einem recht gut konsolidierten Diskussionsstand bewegen.

Aus dem dabei erreichten Diskussionsstand lässt sich Folgendes herausarbeiten: Zunächst muss an dieser Stelle einem Missverständnis begegnet werden: Bei der Alternative allgemeines oder bereichsspezifisches Verwaltungsverfahrensrecht geht es so gut wie nie um ein Entweder-Oder. Die Komplementarität der beiden Regelungsschichten ist gleichsam von vornherein in das VwVfG eingebaut worden, nämlich mit der Subsidiaritätsklausel des § 1 Abs. 1 VwVfG. Sie baut in kluger Selbstbeschränkung eine flexible Rückzugslinie für spezifische Regelungsbedürfnisse des Fachrechts auf. Dem allgemeinen Verfahrensrecht fällt von vornherein nur die Rolle zu, Modelle zu entwickeln, um den Fachressorts für die jeweiligen Fachverfahren Bausteine zur Verfügung zu stellen. Zu einer vollständigen Verdrängung des Fachverfahrensrechts kann und soll es nicht kommen, da die Eigenständigkeiten der betreffenden Sachmaterie bereichsspezifisch abgearbeitet werden müssen. Der Charakter des allgemeinen Verfahrensrechts ist also der einer Angebotsordnung.[34] Für das Verfahrensrecht trifft die Bereitstellungsfunktion des Verwaltungsrechts in besonderem Maße zu. Es stellt einen Grundtypus bereit, auf den zurückzugreifen oder nicht oder in abgewandelter Form dem jeweiligen Regelungsansatz vorbehalten bleibt. Die Institute des allgemeinen Verfahrensrechts zwingen also nicht, sondern bieten nur

32 Zur Kodifikationsgeschichte C.H. Ule, Die Kodifizierung des Verwaltungsverfahrensrechts, in: Jeserich/Pohl/von Unruh (Hrsg.), Deutsche Verwaltungsgeschichte, Bd. 5, 1987, S. 1162 ff.

33 Dazu u.a. M. Kloepfer, Zur Kodifikation des Umweltrechts in einem Umweltgesetzbuch, JZ 1995, S. 745 ff.; A. Voßkuhle, Kodifikation als Prozeß. Zur Bedeutung der Kodifikationsidee in heutiger Zeit unter besonderer Berücksichtigung der Arbeiten an einem Umweltgesetzbuch, in: Schlosser (Hrsg.), Bürgerliches Gesetzbuch 1896–1996, 1997, S. 77 ff.

34 R. Wahl, Fehlende Kodifizierung der förmlichen Genehmigungsverfahren im Verwaltungsverfahrensgesetz, NVwZ 2002, S. 1192 (1194); ebenso M. Schmidt-Preuß, Das Allgemeine des Verwaltungsrechts, in: Geis/Lorenz (Hrsg.), Staat-Kirche-Verwaltung, FS für Hartmut Maurer zum 70. Geburtstag, 2001, S. 777 (781).

an. Gleichwohl haben sie eine enorme Integrations- und Systematisierungsfunktion. Sie besteht zunächst einmal – durchaus vordergründig – darin, dass auf die "Faulheit" der Fachressorts gesetzt wird: Das Rad braucht nicht bei jeder Fachgesetzgebung neu erfunden, sondern allenfalls modifiziert zu werden. In Anbetracht dessen wird sich ein Fachressort wohl nur selten die Mühe einer vollständig abweichenden Konzeption machen. Insofern führt dann die vielbeschworene Eile des Gesetzgebungsverfahrens, die regelmäßig – und auch bei Umsetzung des Århus-Rechts – zu einer Zurückdrängung der zugunsten des Allgemeinen sprechenden Systematisierungsgesichtspunkte führt, zu einer Stabilisierung der allgemeinen Institute. Überdies führt eine Verankerung im allgemeinen Verfahrensrecht zu einer Verlagerung der Rechtfertigungslast: Jede fachgesetzliche Regelung, die von einem wohlüberlegten Regelungssystem abweicht, bedarf besonderer Rechtfertigung hinsichtlich Notwendigkeit, Art und Folgen der Abweichung.[35] Insoweit entfaltet die Angebotsordnung des allgemeinen Verfahrensrechts faktisch doch eine Disziplinierungswirkung.

Wenn man diesen Ausgangspunkt akzeptiert, so wird andererseits schnell deutlich, welches die Funktion des bereichsspezifischen Verwaltungsverfahrensrechts ist, nämlich eine Brückenfunktion: Das bereichsspezifische Verfahrensrecht steht zwischen allgemeinem Verwaltungsverfahrensrecht und dem materiellen Verwaltungsrecht des jeweiligen Referenzfeldes.[36] Es macht das allgemeine Verwaltungsverfahrensrecht als Verwirklichungsmodus des materiellen Rechts operabel. Die praktische Rollenverteilung hängt demgemäß in erster Linie von der Regelungsdichte des allgemeinen Verfahrensrechts ab: Je größer dessen Angebot, desto weiter kann das Sonderverfahrensrecht zurückgenommen werden. Je größer umgekehrt die Lücken des allgemeinen Verfahrensrechts, umso intensiver muss in den einzelnen Regelungsbereichen geregelt werden.

---

35 Vgl. W. Kahl, Das Verwaltungsverfahrensgesetz zwischen Kodifikationsidee und Sonderrechtsentwicklungen, in: W. Hoffmann-Riem/E. Schmidt-Aßmann (Hrsg.), Verwaltungsverfahren und Verwaltungsverfahrensgesetz, 2002, S. 67 (130).

36 R. Wahl, Neues Verfahrensrecht für Planfeststellung und Anlagengenehmigung – Vereinheitlichung des Verwaltungsverfahrens oder bereichsspezifische Sonderordnung?, in: W. Blümel/R. Pitschas (Hrsg.), Reform des Verwaltungsverfahrensrechts, 1994, S. 83 (86 f.).

37 Wahl (Fn. 20), S. 41 f. H. Jochum, Verwaltungsverfahrensrecht und Verwaltungsprozeßrecht, 2004, S. 491 ff., spricht insoweit vom Prinzip der normativen Konnexität.

38 P. Häberle, Grundrechte im Leistungsstaat, VVDStRL 30 (1972), S. 43 (122); J. Schwarze, Der funktionale Zusammenhang von Verwaltungsverfahrensrecht und verwaltungsgerichtlichem Rechtsschutz, 1974, S. 44.

Bildlich gesprochen handelt es sich also beim Verfahrensrecht um einen Verwirklichungsverbund: Allgemeines und bereichsspezifisches Verwaltungsverfahrensrecht sind Modus der Verwirklichung des materiellen Verwaltungsrechts durch die Verwaltung, während das Verwaltungsprozessrecht der Realisierung von bestrittenem Verwaltungsrecht dient.[37] Versubjektiviert steht dahinter ein Verständnis des funktionalen Zusammenhangs von Verwaltungsverfahren und Verwaltungsprozess als differenziertes Gesamtrechtsschutzsystem.[38] Verwaltungsverfahren und gerichtlicher Rechtsschutz entfalten wechselseitig entlastende und stabilisierende Wirkungen. Insoweit ist Verwaltung und Verwaltungsgerichtsbarkeit die Rechtskonkretisierung zwar in funktioneller Trennung, der Sache nach aber gesamthänderisch aufgegeben.[39] Von daher ist es vollauf berechtigt, wenn Schmidt-Aßmann darauf hinweist, dass eine weitere Segmentarisierung des Verwaltungsverfahrensrechts Wirkungen für die Funktionswahrnehmung der Verwaltungsgerichtsbarkeit zu zeitigen droht.[40]

Was aber heißt das konkret für die Zuordnung von Regelungsbedarfen zum allgemeinen oder zum bereichsspezifischen Verfahrensrecht? Zunächst einmal kann es in einer Systembetrachtung natürlich nicht darauf ankommen, durch welche historische Zufälligkeit wie Eilbedürftigkeit o. a. in welchem Bereich welche Lücken aufgetreten sind oder nicht, so dass jetzt die jeweils andere Ebene angestrebt werden muss. Jedenfalls kann hierdurch eine ggf. sinnvolle Rückholung von durch (häufig selbstverschuldeten) Zeitdruck entstandenen Sonderrechts nicht für die Zukunft ausgeschlossen sein.

Für die konkrete Zuordnung von Regelungsbedarfen wird man weiterhin einzubeziehen haben, welcher Art die jeweiligen Regelungsanlässe waren. Man wird nicht außer acht lassen können, ob es sich um bewusste politische Gestaltungsakte des deutschen Gesetzgebers oder um die Umsetzung von Gemeinschaftsrecht handelt. Es ist immer wieder – und völlig zu Recht – darauf hingewiesen worden, dass eine nationale Rechtsordnung, die sich gegenü-

39 J. Ziekow, Zügige Verwaltungsverfahren, in: ders. (Hrsg.), Beschleunigung von Planungs- und Genehmigungsverfahren, 1998, S. 51 (66).

40 E. Schmidt-Aßmann, Grundlagen und Aufgaben der verwaltungsrechtlichen Systembildung, in: D. Ehlers/ W. Krebs (Hrsg.), Grundfragen des Verwaltungsrechts und des Kommunalrechts. Symposium aus Anlaß der Emeritierung von Prof. Hans-Uwe Erichsen, 2000, S. 1 (9).

41 Vgl. etwa Kahl (Fn. 35), S. 105.

42 Dazu P. M. Huber, Das duale Regelungsregime als Sackgasse der Europäisierung, in: FS Maurer, S. 1165 ff. (Fn. 34); St. Kadelbach, Allgemeines Verwaltungsrecht unter europäischem Einfluß, 1999, S. 290 ff.

ber den Anforderungen des Gemeinschaftsrechts rein reaktiv verhält, in eine an Selbstaufgabe grenzende Defensive gedrängt wird.[41] Der Befund der Einwirkung des Gemeinschaftsrechts auf das deutsche allgemeine Verfahrensrecht lässt sich so zusammenfassen, dass wir in vielen Bereichen zu einer Doppelspurigkeit der Rechtsanwendung in Fällen mit und solchen ohne Gemeinschaftsrechtsbezug kommen.[42] Dies zeigt, dass immer öfter gemeinschaftsrechtlich aufgeladene Problemkonstellationen nicht mehr in die Bausteine des allgemeinen Verwaltungsrechts eingepasst werden können, weil das Gemeinschaftsrecht nicht nur andere Passformen verwendet, sondern das nationale verwaltungsrechtliche Gebäude notfalls einreißt.[43] Für gemeinschaftsrechtliche Sachverhalte ist das allgemeine Verwaltungsrecht in immer mehr Bereichen nicht mehr Speicher, sondern nur noch Hülle. Seine Formen und Institute werden aus ihrem Systemzusammenhang gerissen und geben lediglich noch den Rechtsanwendungsbefehl für die gemeinschaftsrechtlichen Inhalte. Fern- und Folgeentwicklungen dieser sektoralen Einbrüche für das verwaltungsrechtliche System werden dabei ausgeblendet.[44] Sie zwingen ggf. zu umfangreichen Systemkorrekturen. Um das zu vermeiden, benötigt der nationale Gesetzgeber eine offensive Strategie, die die eigene Speicherkapazität aktiv wieder auflädt.

Rainer Wahl hat das sich aus der "Wahl der Stückwerk-Anpassung ... (ohne) Vorwärtsstrategie" ergebende Dilemma dahingehend zusammengefasst: "Das Ergebnis ist die Auflösung des eigenen bisherigen Systems und das Verfehlen der Bildung eines neuen – dies ist ein sehr unattraktives Optimum an Nachteilen."[45] Die Konsequenz ist recht eindeutig: Gefordert ist eine Aufnahme von leitenden Prinzipien des EU-Rechts und ihre Übersetzung in die Formensprache und das System des deutschen Rechts. Das deutsche Recht muss diese Prinzipien in Formen typisieren und systematisieren, die offen und anschlussfähig für neue Entwicklungen sind. Dies bedingt von vornherein eine Abstraktion, die die Regelungsaufgabe zunächst auf der Ebene des allge-

---

43 Im Einzelnen J. Ziekow, Die Funktion des Allgemeinen Verwaltungsrechts bei der Modernisierung und Internationalisierung des Staates, in: R. Pitschas/Kisa, Internationalisierung von Staat und Verfassung im Spiegel des deutschen und japanischen Staats- und Verwaltungsrechts, 2002, S. 188 (203 ff.).

44 E. Schmidt-Aßmann, Zur Europäisierung des allgemeinen Verwaltungsrechts, in: Bedura/Scholz (Hrsg.), Wege und Verfahren des Verfassungslebens, FS für Peter Lerche zum 65. Geburtstag, 1993, S. 513 (521); F. Schoch, Die Europäisierung des Allgemeinen Verwaltungsrechts, JZ 1995, S. 109 (116 f.).

45 R. Wahl, Das deutsche Genehmigungs- und Umweltrecht unter Anpassungsdruck, in: K.P. Dolde (Hrsg.), Umweltrecht im Wandel, 2001, S. 237 (251).

46 Wahl (Fn. 34), S. 1195.

meinen Verfahrensrechts verortet. Noch einmal Rainer Wahl: "Um die Einwirkungen des europäischen Rechts für das deutsche Verwaltungsverfahrensrecht dadurch besser ausgleichen und verarbeiten zu können, dass es selbst geschlossene Regelungen und Verfahrenstypen ausbildet – dazu ist das allgemeine Verwaltungsverfahrensgesetz da."[46]

Sieht man von der überlagernden Frage des Umgangs mit gemeinschaftsrechtlich erzeugtem Adaptionsdruck ab, so lässt sich für die Zuordnung eines Regelungsproblems zum allgemeinen oder bereichsspezifischen Verfahrensrecht vor allem nach der Nähe zum jeweiligen materiellen Recht unterscheiden. Die spezifische Funktion des bereichspezifischen Verfahrensrechts besteht ja gerade darin, die Besonderheiten des betreffenden materiellen Rechts operabel zu machen. Das sog. Drei-Säulen-Modell des Verfahrensrechts, also die Schaffung besonderer Verfahrensrechte neben dem allgemeinen Verfahrensrecht des VwVfG im SGB X und in der AO, ist von Anfang an damit gerechtfertigt worden, dass der besondere Sachzusammenhang mit der Sachproblematik eine eigenständige Ordnung des Verfahrens rechtfertige.[47] Auch in der Diskussion um das Verfahrensrecht des UGB-Entwurfs ist dieser Gesichtspunkt immer wieder betont und beispielsweise hervorgehoben worden, dass die Trennbarkeit von Verfahrensregelungen und materiellen Anforderungen gegen eine Sonderregelung spricht.[48] Alles das, was mehr als einen Spezialbereich berührende Verfahrensfragen betrifft, gehört in das allgemeine Verfahrensrecht, und all das, was an Sonderfragen des materiellen Rechts gekoppelt ist, in das bereichsspezifische Verfahrensrecht.[49]

Diese Überlegungen zur Verteilung zwischen allgemeinem und bereichsspezifischem Verfahrensrecht lassen sich wie folgt zusammenfassen: Sowohl die Funktion bereichsspezifischen Verfahrensrechts als auch die Notwendigkeit, gegenüber den Adaptionsforderungen des Gemeinschaftsrechts strukturiert reagieren zu können, sprechen dafür, die Rollenverteilung zwischen allgemeinem und bereichsspezifischem Verfahrensrecht ernst zu nehmen. Soweit nicht die enge Verknüpfung mit dem materiellen Recht des Referenzfeldes sonderverfahrensrechtliche Lösungen fordert, führt eine Vernachlässi-

---

47 Vgl. nur R. Stober, Gebotene Einheit und bestehende Differenzierungen des Verwaltungsverfahrensrechts im SGB, SGb 1990, S. 225 (228).

48 M. Weinl, Einheitliche Vorhabensgenehmigung in den Verwaltungsverfahrensgesetzen?, UPR 2001, S. 46 (47).

49 Weinl (Fn. 48), S. 48.

50 So zu Recht schon H. Schmitz/F. Wessendorf, Das Genehmigungsverfahrensbeschleunigungsgesetz – Neue Regelungen im Verwaltungsverfahrensgesetz und der Wirtschaftsstandort Deutschland, NVwZ 1996, S. 955 (961 f.).

gung der Integrationsaufgabe des allgemeinen Verfahrensrechts auf die Dauer zu Systembrüchen und Intransparenzen, die sowohl dem rechtsunterworfenen Bürger als auch den mit der Rechtsanwendung befassten Behörden kaum zu vermitteln sind.[50]

V. Die Aufgaben von allgemeinem und bereichsspezifischem Verfahrensrecht bei der Aufnahme der Regelungsgehalte der Århus-Konvention

Aufbauend auf diesen Überlegungen zur Rollenverteilung von allgemeinem und bereichsspezifischem Verfahrensrecht, ist nun die Frage zu beantworten: Was heißt das für die Umsetzung der im Gefolge der Århus-Konvention erlassenen Richtlinien? Hierzu sind vorab zwei kurze Bemerkungen zu machen, weshalb ein weiteres Nachdenken über Art und Umsetzung über die vom BMU vorgelegten Gesetzentwürfe[51] hinaus Sinn macht. Dabei geht es zunächst weniger um die Frage der systematischen Verortung, als vielmehr um die jedenfalls diskussionswürdige Gemeinschafts- und Verfassungsrechtskonformität von Teilen der Entwürfe.

Der Entwurf eines Umwelt-Rechtsbehelfsgesetzes behandelt die von Århus-Konvention und RL 2003/35/EG gestellte Aufgabe der Relevanz von Verfahrensfehlern ausschließlich als Problem der Umweltverträglichkeitsprüfung: Nach § 3 des Entwurfs kann die Aufhebung einer Entscheidung über die Zulässigkeit eines UVP-pflichtigen Vorhabens verlangt werden, wenn wesentliche Verfahrensvorschriften verletzt worden sind. Die dann folgende Aufzählung von Verletzungen wesentlicher Verfahrensvorschriften ist enumerativ zu verstehen und umfasst nur die Nichtdurchführung einer erforderlichen UVP, einer erforderlichen Vorprüfung des Einzelfalls über die UVP-Pflichtigkeit sowie von Verfahrensschritten der UVP. Die Relevanz anderer Verfahrensfehler wird vollständig ausgeblendet; insoweit bleibt es bei der Regelung des § 46 VwVfG. Diese Selektion von Verfahrensfehlern ist deshalb problematisch, weil die umzusetzende Richtlinie selbst keine Begrenzung auf UVP-Verfahrensfehler kennt. Ganz im Gegenteil sprechen Begründungserwägungen und

51 Entwurf eines Gesetzes über die Öffentlichkeitsbeteiligung in Umweltangelegenheiten nach der EG-Richtlinie 2003/35/EG (abgekürzt: Öffentlichkeitsbeteiligungsgesetz) und Entwurf eines Gesetzes über ergänzende Vorschriften zu Rechtsbehelfen in Umweltangelegenheiten nach der EG-Richtlinie 2003/35/EG (abgekürzt: Umwelt-Rechtsbehelfsgesetz).

52 Näher zur Frage des Prüfungsumfangs in diesem Band Durner, S. 77 ff.

Richtlinientext ganz allgemein von der "verfahrensrechtlichen Rechtmäßigkeit" in den erfassten Fällen. Sicherlich sind erfasste Fälle gerade solche, bei denen eine UVP durchzuführen ist. Doch bezeichnet dies den Bereich der *Verfahren*, in denen eine Kontrolle auf Verfahrensfehler stattzufinden hat, nicht den Bereich der *Fehler*, die zu kontrollieren sind.[52] Dass das Gemeinschaftsrecht durchaus in der Lage ist, eine entsprechende Einschränkung zu formulieren, zeigt der Richtlinienentwurf über den Zugang zu Gerichten in Umweltangelegenheiten. Dort findet sich zwar auch die Vorgabe, dass Verwaltungsakte neben der materiellrechtlichen auch einer verfahrensrechtlichen Rechtmäßigkeitskontrolle zu unterziehen sind, jedoch mit dem ausdrücklichen Zusatz, dass relevant nur Verstöße gegen eine Umweltrechtsvorschrift sind.

Zum anderen ist die grundgesetzliche Kompetenzverteilung für das Verwaltungsverfahrensrecht zu beachten. Sie kann dahingehend zusammengefasst werden, dass grundsätzlich der Bund das Verfahren der Bundesbehörden regelt, während die Länder für die Regelung des Verfahrens der Landesbehörden zuständig sind.[53] Um gleichwohl die Entwicklung des Verwaltungsverfahrensrechts in Bund und Ländern nicht allzu weit auseinander laufen zu lassen, sind in der Praxis Abstimmungs- und Koordinationsprozesse etabliert worden, die jedenfalls weitgehend dem Modell einer Simultangesetzgebung verpflichtet sind.[54] Diese feinjustierten Mechanismen von Kompetenz einerseits und Koordination andererseits ermöglichen ein hohes Maß an Homogenität bei Wahrung der jeweiligen Regelungskompetenz. Im vorliegenden Fall scheint diese Feinjustierung nicht ausreichend beachtet worden zu sein. § 3 des Entwurfs eines Umwelt-Rechtsbehelfsgesetzes verfügt recht umstandslos über den Regelungsbestand des Verwaltungsverfahrensrechts der Länder, statuiert die Vorschrift doch ausdrücklich eine Abweichung von § 46 VwVfG oder den entsprechenden *landesrechtlichen* Bestimmungen. Darüber hinaus sollen wesentliche Verfahrensvorschriften, deren Nichtbeachtung zu einer Aufhebung der behördlichen Entscheidung führt, nicht nur die Bestimmungen des UVPG sein, sondern auch die entsprechenden *landesrechtlichen* Vorschriften. Dass sich die Länder die Systementscheidungen des Bundesgesetzgebers, die man auch durchaus anders hätte treffen können, aufzwingen lassen müssen, ist nicht recht einleuchtend.[55]

---

53 Zu den Einzelheiten H. J. Bonk/H. Schmitz, in: Stelkens/Bonk/Sachs, Verwaltungsverfahrensgesetz, 6. Aufl. 2001, § 1 Rn. 22 ff.

54 Dazu W. Klappstein, Möglichkeiten und Grenzen einer Simultangesetzgebung, ZG 1997, S. 126 ff.

55 Näher zur Frage des Bestehens einer Bundeskompetenz in diesem Band Durner, S. 94.

Beide Gesichtspunkte machen zum einen deutlich, dass die Vereinbarkeit von Teilen des Entwurfs eines Umwelt-Rechtsbehelfsgesetzes mit höherrangigem Recht durchaus hinterfragenswert ist und die gefundene Regelungsform insoweit ggf. noch geändert werden muss. Zum anderen aber führen diese Gesichtspunkte in die Mitte des hier behandelten Problems, nämlich zu dem des Regelungsorts und der Regelungstiefe. Wenn nämlich gemeinschaftsrechtlich keine Beschränkung auf UVP-Verfahrensfehler erfolgt ist, so ist der vom deutschen Gesetzgeber bei der Umsetzung zu beachtende Systemzusammenhang deutlich weiter als der auf einen bereichsspezifischen Ansatz beschränkte. In die gleiche Richtung deutet die skizzierte Kompetenzfrage: Folgt man den obigen Überlegungen, so ist der über eine bereichsspezifische Kompetenz begründete Zugriff auf die Regelungssystematik des Landesverwaltungsverfahrensrechts die problematischere Lösung im Vergleich zu einer koordinierten Änderung des allgemeinen verfahrensrechtlichen Systems.

Besteht danach über die vom BMU vorgelegten Gesetzentwürfe hinaus nach wie vor Veranlassung, sich über die Verortung der Århus-Vorgaben im deutschen Verwaltungsrecht Gedanken zu machen, so kann hierfür auf die oben angestellten Überlegungen zur Rollenverteilung zwischen allgemeinem und bereichsspezifischem Verfahrensrecht zurückgegriffen werden. Dabei ist zunächst zu beachten, dass es hier um die Umsetzung jedenfalls auch von Gemeinschaftsrecht geht – und zwar von solchem Gemeinschaftsrecht, das bisher schon vorhandene leitende Prinzipien des Gemeinschaftsrechts fortführt und auf eine höhere Abstraktionsstufe hebt. Es ist wohl kaum notwendig, Einzelnachweise dafür vorzulegen, dass der Gedanke der Mobilisierung einer informierten Öffentlichkeit für die Durchsetzung des Rechts, die weitergehende Instrumentalisierung von Verbänden zu diesem Zweck und eine auf der Tradition anderer europäischer Staaten ruhende starke Forcierung des Verfahrensgedankens das Gemeinschaftsrecht in weitem Umfang prägen. Während das Gemeinschaftsrecht – zusammengefasst – also auf eine Publifizierung und Prozeduralisierung der Rechtsordnung setzt, ist der herkömmliche Ansatz des deutschen Verwaltungsrechts ein nahezu entgegengesetzter: Informations- und Beteiligungsrechte haben, von Ausnahmen abgesehen, nur in ihren Rechten Betroffene; das Verfahrensrecht hat keinen Selbstand, sondern eine "dienende Funktion". Welchen Ansatz man nun für vorzugswürdig hält, ist ziemlich gleichgültig. Der gemeinschaftsrechtliche Ansatz wird sich ohnehin immer weiter durchsetzen. Die Zeit, deutsche Ansätze in das Gemeinschaftsrechtssystem einbringen zu wollen, ist jedenfalls in diesen Bereichen längst verstrichen. Will man von deutscher Seite wieder anschlussfähig werden, so braucht man mittlerweile schon nachgerade einen "Befreiungsschlag", der das deutsche Verwaltungsrecht mit Blick auf die genannten gemeinschaftsrechtlichen Leitprinzipien fortentwickelt und dabei versucht, eine Synthese mit damit verbindungsfähigen Strukturelementen des deutschen Rechts herbeizuführen.

Die zur Umsetzung der Århus-Vorgaben in Deutschland vorgelegten Gesetzentwürfe können als paradigmatisch für das sonst entstehende Dilemma gelten: Wenn man den § 46 VwVfG als normative Kristallisation eines Gedankens einer "dienenden Funktion" des Verfahrensrechts ansehen will,[56] so wird dieses in Verbindung mit § 44a VwGO recht geschlossene System an zentraler Stelle durchbrochen. Erinnert man sich, dass die Änderung des § 46 VwVfG durch das Genehmigungsverfahrensbeschleunigungsgesetz einer Verstärkung der Immunisierung von investitionsrelevanten Entscheidungen gegen die Folgen von Verfahrensfehlern diente,[57] so kommt es jetzt zu der Situation, dass in einem – wenn nicht dem – zentralen Bereich investitionsrelevanter Entscheidungen, nämlich denen über UVP-pflichtige Vorhaben, die damalige Entscheidung des Gesetzgebers konterkariert wird. Damit nicht genug, können Verstöße gegen UVP-Verfahrensvorschriften nicht nur durch in ihren subjektiven Rechten betroffene Kläger, sondern auch durch Vereine gerügt werden. Von einer Verfahrensfehlerimmunisierung bleibt da nicht allzu viel übrig. Produziert wird vielmehr ein Flickenteppich, der gesetzgeberische Grundentscheidungen in Frage stellt und gegenüber weiteren Durchlöcherungen durch das Gemeinschaftsrecht hilflos ist.

Ein Rekurs auf die Überlegungen zum Verhältnis von allgemeinem und bereichspezifischem Verfahrensrecht unterstützt dieses Ergebnis. Erinnert man sich daran, dass es sich bei den hier relevanten Problemkomplexen der Öffentlichkeitsbeteiligung, der Verbandsklage und der Kontrolle von Verfahrensfehlern zwar zunächst um Themen des Umweltrechts handelt, jedoch das Umweltrecht eines der wesentlichen Referenzgebiete des allgemeinen Verwaltungsrechts ist, so kann dieses Zusammenspiel derart gravierende Abkoppelungsprozesse in einem bedeutenden Referenzgebiet systemisch kaum verarbeiten. Ähnlich wie bei der Überlagerung und teilweisen Modifizierung des deutschen Verwaltungsverfahrensrechts in Fällen mit Gemeinschaftsrechtsbe-

56 S. H. Meyer, in: H.-J. Knack, Verwaltungsverfahrensgesetz, 8. Aufl. 2004, § 46 Rn. 8.

57 Vgl. die Begründung des Entwurfs eines Genehmigungsverfahrensbeschleunigungsgesetzes, BTDrucks. 13/3995.

zug würde man zu einer Doppelspurigkeit der Anwendung von Verfahrensbestimmungen in Fällen mit und in Fällen ohne Umweltrechtsbezug (nämlich UVP-Bezug) kommen.

Ganz im Gegenteil handelt es sich bei den verschiedenen Elementen der Århus-Vorgaben um Bausteine, die einer Vertypung und Abstrahierung im Sinne des vertikalen Modells des Verhältnisses von allgemeinem und besonderem Verwaltungsrecht (oben III.) zugänglich sind. Insoweit darf darauf hingewiesen werden, dass sowohl die Århus-Konvention als auch die RL 2003/35/EG weitestgehend einheitliche Modelle für die Öffentlichkeitsbeteiligung aufweisen, die erst in der deutschen Umsetzung auf verschiedene Fachgesetze fragmentiert werden. Hier den sehr beträchtlichen gemeinsamen Bestand herauszuarbeiten und in das VwVfG als allgemeines Modell der Öffentlichkeitsbeteiligung zu überführen, dürfte unschwer möglich sein. Als Muster können die nicht sehr weit auseinander liegenden Regelungen für das Planfeststellungsverfahren in § 73 VwVfG und das immissionsschutzrechtliche Genehmigungsverfahren in § 10 BImSchG herangezogen werden, zumal § 9 UVPG für die Öffentlichkeitsbeteiligung bei der UVP ohnehin weitgehend auf den § 73 VwVfG verweist.[58] Soweit hier für Spezialbereiche Modifikationen erforderlich sind, können diese – aber nur diese – bereichsspezifisch vorgenommen werden. Das ist im Verhältnis zwischen § 73 VwVfG und den Modifikationen durch die Fachplanungsgesetze seit langem der Fall.

Politisch besonders brisant ist eine Überführung von Vorschriften über die Vereinsklage in das allgemeine Verfahrensrecht, in diesem Fall das der VwGO. In diesem Zusammenhang recht aufschlussreich ist ein Urteil des VG Berlin vom 6. Mai 2004.[59] Dort ging es um das Problem, ob ein anerkannter Naturschutzverband gegen eine Genehmigung für die Freisetzung gentechnisch veränderter Pflanzen klagen kann. Die Frage, ob insoweit eine analoge Anwendung des § 61 BNatSchG durch die RL 2003/35/EG veranlasst sei, verneinte das Gericht und wies auf den die grundsätzliche Entscheidung des § 42 Abs. 2 VwGO durchbrechenden Ausnahmecharakter der Vereinsklage, welcher eine Analogie ausschließe, hin.[60] Methodisch ist das unzweifelhaft richtig. Was aber für die in diesem Beitrag behandelte Frage aufschlussreich ist,

---

58 In diese Richtung bereits Weinl (Fn. 48), S. 49.

59 VG Berlin, NuR 2005, S. 127 ff.

60 VG Berlin, NuR 2005, S. 127 (129).

ist die Feststellung eines extremen Ausnahmecharakters einer Vereinsklage. Dieselbe Feststellung hat den Deutschen Anwaltverein bewogen, eine Verankerung der Vereinsklage im Zuge der Umsetzung der Århus-Vorgaben in der VwGO abzulehnen.[61]

Bei der Bewertung sollte man sich von vornherein darüber klar sein, dass eine Entscheidung über den Regelungsort keine Entscheidung für oder gegen ein weiteres Vordringen von Vereinsklagen ist. Der Glaube, man könne das Schlimmste verhüten, wenn man das – je nach Vorverständnis – möglicherweise nicht Gewünschte in Sondergesetzen versteckt, ist ein Irrglaube. Mir scheint eher das Gegenteil richtig zu sein. Vereinsklagen werden eingeführt, wenn und weil sie politisch gewollt sind. Wenn eine handlungsfähige Parlamentsmehrheit den bereits vorhandenen Vereinsklagen eine weitere hinzufügen möchte, so wird sie dies tun. Je singulärer die Regelung erscheint, desto geringer werden auch eventuelle Widerstände sein. Das "Verstecken" von Vereinsklagen in bereichsspezifischem Verfahrensrecht dürfte ihre Einführung eher begünstigen. Führte man dagegen eine allgemeine Regelung über Vereinsklagen in die VwGO ein, die die allgemeinen Verfahrensvoraussetzungen regelt, so führt dies eher zu einer Rationalisierung der Debatte, die die Einführung der Vereinsklage an übergreifenden Systemprinzipien misst. Die dringend notwendige Diskussion, was wir unter welchen Voraussetzungen und zu welchem Preis an Einfluss welcher Verbände wollen, wird nur so führbar. Man muss sich natürlich klar darüber sein, dass in der VwGO ohnehin keine allgemeine Zulassung der Vereinsklage für alle Verwaltungsrechtsbereiche erfolgen könnte.[62] Der jeweilige konkrete Anwendungsimpuls müsste von bereichsspezifischem Verfahrensrecht gesetzt werden.

Dass die Vereinsklage derzeit so singulär ist, dass ein abstrahierbarer Gehalt für eine Überführung in das allgemeine Verfahrensrecht nicht ermittelbar sei, dürfte eine Fehleinschätzung sein. Erfahrungen mit der naturschutzrechtlichen Vereinsklage existieren seit längerem.[63] Die Vorgaben der Århus-

61 Stellungnahme des Deutschen Anwaltvereins e. V. durch den Umweltrechtsausschuss zum Entwurf eines Gesetzes über ergänzende Vorschriften zu Rechtsbehelfen in Umweltangelegenheiten nach der EG-Richtlinie 2003/35/EG vom März 2005.

62 So aber der § 42a des Gesetzentwurfs des Bundesarbeitskreises Recht des Bundes für Umwelt und Naturschutz Deutschland vom 20.2.1999 sowie der Vorschlag des Rates von Sachverständigen für Umweltfragen, SRU, Rechtsschutz für die Umwelt – die altruistische Verbandsklage ist unverzichtbar, Stellungnahme Nr. 5, Feb. 2005, S. 18.

Konvention müssen zu einer deutlichen Ausweitung auf umweltrechtsrelevante Entscheidungen führen. Gerne übersehen werden die weiteren Vereinsklagen, die entweder bereits vorhanden oder einzuführen sind. So kennt § 13 Behindertengleichstellungsgesetz ein – auch verwaltungsprozessuales – Verbandsklagerecht für anerkannte Verbände, die die Belange behinderter Menschen fördern. Die bis zum 30. April 2007 umzusetzende Umwelthaftungsrichtlinie[64] gibt Nichtregierungsorganisationen das Recht, der zuständigen Behörde Bemerkungen zu Umweltschäden zu unterbreiten und die Behörde zum Tätigwerden aufzufordern. Sowohl diese wie auch andere Handlungen oder Unterlassungen der Behörde können durch die Nichtregierungsorganisation zur gerichtlichen Prüfung ihrer formellen und materiellen Rechtmäßigkeit gestellt werden. Auch hier wird wieder deutlich, dass die derzeitige Begrenzung auf UVP-Fehler viel zu kurz greift und binnen kürzester Zeit wieder nachkorrigiert werden muss. Schließlich darf noch auf einen bis zum 5. Okt. 2005 zu erfüllenden Umsetzungsbedarf im Gleichstellungsrecht hingewiesen werden, wo Verbänden die Möglichkeit zur Beteiligung an Gleichstellungsfragen betreffenden Verfahren eröffnet werden muss.[65] Man braucht kein großer Prophet zu sein, um eine Vermehrung einschlägiger Fallgruppen in überschaubarer Zukunft zu prognostizieren.

Schließlich darf ich an den oben dargestellten Grundsatz erinnern, dass alles das, was mehr als einen Spezialbereich berührende Verfahrensfragen betrifft, in das allgemeine Verfahrensrecht gehört, und all das, was an Sonderfragen des materiellen Rechts gekoppelt ist, in das bereichsspezifische Verfahrensrecht (oben IV.). Eine besondere Koppelung der Regelungsbedarfe, die ich hier vorgestellt habe, an Spezifika des materiellen Rechts ist nicht zu erkennen. Vielmehr geht es ausschließlich um Verfahrensrecht. Dass es sich dabei um umweltbezogenes Verfahrensrecht handelt, ändert an diesem Befund nichts. Mir scheint die Bindung des Verfahrensrechts der Planfeststellungen an die Besonderheiten abwägungsgesteuerter Entscheidungen doch deutlich enger zu sein. Trotzdem haben sich die Regelungen der §§ 72 ff. im VwVfG

63 Vgl. dazu Untersuchungen von J.–F. Blume/A. Schmidt/M. Zschiesche, Verbandsklagen im Umwelt- und Naturschutz in Deutschland 1997–1999 – eine empirische Untersuchung, 2001; M. Zschiesche/M. Rosenbaum/A. Schmidt, Naturschutzrechtliche Verbandsklagen in Deutschland im Zeitraum 1996-2001, 2003; A. Schmidt/M. Zschiesche/M. Rosenbaum, Die naturschutzrechtliche Verbandsklage in Deutschland – Praxis und Perspektiven, 2003; M. Rosenbaum, Die Durchsetzung von Naturschutzinteressen durch die Verbandsklage – untersucht am Beispiel von Niedersachsen und Brandenburg für den Zeitraum 1997–2000, 2004; sowie S. Schlacke, Rechtsschutz durch Verbandsklage, NuR 2004, S. 629 ff.

64 RL 2004/35/EG des Europäischen Parlaments und des Rates vom 21. April 2004 über Umwelthaftung zur Vermeidung und Sanierung von Umweltschäden, ABL. L 143/56 vom 30.4.2004.

bewährt. Genau wie dort kann der in der Tat materiell-rechtlich intendierte Auslösungsimpuls für die Anwendung eines im allgemeinen Verfahrensrecht verankerten Normenkomplexes sowie ggf. erforderliche Anpassungen in einzelnen Rechtsbereichen dem Fachrecht überlassen bleiben.

VI. Ausblick

Auch wenn die Wahl des Regelungsorts zur Umsetzung der Århus-Vorgaben – allgemeines oder bereichsspezifisches Verfahrensrecht – noch nichts über den Inhalt der zu treffenden Regelungen aussagt,[66] gilt für die gesetzgeberische Aufgabe zunächst das Gleiche: Sowohl hinsichtlich des Regelungsorts als auch des Regelungsinhalts gilt das Petitum – nämlich das um gründliche Auslotung sämtlicher in Betracht kommender Regelungsalternativen. Es geht nicht darum, einseitig einem abstrakten Kodifikationsgedanken das Wort zu reden. Wichtig ist vielmehr die Erzielung einer möglichst rationalen Diskussion, die nicht ausblendet, das die durch internationales Recht erzeugten Implementationsbedarfe kein lästiger Kleinkram sind, der vorübergeht, wenn man sich nur still genug verhält. Die vorstehenden Überlegungen haben aufgezeigt, dass die Chancen für einen die Zukunft des deutschen Rechtssystems berücksichtigenden Diskurs besser stehen, wenn die Ebene des allgemeinen Verfahrensrechts – jedenfalls auch – angesteuert wird.

---

65 Art. 6 Abs. 3 RL 76/207/EWG, eingefügt durch die RL 2002/73/EG des Europäischen Parlaments und des Rates vom 23. September 2002 zur Änderung der Richtlinie 76/207/EWG des Rates zur Verwirklichung des Grundsatzes der Gleichbehandlung von Männern und Frauen hinsichtlich des Zugangs zur Beschäftigung, zur Berufsbildung und zum beruflichen Aufstieg sowie in Bezug auf die Arbeitsbedingungen, ABl. L 269/15 vom 5.10.2002.

66 Dazu in diesem Band Durner; S. 76ff.; Ziekow (Fn. 14), S. 265 ff.

Wolfgang Durner[1]

Rechtspolitische Spielräume im Bereich der dritten Säule: Prüfungsumfang, Kontrolldichte, prozessuale Ausgestaltung und Fehlerfolgen

I. Die erweiterten Klagerechte im System des Verwaltungsprozessrechts

Nachdem die Beiträge von Walter und Ziekow die Vorgaben der Århus-Konvention und des zu ihrer Umsetzung erlassenen Gemeinschaftsrechts dargestellt und grundsätzliche rechtspolitische Perspektiven für eine deutsche Umsetzung dieser Vorgaben aufgezeigt haben, behandelt der dritte Teil eine Reihe rechtspolitischer Detailfragen. Allerdings sind diese Details – etwa die Frage nach dem Prüfungsumfang und den Fehlerfolgen – für die tatsächlichen Auswirkungen dieses Gesetzesvorhabens von erheblicher Bedeutung: Die durch die Århus-Konvention begründeten Klagerechte dürften nämlich aus verschiedenen Gründen in Deutschland weiter reichende Auswirkungen haben als in anderen Mitgliedstaaten. Dies beruht zum einen auf der hohen Kontrolldichte der deutschen Verwaltungsgerichtsbarkeit, zum anderen auf dem großen Umfang und der vergleichsweise starken Stringenz der umweltrechtlichen Vorgaben.

1. Das Verwaltungsprozessrecht als System zum Schutz subjektiver Rechte

In Deutschland dient die verwaltungsgerichtliche Klage traditionell in erster Linie dem Schutz der subjektiven Rechte des Klägers und folgt damit dem Grundmodell der Verletztenklage als Gegenstück zur Interessen- oder Popularklage.[2] Diese Ausrichtung der Verwaltungsrechtsprechung auf den Schutz subjektiv-öffentlicher Rechte hat einen deutlichen Niederschlag in der gesetzlichen Ausformung erhalten: Den hohen Hürden bei der Überwindung der

1 Dr. Dr. Wolfgang Durner ist Privatdozent an der Bayrischen Ludwig-Maximilians-Universität München.

2 Dazu W. Skouris, Verletztenklagen und Interessentenklagen im Verwaltungsprozeß, 1979, S. 28 ff. und S. 39 ff.

Zulässigkeitsschwelle in § 42 Abs. 2 und § 47 Abs. 2 VwGO und einer grundsätzlichen Begrenzung der Begründetheitsprüfung auf Schutznormen nach § 113 Abs. 1 Satz 1 VwGO korrespondieren der Amtsermittlungsgrundsatz, der Ausnahmecharakter rechtlicher Beurteilungsspielräume der Verwaltung und damit die grundsätzlich vollumfängliche Kontrolle aller tatsächlichen und rechtlichen Annahmen der Exekutive.

Das ist in nahezu allen Mitgliedstaaten der Gemeinschaft anders[3], etwa im französischen Verwaltungsprozessrecht, dessen Tradition von jeher auf die Rechtsentwicklung in der Gemeinschaft besonderen Einfluss ausübt. Der Hauptauftrag der französischen Verwaltungsgerichtsbarkeit besteht darin, die Verwaltung im öffentlichen Interesse zu kontrollieren und damit das objektive Recht durchzusetzen.[4] Daher werden in Frankreich einerseits eher niedrige Anforderungen an die Zulässigkeit einer Klage gestellt,[5] andererseits sind jedoch der Umfang und die Intensität der gerichtlichen Kontrolle über die Verwaltung deutlich geringer ausgeprägt als in Deutschland; sie beschränken sich in einzelnen Bereichen der rechtlichen Bewertung auf Vertretbarkeitskontrollen, während Tatsachenannahmen generell kaum in Zweifel gezogen werden.[6]

Zweifellos haben beide Modelle unterschiedliche Vorzüge und Nachteile: Im Vergleich zur Rechtslage in Frankreich wurde dem deutschen Verwaltungsprozessrecht vorgeworfen, es gewähre entweder gar keinen Rechtsschutz oder einen "von sonst nirgends erreichter Intensität".[7] Allerdings bleibt das Ausmaß an Rechtskontrolle insgesamt in Deutschland wohl kaum hinter

3 Vergleichende Darstellungen finden sich bei J.A. Frowein (Hrsg.), Die Kontrolldichte bei der gerichtlichen Überprüfung von Handlungen der Verwaltung, 1992; E. Schmidt-Aßmann/J. Schwarze (Hrsg.) Das Ausmaß der gerichtlichen Kontrolle im Wirtschaftsverwaltungs- und Umweltrecht: vergleichende Studien zur Rechtslage in Deutschland, Frankreich, Griechenland und in der Europäischen Gemeinschaft, 1992; speziell für den Bereich des Umweltrechts A. Epiney/K. Sollberger, Zugang zu Gerichten und gerichtliche Kontrolle im Umweltrecht. Rechtsvergleich, völker- und europarechtliche Vorgaben und Perspektiven für das deutsche Recht, 2002, S. 29 ff.

4 Näher J. Schwarze, Grundlinien und neuere Entwicklungen des Verwaltungsrechtsschutzes in Frankreich und Deutschland, NVwZ 1996, S. 22 (23 ff.) m. w. N.; J.-M. Woehrling, Die deutsche und die französische Verwaltungsgerichtsbarkeit an der Schwelle zum 21. Jahrhundert, NVwZ 1998, S. 462 (463); besonders auch zu Annäherungserscheinungen M.Fromont, Die Annäherung der Verwaltungsgerichtsbarkeit in Europa – Die Befugnisse des Verwaltungsrichters gegenüber der Verwaltung, in: Schmidt-Aßmann/Sellner u.a. (Hrsg.), Festgabe 50 Jahre Bundesverwaltungsgericht, 2003, S. 93 ff. Zum ganz ähnlich ausgestalteten Rechtsschutzauftrag des Europäischen Gerichtshofs vgl. Art. 220 EGV und dazu W.D. Classen, Strukturunterschiede zwischen deutschem und europäischem Verwaltungsrecht, NJW 1995, S. 2457 (2459 f.).

5 Vgl. J.-M. Woehrling, Rechtsschutz im Umweltrecht in Frankreich, NVwZ 1999, S. 502 ff.

6 Vgl. Schwarze (Fn. 4), S. 24 f.; Woehrling (Fn. 4), S. 465 f.; ders. (Fn. 5), S. 504 f.

7 W.D. Classen, Die Europäisierung der Verwaltungsgerichtsbarkeit, 1996, S. 190.

anderen Ländern zurück: Tatsächlich werden auch in den Staaten, die deutlich geringere Anforderungen an die Zulässigkeit einer verwaltungsgerichtlichen Klage stellen, keineswegs mehr, sondern zumeist weniger Richter mit den entsprechenden Prüfungen befasst.[8] Der Grund dafür liegt – neben einer nur soziokulturell erklärbaren schwächer ausgeprägten Neigung zur Erhebung von Klagen – in erster Linie in dem meist deutlich reduzierten Kontrollprogramm. So scheint der verwaltungsgerichtlichen Klage in Frankreich gegenüber umweltbelastenden Vorhaben insgesamt eine eher untergeordnete Bedeutung zuzukommen.[9]

Neben der Dichte der Rechtskontrolle ist auch die Dichte der rechtlichen Vorgaben in Deutschland stärker als in den meisten Mitgliedstaaten. Gewiss mag die verbreitete Vorstellung, die deutsche Umweltrechtsordnung sei in jeder Hinsicht die strengste und entwickeltste in Europa, eine starke Überzeichnung darstellen.[10] Dennoch sind jedenfalls die materiell-rechtlichen Anforderungen des traditionell ergebnisorientierten deutschen Umweltrechts auch im europäischen Vergleich sehr anspruchsvoll. Zumindest die strengen Emissionsstandards des deutschen Umweltrechts und die Vorgaben des planerischen Abwägungsgebots weisen der Frage der materiellen Rechtmäßigkeit umweltbelastender Genehmigungen einen deutlich höheren Stellenwert zu als in den meisten anderen Mitgliedstaaten. Demgegenüber werden in Frankreich Rechte Dritter in Genehmigungsverfahren zumeist von vornherein ausgeklammert,[11] während in Großbritannien oft keine verbindlichen Emissionsstandards existieren, sondern die Berücksichtigung der Umweltbelange im Rahmen umfangreicher Ermessensspielräume erfolgt.[12]

2. Die Relevanz der Århus-Konvention im Rahmen dieses Systems

Aufgrund dieser Weichenstellungen muss die Århus-Konvention jedenfalls tendenziell in Deutschland zu erheblicheren Konsequenzen führen als in

8 Vgl. Woehrling (Fn. 4), S. 462: Demnach hat das für einen Raum mit 2,5 Mio. Einwohnern zuständige VG Straßburg 22 Richter, während für die gleiche Einwohnerzahl in Deutschland ca. 80 Richter tätig sind. Zugleich haben die französischen Verwaltungsgerichte eine breitere sachliche Zuständigkeit und widmen nur ein Drittel ihrer Tätigkeit jenen Bereichen, die in die Zuständigkeit der deutschen Verwaltungsgerichte fallen. Dies entspräche einer etwa 12 Mal höheren Richterdichte im Aufgabenbereich der deutschen Verwaltungsgerichtsbarkeit.

9 So mit umfangreichem Material Woehrling (Fn. 5), S. 504 ff.

10 Näher M. Kloepfer/E. Mast, Das Umweltrecht des Auslands, 1995, S. 325 ff.

11 Woehrling (Fn. 5), S. 505 f. m. w. N.

12 Vgl. Kloepfer/Mast (Fn. 10), S. 123 ff.

anderen Mitgliedstaaten. Es macht einen Unterschied, ob im Rahmen einer Verbandsklage eine voll umfängliche Rechts- und Tatsachenkontrolle komplexer umweltrechtlicher Vorgaben erfolgt oder ob lediglich der Minimalstandard des gemeinschaftlich vorgegebenen Umweltrechts einer bloßen Willkür- oder Vertretbarkeitsprüfung unterworfen wird.

Diese Unterschiede können auch mit überproportionalen Belastungen für die Gerichtsbarkeit und die Wirtschaft verbunden sein. In diesem Zusammenhang ist der jüngste Gesetzentwurf der Bundesregierung zur Umsetzung der dritten Säule der Århus-Konvention nicht frei von widersprüchlichen Vorhersagen: Bei den finanziellen Auswirkungen auf die öffentlichen Haushalte und die Wirtschaft stellt die Gesetzesbegründung vor allem mögliche Bündelungseffekte der Verbandsklage in den Vordergrund und prognostiziert eine mittelfristige Entlastung der Gerichte. Bei der Frage der Erforderlichkeit einer Bundesregelung nach Art. 72 Abs. 2 GG hingegen wird ausgeführt, unterschiedliche Umsetzungsvarianten in den Ländern könnten zu einer Abwanderung der Industrie und zur Konzentration der wirtschaftlichen Aktivitäten in demjenigen Bundesland führen, in dem die höchsten Hürden für den Rechtsschutz von Verbänden aufgestellt werden.[13] In ähnlicher Weise hatte der Bundesverband der Deutschen Industrie in einer Stellungnahme zum Richtlinienentwurf erklärt, dieser führe "zu Innovationshemmnissen und Investitionshindernissen. Die Finanz- und Planungssicherheit von Unternehmen sinkt erheblich. Die wirtschaftlichen Auswirkungen für den Wirtschaftsstandort Deutschland sind nicht absehbar."[14] Gewiss dürften derartige Aussagen die – verlässlich kaum abzuschätzenden – Auswirkungen des Gesetzesvorhabens auf Gerichtsbarkeit und Wirtschaft überzeichnen. Gleichwohl werden solche Effekte angesichts des aus Investorensicht zweifellos erhöhten Prozessrisikos[15] jedenfalls nicht ganz unwesentliche Standortfaktoren darstellen.

---

13 Entwurf eines Gesetzes über ergänzende Vorschriften zu Rechtsbehelfen in Umweltangelegenheiten nach der EG-Richtlinie 2003/35EG (Umwelt-Rechtsbehelfsgesetz), Gesetzentwurf der Bundesregierung vom 21.2.2005, (im Internet unter www.bmu.de/files/buergerbeteiligungsrechte/downloads/application/pdf/umweltrechtsbehelfsgesetz.pdf), einerseits S. 2 f. und S. 16 ff., andererseits S. 14 f.

14 Bundesverband der Deutschen Industrie e.V., Stellungnahme zum Richtlinienentwurf über den Zugang zu Gerichten in Umweltangelegenheiten (KOM (2003) 624 endg.) und zum Verordnungsentwurf über die Anwendung der Bestimmungen des Århus-Übereinkommens über den Zugang zu Informationen, die Öffentlichkeitsbeteiligung an Entscheidungs-verfahren und den Zugang zu Gerichten in Umweltangelegenheiten auf Organe und Einrichtungen der Europäischen Gemeinschaft vom 19.1.2001, S. 2 (im Internet unter www.bdi-online.de/Dokumente/Umweltpolitik/AK1.DOC).

15 So zutreffend A. Fisahn, Effektive Beteiligung solange noch alle Optionen offen sind – Öffentlichkeitsbeteiligung nach der Århus-Konvention, ZUR 2004, S. 136 (140).

3. Die Konvention als konzeptionelle Herausforderung an das deutsche Recht

Aus diesem Grund ist zu betonen, dass nicht sämtliche Auswirkungen des Gesetzesvorhabens "auf Grund der europarechtlichen Vorgaben unvermeidbar" sind,[16] sondern dass das Völker- und das Gemeinschaftsrecht den Mitgliedstaaten entgegen mancher Aussagen im Detail durchaus erhebliche rechtspolitische Spielräume belassen. Die Århus-Konvention stellt jedoch nicht nur in Bezug auf diese Spielräume eine Herausforderung für den Gesetzgeber dar, sondern könnte auch im Grundsätzlichen Anlass liefern, ebenso wie das Zusammenspiel von materiellem Recht und Verwaltungsverfahrensrecht[17] auch die überkommene Rolle der Verwaltungsgerichtsbarkeit konzeptionell zu überdenken: Die Århus-Konvention und das zu ihrer Umsetzung erlassene Richtlinienrecht stehen nämlich im Umfeld eines europaweiten Trends, den Bürger zur Durchsetzung des objektiven Rechts zu mobilisieren, die Möglichkeit von Klagerechten zu erweitern und die Anforderungen an die Einleitung einer gerichtlichen Kontrolle von Hoheitsakten zu reduzieren.[18] Die bisherige gesetzgeberische Zurückhaltung gegenüber der mitgliedstaatlichen Autonomie im Bereich des Rechtsschutzes soll dabei nach dem erklärten Willen der Kommission aufgegeben werden.[19] Im Allgemeinen wird diese Entwicklung durch die Fachöffentlichkeit als "fortschrittlich" begrüßt,[20] und angesichts der statistisch belegten Vollzugsverbesserungseffekte

16 So Gesetzentwurf (Fn. 13), 3.

17 Vgl. dazu J. Ziekow, Von der Reanimation des Verfahrensrechts, NVwZ 2005, S. 263 (264 ff.), und in diesem Band, S. 45 ff.

18 Vgl. etwa A. Epiney, Gemeinschaftsrecht und Verbandsklage, NVwZ 1999, S. 485 (487 f.); R. Macrory/S. Turner, Participatory Rights, Transboundary Environmental Governance and EC Law, CMLRev. 39 (2002), S. 489 (490); J. Masing, Die Mobilisierung des Bürgers für die Durchsetzung des Rechts, 1997, S. 19 ff.; M. Ruffert, Subjektive Rechte im Umweltrecht der Europäischen Gemeinschaft, 1996, S. 320 f.; E. Schmidt-Aßmann, Rechtsdurchsetzung im internationalen und im nationalen Umweltrecht: Beobachtungen zur Annäherung ihrer Instrumente, FS für Knut Ipsen zum 65. Geburtstag, 2000, S. 305 (310 ff.).

19 Vgl. M. Dross, Die Access-Studie: Konsequenzen für den Richtlinienvorschlag zu Klagerechten in Umweltangelegenheiten, ZUR 2004, S. 152 ff.; Macrory/Turner (Fn. 18), S. 512 f. m. w. N.

20 So etwa Dross (Fn. 19), S. 156; vgl. auch das bei F. Hufen, Århus-Konvention – Umweltinformation, Öffentlichkeitsbeteiligung, Zugang zu den Gerichten, Bericht der Arbeitsgruppe A, in: Dokumentation zur 27. wissenschaftlichen Fachtagung der Gesellschaft für Umweltrecht, 2004, S. 64 (69 f.), wiedergegebene Meinungsbild (die deutsche Lösung als "Auslaufmodell").

der Verbandsklage[21] ist diese Position auch nachvollziehbar. Allerdings wird dabei womöglich verkannt, dass die Öffnung von Klagerechten nach Analysen der Wissenschaft zugleich Konsequenzen für den Prüfungsmaßstab und die gerichtliche Kontrolldichte haben dürfte: So hat Pache in seiner Habilitationsschrift die These aufgestellt, angesichts der Knappheit der gerichtlichen Ressourcen und der weltweiten Konkurrenz der Industriestandorte und der Arbeitsplätze müssten die durch eine Öffnung der Klagerechte bewirkten Änderungszwänge in Deutschland unweigerlich zu einer Begrenzung des gerichtlichen Kontrollauftrags führen.[22]

Paches Modell einer weit reichenden Ausweitung tatbestandlicher Beurteilungsspielräume ist zwar nicht auf allgemeine Zustimmung gestoßen,[23] liefert aber jedenfalls eine anschauliche Vision, wie die Zukunft einer derart europäisierten deutschen Verwaltungsgerichtsbarkeit aussehen könnte.[24] Ob die Forderung nach einer generellen Rücknahme der Kontrolldichte rechtspolitisch sachgerecht und im Anwendungsbereich des Art. 19 Abs. 4 GG überhaupt ohne Änderung der Verfassung realisierbar wäre, ist umstritten und soll hier nicht diskutiert werden. Gleichwohl könnte dieser Gedanke zumindest im Bereich der Verbandsklagen, die nicht von vornherein Art. 19 Abs. 4 GG unterfallen,[25] zumindest rechtlich einer differenzierten Bewertung unterworfen werden. Denkbar erscheint weiterhin, für Verbandsklagen den gerichtlichen Prüfungsumfang auf bestimmte Rechtsmaterien zu begrenzen sowie ein sachgerechtes System von Fehlerfolgen und Heilungsmöglichkeiten vorzusehen. Einige der insoweit bestehenden gesetzgeberischen Spielräume

---

21 Vgl. dazu die empirischen Belege bei A. Schmidt/M. Zschiesche, Die Effizienz der naturschutzrechtlichen Verbandsklage, NuR 2003, S. 16 ff.; ähnlich der Sachverständigenrat für Umweltfragen, Rechtsschutz für die Umwelt – die altruistische Verbandsklage ist unverzichtbar, Stellungnahme, Februar 2005, S. 3 ff. (im Internet unter www.umweltrat.de/03stellung/downlo03/stellung/Stellung_Verbandsklage_Februar2005.pdf). Daher verspricht sich etwa F.-J. Feldmann, in: H.W. Rengeling (Hrsg.), Handbuch zum europäischen und deutschen Umweltrecht, Bd. 1, 2. Aufl. 2003, § 34 Rn. 165, von der Umsetzung der Århus-Konvention heilsame Rückwirkungen für die Sorgfalt bei der Durchführung der Umweltverträglichkeitsprüfung.

22 E. Pache, Tatbestandliche Abwägung und Beurteilungsspielraum – Versuch einer Modernisierung, 2001, S. 149 ff. zu den Veränderungszwängen und S. 449 f. mit der Hauptthese.

23 Vgl. etwa die kritischen Vorbehalte in den Rezensionen von V. Schlette, JZ 2002, S. 656, H. Sendler, DÖV 2002, S. 922 (dem Paches Modell nicht weit genug geht), oder H.A. Wolff, BayVBl. 2003, S. 318.

24 Vgl. dazu auch G. Nolte, Der Wert formeller Kontrolldichtemaßstäbe, in: Frowein (Fn. 3), S. 278 ff.

25 Vgl. dazu S. Schlacke, Rechtsschutz durch Verbandsklage – Zum Fortentwicklungsbedarf des umweltbezogenen Rechtsschutzsystems, NuR 2004, S. 629 (634 f.), aber auch die Ausführungen nachfolgend bei Fn. 49.

im Rahmen der dritten Säule der Århus-Konvention sollen im Folgenden ohne Anspruch auf Vollständigkeit[26] näher untersucht werden.

II. Die Vorgaben der Konvention zur Schaffung von Klagerechten

Die wichtigste Leitvorstellung für die Umsetzung der Århus-Konvention in Deutschland muss darin bestehen, nicht hinter den Vorgaben des Völker- und Gemeinschaftsrechts zurückzubleiben. Im Rahmen der Dritten Säule ist der Umfang des von der Konvention ausgehenden Anpassungsbedarfs vor allem im Hinblick auf die Möglichkeit von Verbandsklagen bereits intensiv diskutiert worden,[27] ohne dass Einigkeit über den Umfang der bestehenden nationalen Spielräume erzielt worden wäre: Der restriktiven Auffassung, wonach sich aus der Konvention "nur ein begrenzter Anpassungs- und Änderungsbedarf" ergebe und die Einführung einer Verbandsklage ohne irgendwelche "Mindestvorgaben über Art und Umfang der den Verbänden eingeräumten Rügemöglichkeiten" vorgegeben sei,[28] steht die These gegenüber, die Konvention müsse zu einer erheblichen Ausweitung der Verbandsklage führen.[29] Auch im Hinblick auf die im vorliegenden Beitrag angesprochenen Detailfragen gehen die Rechtsauffassungen im Schrifttum erheblich auseinander. Vor diesem Hintergrund empfiehlt es sich, die entsprechenden Vorgaben der Konvention nochmals zusammen zu fassen:

---

26 Ausgeklammert bleiben insbesondere sämtliche Fragestellungen, die sich nicht auf den Umfang und die Reichweite der Klagerechte als solche beziehen, also etwa die Frage, ob in Anlehnung an das Bundesnaturschutzgesetz ein Anerkennungsverfahren für die klageberechtigten Vereine eingeführt werden sollte.

27 Vgl. etwa Epiney (Fn. 18), S. 488 ff.; R. Seelig/B. Gündling, Die Verbandsklage im Umweltrecht – Aktuelle Entwicklungen und Zukunftsperspektiven im Hinblick auf die Novelle des Bundesnaturschutzgesetzes und supranationale und internationale rechtliche Vorgaben, NVwZ 2002, S. 1033 (1039 ff.); C. Calliess, Die umweltrechtliche Verbandsklage nach der Novellierung des Bundesnaturschutzgesetzes – Tendenzen zu einer "Privatisierung des Gemeinwohls" im Verwaltungsrecht?, NJW 2003, S. 97 (98 ff.); ders., Europäische Vorgaben für die umweltrechtliche Verbandsklage, EurUP 2003, S. 7 ff. (13 ff.); A. Schink, Die Århus-Konvention und das deutsche Umweltrecht, EurUP 2003, S. 27 (34 ff.).

28 So Th. von Danwitz, Århus-Konvention – Umweltinformation, Öffentlichkeitsbeteiligung, Zugang zu den Gerichten, in: Dokumentation zur 27. wissenschaftlichen Fachtagung (Fn. 20), S. 21 (43 und 45) (auch in NVwZ 2004, S. 272 ff.); vgl. auch Macrory/Turner (Fn. 18), S. 518 f.

29 So etwa M. Beckmann, Die integrative immissionsschutzrechtliche Genehmigung. Ein Instrument auch des Investitionsschutzes und der Rechtssicherheit für den Vorhabenträger?, NuR 2003, S. 715 (722); weitere Nachweise zum Meinungsstand bei M. Kloepfer, Umweltrecht, 3. Aufl. 2004, § 8 Rn. 40.

1. Klagerechte zur Durchsetzung der Informationsrechte

Zum einen werden die Rechte der ersten beiden Säulen einer gerichtlichen bzw. quasigerichtlichen Kontrolle unterstellt.[30] Art. 9 Abs. 1 der Århus-Konvention schreibt insoweit vor, dass jede Person, die der Ansicht ist, dass ihr Informationsanspruch nicht erfüllt wurde, Zugang zu einem Überprüfungsverfahren vor einem Gericht oder einer unabhängigen und unparteiischen Stelle hat. Die Umsetzung dieser Vorgabe erfolgte in Deutschland im Dezember letzten Jahres durch mittlerweile bereits in Kraft getretene Änderungen des Umweltinformationsgesetzes.[31] Daher sollen die hiermit verbundenen rechtspolitischen Fragen und Umsetzungsprobleme hier ausgeklammert bleiben.[32]

2. Klagerechte der betroffenen Öffentlichkeit im Rahmen der Beteiligungsrechte

Nach Art. 9 Abs. 2 der Århus-Konvention ist zudem Mitgliedern der betroffenen Öffentlichkeit[33] Zugang zu einem Überprüfungsverfahren vor einem Gericht oder einer unabhängigen und unparteiischen Stelle zu gewähren, "um die materiell-rechtliche und verfahrensrechtliche Rechtmäßigkeit von Entscheidungen, Handlungen oder Unterlassungen anzufechten, für die Artikel 6 und [...] sonstige einschlägige Bestimmungen dieses Übereinkommens gelten".[34]

Dabei geht es nicht etwa nur um eine Durchsetzung der zweiten Säule, also um ein Überprüfungsverfahren für eine bloße "Verletzung der Beteiligungs-

30 Näher M.E. Butt, Die Ausweitung des Rechts auf Umweltinformation durch die Århus-Konvention, 2001, S. 109 ff.; von Danwitz (Fn. 28), S. 33 ff.; Epiney/Sollberger (Fn. 3), S. 323 f.; P. Jeder, Neuere Entwicklungen im Umweltrecht vor dem Hintergrund der Århus-Konvention, Jb.UTR 2002, S. 145 (166 f.); M. Scheyli, Århus-Konvention über Informationszugang, Öffentlichkeitsbeteiligung und Rechtsschutz in Umweltfragen, AVR 38 (2000), S. 217 (243 f.); St. Stec/S. Casey-Lefkowitz/J. Jendroska, The Århus Convention: An Implementation Guide, 2002, S. 126 ff. (im Internet unter www.unece.org/env/pp/acig.pdf); D. Thurnherr, Öffentlichkeit und Geheimhaltung von Unweltinformationen. Weiterentwicklung des Umweltvölkerrechts durch die Århus-Konvention und deren Bedeutung für das schweizerische Recht, 2003, S. 143 ff.

31 Vgl. etwa M. Zschiesche/M. Rosenbaum, The implementation of the Århus Convention in Germany, Participate Nr. 17/2004, S. 1 (2) (im Internet unter www.participate.org/publications/NO17_web.pdf).

32 Vgl. aber in diesem Band Walter, S. 19ff.

33 Zu diesem in Art. 2 Abs. 5 der Konvention und Art. 3 der Richtlinie 2003/35/EG definierten Begriff etwa A. Epiney, Zu den Anforderungen der Århus-Konvention an das europäische Gemeinschaftsrecht, ZUR 2003, S. 176 (177); Scheyli (Fn. 30), S. 228 ff.

34 Vgl. zum Anwendungsbereich dieser Regelung nachfolgend unter III., S. 76f.

rechte", um das "Beteiligungsrecht gem. Art. 6 durchzusetzen".[35] Vielmehr fordert Art. 9 Abs. 2 der Århus-Konvention ganz allgemein die Überprüfung der Rechtmäßigkeit von Hoheitsakten im Anwendungsbereich des Art. 6.[36] Deutlich wird dies auch aus den zur Umsetzung der Konvention eingefügten Art. 10a Abs. 1 der UVP-Richtlinie und Art. 15a Abs. 1 der IVU-Richtlinie, die der betroffenen Öffentlichkeit Zugang zu einem Überprüfungsverfahren gegenüber Handlungen garantieren, "für die die Bestimmungen dieser Richtlinie über die Öffentlichkeitsbeteiligung gelten".[37] Die rechtliche Überprüfung dieser Rechtsakte ist also nicht auf Beteiligungsrechte als solche beschränkt, sondern bezieht sich neben dem anwendbaren materiellen Recht grundsätzlich auch auf das einschlägige Verfahrensrecht.

Allerdings stellen die Århus-Konvention und das Richtlinienrecht auch ausdrücklich fest, es bestimme sich nach den Erfordernissen innerstaatlichen Rechts, was als Rechtsverletzung gilt. Daher entspricht das deutsche Recht mit seiner Orientierung an der Schutznormtheorie im Grundsatz den Anforderungen der Konvention.[38] Freilich muss es im Einklang mit dem Ziel stehen, der betroffenen Öffentlichkeit im Rahmen dieses Übereinkommens einen weiten Zugang zu Gerichten zu gewähren.[39] Angesichts der nicht unerheblichen Zahl drittschützender umweltrechtlicher Normen, etwa im Immissionsschutzrecht, des im Planungsrecht anerkannten allgemeinen "Rechts auf Abwägung"[40] sowie der Möglichkeiten privatrechtlichen umweltbezogenen Nachbarschutzes[41] dürfte das deutsche Recht jedoch auch dieser Vorgabe zumindest im Grundsatz genügen.[42] Unter dem Einfluss des Konventionsziels mögen sich

35 So aber wohl von Danwitz (Fn. 28), S. 34; M. Dross, Access to Justice in EU Member States, JEEPL 2005, S. 22; J. Jendroska, Århus Convention and Community Law: the Interplay, JEEPL 2005, S. 12 (18). Eine entsprechende Sichtweise lag offensichtlich auch dem ersten Gesetzentwurf der Bundesregierung zu Grunde.

36 Deutlich etwa A. Epiney/M. Scheyli, Die Århus-Konvention – Rechtliche Tragweite und Implikationen für die Schweiz, 2000, S. 39; Sachverständigenrat für Umweltfragen (Fn. 21), S. 7; Schmidt-Aßmann (Fn. 18), S. 319; J. Wates, The Århus Convention: a Driving Force for Environmental Democracy, JEEPL 2005, S. 2 (6 f.); Ziekow (Fn. 17), S. 265.

37 Richtlinie 2003/35/EG des Europäischen Parlaments und des Rates vom 26.5.2003 über die Beteiligung der Öffentlichkeit bei der Ausarbeitung bestimmter umweltbezogener Pläne und Programme und zur Änderung der Richtlinien 85/337/EWG und 96/61/EG des Rates in Bezug auf die Öffentlichkeitsbeteiligung und den Zugang zu Gerichte, ABl. EG Nr. L 156/17, Art. 3.

38 Beckmann (Fn. 29), S. 722; von Danwitz (Fn. 28), S. 43; Epiney (Fn. 33), S. 178; dies./Sollberger (Fn. 3), S. 326; Ziekow (Fn. 17), S. 265; vgl. auch Jeder (Fn. 30), S. 168.

39 Vgl. Kloepfer (Fn. 29), § 8 Rn. 40; Macrory/Turner (Fn. 18), S. 520.

40 Vgl. dazu nur B. Bartunek, Probleme des Drittschutzes bei der Planfeststellung, 2000, S. 87 ff.; P.M. Huber, Konkurrenzschutz im Verwaltungsrecht, 1991, S. 241 ff.

41 Näher etwa A. Seidel, Öffentlich-rechtlicher und privatrechtlicher Nachbarschutz, 2000, § 16 und § 17.

42 Vgl. Jeder (Fn. 30), S. 169 f.; a.A. F. Ekardt/K. Pöhlmann, Europäische Klagebefugnis, NVwZ 2005, S. 532 (533 f.).

im Sinne einer "immanenten Erweiterung" der Schutznormtheorie auch Korrekturen ergeben – etwa im Hinblick auf den Drittschutz von Vorsorgegrenzwerten.[43] Müssten jedoch künftig wirklich sämtlichenn objektiven umweltrechtlichen Vorgaben zugleich subjektive Rechte der betroffenen Öffentlichkeit zugeordnet werden,[44] so würde dies die ausdrücklich hervorgehobenen Spielräume des innerstaatlichen Rechts auf Null reduzieren. Ein unbegrenztes Überprüfungsrecht der betroffenen Öffentlichkeit ist somit von der Konvention nicht gefordert. Auf diesem Verständnis beruht auch die Grundentscheidung des Entwurfs eines Umwelt-Rechtsbehelfsgesetzes, eine unabhängig von der Möglichkeit einer Verletzung eigener Rechte bestehende Überprüfungsmöglichkeit nur den Umweltschutzverbänden und nicht der betroffenen Öffentlichkeit insgesamt einzuräumen.[45] Daher soll sich auch die folgende Darstellung auf diese Klagerechte der Umweltverbände konzentrieren.

3. Klagerechte der Umweltverbände

Im Rahmen der Klagerechte der betroffenen Öffentlichkeit gelten nichtstaatliche Organisationen, die sich nach Artikel 2 Nummer 5 für den Umweltschutz einsetzen "und alle nach innerstaatlichem Recht geltenden Voraussetzungen erfüllen", gemäß Art. 9 Abs. 2 UAbs. 2 Satz 2 und 3 der Århus-Konvention, Art. 10a Abs. 3 der UVP-Richtlinie und Art. 15a Abs. 3 der IVU-Richtlinie stets als Träger von Rechten, die verletzt werden können. Die Reichweite dieser Vorgabe ist umstritten: Einer verbreiteten Sichtweise, im gesamten Anwendungsbereich des Art. 6 der Konvention sei eine umfassende Verbandsklage einzuführen,[46] steht die – wohl zutreffende – Auffassung entgegen, es reiche aus, den Verbänden einen gewissen Bestand gesetzlich bestimmter Rechte zur Geltendmachung im eigenen Namen zuzuweisen, sie

43 So die Prognose bei Schmidt-Aßmann (Fn. 18), S. 319; näher zum bislang verneinten Schutznormcharakter von Vorsorgegrenzwerten Kloepfer (Fn. 29), § 8 Rn. 24 m. w. N.; für eine Ausweitung bereits Unabhängige Sachverständigenkommission zum Umweltgesetzbuch in: Bundesministerium für Umwelt, Naturschutz und Reaktorsicherheit (Hrsg.), Umweltgesetzbuch, 1998, S. 125, 527, 532 und 535 f. (zu § 44 UGB).

44 So die weitgehende Forderung bei Th. Bunge, Rechtsschutz bei der UVP nach der Richtlinie 2003/35/EG – am Beispiel der Anfechtungsklage, ZUR 2004, S. 141 (145).

45 Vgl. dazu auch Jendroska (Fn. 35), S. 19.

46 So wohl Epiney (Fn. 33), S. 179 f.; dies./Sollberger (Fn. 3), S. 327; Schink (Fn. 27), S. 35; M. Zschiesche, Die Århus-Konvention – mehr Bürgerbeteiligung durch umweltrechtliche Standards?, ZUR 2001, S. 177 (182). Dies ist naturgemäß auch die Rechtsauffassung der Umweltverbände (vgl. etwa die Darstellung im Internet unter http://www.aarhus-konvention.de/deutschland/hintergrund5.htm).

also zu Trägern subjektiver Rechte im Umweltbereich zu machen.[47] Diese Lesart kann sich neben dem Wortlaut vor allem auf die Entstehungsgeschichte des Art. 9 der Konvention berufen.[48]

Tatsächlich sind damit beide Lösungen – die Schaffung bestimmter subjektiver Rechte der Verbände ohne Änderung des Prozessrechts und die Einführungen einer Verbandsklage in bestimmten Bereichen – von ihren prozessualen Folgen her grundsätzlich in gleicher Weise für die Umsetzung der Århus-Konvention geeignet. Allerdings würden den Verbänden verliehene subjektive Rechte – anders als das prozessuale Verbandsklagerecht – in den Anwendungsbereich des Art. 19 Abs. 4 GG fallen.[49] In beiden Fällen stellt sich jedoch der Sache nach identisch die Frage nach dem gebotenen Umfang der subjektiven Rechte bzw. der Reichweite des Verbandsklagerechts, so dass zu klären ist, ob und in welchem Umfang die Århus-Konvention eine thematische Beschränkung der vorgesehenen Klagerechte auf bestimmte Aspekte überhaupt zulässt. Gegenüber der prozessualen Lösung hätte jedoch der materiellrechtliche Ansatz der Schaffung entsprechender Rechte möglicherweise auch Konsequenzen – etwa im Haftungsbereich[50] –, die über das Ziel einer Konventionsumsetzung hinausgehen könnten. Dieser Gesichtspunkt spricht dafür, sich auf die von der Bundesregierung gewählte Verbandsklagelösung zu konzentrieren und etwaige Spielräume im Zusammenhang des Prüfungsumfangs zu behandeln.[51]

---

47 So von Danwitz (Fn. 28), S. 45; H.W. Louis, Die Übergangsregelungen für das Verbandsklagerecht nach den §§ 61, 69 Abs. 7 BNatSchG vor dem Hintergrund der europarechtlichen Klagerechte für Umweltverbände auf Grund der Änderungen der IVU- und der UVP-Richtlinie zur Umsetzung des Århus-Übereinkommens, NuR 2004, S. 287 (290); Seelig/Gündling (Fn. 27), S. 1039 f.; ähnlich auch Jeder (Fn. 30), S. 169. Ebenso auch die Ausführungen des offiziellen Implementation Guide der UN (Fn. 30), S. 129: "Paragraph 2 (b) was devised for those countries with legal systems that require a person's rights to be impaired before he or she can gain standing [...] Where this is already a requirement under a Party's legal system, both individuals and NGOs may be held to this standard. However, Parties must provide, at a minimum, that NGOs have rights that can be impaired."

48 Vgl. zur Entstehungsgeschichte des Art. 9 Abs. 2 und der Rolle der deutschen Verhandlungsdelegation neben den Vorgenannten auch K. Brady, New Convention on Access to Information and Public Participation in Environmental Matters, EPL 28 (1998), S. 69 (74 in Fn. 23).

49 Vgl. nur E. Schmidt-Aßmann, in: Maunz-Dürig u.a. GG, Kommentar, Art. 19 Abs. 4 Rn. 116 ff., Stand: Februar 2003.

50 Der in § 839 BGB/Art. 34 GG normierte Haftungstatbestand setzt die Verletzung einer Amtspflicht voraus, die dem Beamten gegenüber dem Geschädigten obliegt. Die Kriterien für diese Drittbezogenheit entsprechen jenen, die auch im Rahmen des § 42 Abs. 2 VwGO herangezogen werden. Die Einräumung subjektiver Rechte der Verbände im Umweltbereich würde damit grundsätzlich auch die staatshaftungsrechtliche Drittbezogenheit der entsprechenden Amtspflichten indizieren, vgl. F. Ossenbühl, Staatshaftungsrecht, 5. Aufl. 1998, S. 59.

51 Dazu nachfolgend unter IV., S.77 ff.

4. Allgemeines Klagerecht der Öffentlichkeit

Gemäß Art. 9 Abs. 3 der Konvention soll schließlich jede Vertragspartei zusätzlich sicherstellen, dass "Mitglieder der Öffentlichkeit, sofern sie etwaige in ihrem innerstaatlichen Recht festgelegte Kriterien erfüllen, Zugang zu verwaltungsbehördlichen oder gerichtlichen Verfahren haben, um die von Privatpersonen und Behörden vorgenommenen Handlungen und begangenen Unterlassungen anzufechten, die gegen umweltbezogene Bestimmungen ihres innerstaatlichen Rechts verstoßen." Diese Vorgabe fordert allerdings nicht automatisch die Einführung einer unbeschränkten allgemeinen Popularklage, sondern steht nach Wortlaut und Entstehungsgeschichte unter einem weit reichenden Vorbehalt der Ausgestaltung durch das nationale Recht.[52] Das Gesetzgebungsverfahren des zur Umsetzung dieser Norm bestimmten Richtlinienentwurfs,[53] der die eher unbestimmte Vorgabe der Konvention überhaupt erst operabel machen würde,[54] wird derzeit nicht weiter geführt.[55] Aus diesem Grund sollen die entsprechenden Fragen im Rahmen dieses Beitrags erneut ausgeklammert bleiben, obwohl an dieser Stelle je nach Auslegung des Ausgestaltungsvorbehalts durchaus nationaler Umsetzungsbedarf bestehen dürfte.

5. Anforderungen an die Ausgestaltung der Klagerechte

Art. 9 Abs. 4 und 5 der Århus-Konvention enthalten schließlich eine Reihe allgemeiner Anforderungen an die Ausgestaltung der in den vorherigen Absätzen vorgesehenen Klagerechte und stellen ergänzend flankierende Pflichten auf. So müssen die Klagerechte "angemessenen und effektiven Rechtsschutz und, soweit angemessen, auch vorläufigen Rechtsschutz" sicherstellen und "fair, gerecht, zügig und nicht übermäßig teuer" sein. Gerichtsentscheidungen bedürfen der Schriftform und sind öffentlich zugänglich zu machen. Zudem

---

52 Vgl. von Danwitz (Fn. 28), S. 46; Epiney (Fn. 33), S. 179 f.; Jendroska (Fn. 35), S. 19; Scheyli (Fn. 30), S. 245 f.; Seelig/Gündling (Fn. 27), S. 1040; Thurnherr (Fn. 30), S. 73; anders jedoch Dross (Fn. 35), S. 22 f.; Sachverständigenrat für Umweltfragen (Fn. 21), S. 9 ff., wonach auch Art. 9 Abs. 3 vor allem eine umfassende Verbandsklage erfordern soll.

53 Vorschlag für eine Richtlinie des Europäischen Parlaments und des Rates über den Zugang zu Gerichten in Umweltangelegenheiten vom 24.10.2003, KOM(2003) 624 endg.; vgl. dazu Sachverständigenrat für Umweltfragen (Fn. 21), S. 12.

54 Vgl. Schmidt/Zschiesche (Fn. 21), S. 22 f.

55 Vgl. Jendroska (Fn. 35), S. 18 f., auch zur Frage des Bestehens eines nationalen Umsetzungsbedarfs.

sollen die Vertragsstaaten die Effektivität der Klagerechte fördern, indem sie der Öffentlichkeit entsprechende Informationen zur Verfügung stellen und ggf. auch finanziell unterstützend tätig werden. Soweit diese Vorgaben nicht nur Auslegungsmaximen festlegen, sondern ergänzende Pflichten normieren, bestehen wiederum erhebliche gesetzgeberische Spielräume, die im Rahmen dieses Beitrags jedoch allesamt nicht behandelt werden können. Allerdings sei darauf hingewiesen, dass die hier formulierten Anforderungen der Konvention, etwa das Erfordernis eines zügigen Verfahrens, erneut tendenziell eher Impulse für eine Rücknahme der inhaltlichen Kontrolle vermitteln dürfen.[56]

III. Spielräume im Hinblick auf den Klagegegenstand

Ausgestaltungsmöglichkeiten eröffnet die Århus-Konvention grundsätzlich bereits im Hinblick auf den Anwendungsbereich der in ihr vorgesehenen Klagerechte. Gemäß Art. 9 Abs. 2 der Århus-Konvention bestehen die dargestellten Klagerechte der betroffenen Öffentlichkeit gegenüber denjenigen Entscheidungen, Handlungen oder Unterlassungen, "für die Artikel 6 und [...] sonstige einschlägige Bestimmungen dieses Übereinkommens gelten". Nach Art. 6 Abs. 1 wiederum gelten die Vorgaben über die Öffentlichkeitsbeteiligung einerseits zwingend bei Zulassungsentscheidungen für die in Anhang I aufgeführten Tätigkeiten. Andererseits wendet jede Vertragspartei die entsprechenden Vorgaben nach lit. b "in Übereinstimmung mit ihrem innerstaatlichen Recht" auch bei Entscheidungen über sonstige Tätigkeiten an, die erhebliche Auswirkungen auf die Umwelt haben können. Hierzu "bestimmen die Vertragsparteien, ob dieser Artikel Anwendung auf eine derartige geplante Tätigkeit findet".

Man wird Art. 9 Abs. 2 der Århus-Konvention nicht als Rechtsgrundverweisung zu verstehen haben, nach der die Klagerechte für sämtliche Tätigkeiten gelten, die eine erhebliche Auswirkung auf die Umwelt haben können;[57] denn Art. 9 Abs. 2 soll offenbar in seinem Anwendungsbereich hinter Art. 9 Abs. 3 der Konvention zurückbleiben, der alle Verfahren erfasst, die umweltbezogenen rechtlichen Vorgaben unterliegen. Als Rechtsfolgenverweisung

56 Vgl. die Ausführungen bei Louis (Fn. 47), S. 290, der einerseits auf Grundlage einer extensiven Interpretation der Århus-Konvention ein inhaltlich und prozessual weitgehend unbeschränktes Verbandsklagerecht fordert, gleichzeitig jedoch die "jetzige Prozessdauer" kritisiert.

57 So jedoch Epiney (Fn. 33), S. 178; dies./Sollberger (Fn. 3), S. 324.

stellt somit auch Art. 9 Abs. 2 der Århus-Konvention darauf ab, dass die Mitgliedstaaten sich gesetzlich entschieden haben, Art. 6 Abs. 1 auf bestimmte umweltrelevante Tätigkeiten für anwendbar zu erklären.[58] Damit eröffnen sich den Vertragsstaaten erhebliche Umsetzungsspielräume. Allerdings dürfte ein genereller Ausschluss aller nicht in Anhang I aufgelisteten Tätigkeiten von den vorgeschriebenen Klagerechten mit dem Zweck der Konvention unvereinbar sein.[59]

Die insoweit durch das Völkerrecht im Hinblick auf den Klagegegenstand gewährten Spielräume hat freilich bereits der Gemeinschaftsgesetzgeber in Anspruch genommen. Die dabei erfolgte Orientierung an den Anwendungsbereichen der UVP- und der IVU-Richtlinie[60] ist für die Mitgliedstaaten zwingend vorgegeben und wird durch Art. 1 des Gesetzentwurfs übernommen.[61] Eine Ausweitung dieses Anwendungsbereichs wäre gemeinschaftsrechtlich allerdings nicht zu beanstanden.[62]

IV. Spielräume im Hinblick auf den Prüfungsumfang

Da die Århus-Konvention zwingend eine Schaffung von Klagerechten der Verbände vorsieht, aber den Umfang der entsprechenden Klagerechte nicht näher umschreibt, dürfte die Frage nach den gesetzgeberischen Spielräumen im Hinblick auf den Prüfungsumfang den vielleicht bedeutsamsten Aspekt der nationalen Umsetzung darstellen.

1. Die Bedeutung des Prüfungsumfangs im deutschen Verwaltungsprozess

Eine Begrenzung des gerichtlichen Prüfungsumfangs entspricht der Rechtsschutzkonzeption des deutschen Verwaltungsprozessrechts: Im Rahmen

58 Jeder (Fn. 30), S. 169; ähnlich Schmidt/Zschiesche (Fn. 21), S. 22 f., die vor allem auf den Anhang abstellen.

59 Sachverständigenrat für Umweltfragen (Fn. 21), S. 7; Ziekow (Fn. 17), S. 265.

60 Vgl. dazu etwa Schlacke (Fn. 25), S. 631 f; sowie in diesem Band Ziekow, S.42.

61 Gesetzentwurf (Fn. 13), S. 4 f. und S. 19 ff.

62 Insoweit hält es die Stellungnahme des Umweltrechtsausschusses des Deutschen Anwaltvereins vom 21.2.2005 zum Umwelt-Rechtsbehelfsgesetz (im Internet unter www.anwaltverein.de/03/05/2005/19-05.pdf), S. 2, für "vorstellbar, dass der Anwendungsbereich des Entwurfs des Umwelt- Rechtsbehelfsgesetzes in § 1 Abs. 1 Nr. 1 und Nr. 2 über das nach der Richtlinie gemeinschaftsrechtlich gebotene Mindestmaß hinausgeht." Der Gesetzentwurf (Fn. 13), 19, scheint dies jedenfalls nicht zu intendieren.

einer verwaltungsgerichtlichen Klage hat ein deutsches Gericht zu entscheiden, ob der angegriffene Hoheitsakt dadurch Rechte des Klägers verletzt, dass er gegen drittschützende Normen verstößt.[63] Nicht-drittschützende Normen bleiben also von vornherein aus dem Prüfungsprogramm deutscher Verwaltungsgerichte ausgeklammert.[64] Ausnahmen hiervon macht die Rechtsprechung lediglich im Falle der enteignungsrechtlichen Vorwirkung eines Planfeststellungsbeschlusses, die dem betroffenen Grundeigentümer die Befugnis vermitteln soll, alle Rechtsfehler geltend zu machen, die für die Betroffenheit des Grundstücks ursächlich sind,[65] sowie im Rahmen verwaltungsgerichtlicher Normenkontrollen, die bei Bejahung der Klagebefugnis zu einer objektiven Rechtmäßigkeitsprüfung der angegriffenen Norm führen.[66]

2. Meinungsstand zum Prüfungsumfang im Rahmen der Århus-Konvention

Art. 9 Abs. 2 der Århus-Konvention fordert demgegenüber ohne ausdrückliche Begrenzung des Prüfungsumfangs ein Verfahren, um die "materiell-rechtliche und verfahrensrechtliche Rechtmäßigkeit" der zulässigen Klagegegenstände zu überprüfen. Damit stellt sich die Frage, ob die skizzierte grundlegende Weichenstellung des deutschen Rechts in Umsetzung der Århus-Konvention korrigiert werden muss. Auch die Verbände warfen bereits in ihrer ersten Reaktion zum Inkrafttreten der Richtlinie 2003/35/EG die Frage auf, "ob der Prüfungsumfang in einem Verbandsklageverfahren künftig ähnlich weit gesteckt ist wie bislang (nur) in den Fällen einer Enteignungs-Vorwirkung".[67]

Angesichts der Tragweite der Fragestellung erstaunt ihre eher apodiktische Beantwortung im Schrifttum und durch den Gesetzgeber. In der Literatur

---

63 Vgl. F.O. Kopp/W.-R. Schenke, VwGO, Kommentar, 13. Aufl. 2003, § 113 Rn. 5 m. w. N.

64 Woehrling (Fn. 5), S. 504 kritisiert dies aus französischer Sicht: "Für Verwaltungsakte oder Rechtsnormen, die nicht in Konflikt mit einem subjektiven Recht kommen, fällt die Kontrolle in Deutschland völlig aus. Sogar wenn eine Entscheidung möglicherweise den Kläger in seinen Rechten beeinträchtigen kann, gibt es in Deutschland keine Kontrolle der Einhaltung der Normen, die keine Schutzfunktion haben."

65 So zusammenfassend BVerwG, Beschluss vom 5.10.1990 – 4 B 249/89, NVwZ-RR 1991, S. 118 (127) m. w. N.

66 Vgl. nur die die Ausführungen und Nachweise bei J. Ziekow, in: H. Sodan/J. Ziekow (Hrsg.), VwGO, Kommentar, § 47 Rn. 150 und 197b, Stand: Juli 1998.

67 Deutscher Naturschutzring (Hrsg.), EU-Rundschreiben 12 (2003), Heft 8 vom 29.8.2003, S. 10 (im Internet unter www.dnr.de/publikationen/eur/archiv/eur0308.pdf).

sprechen sie nur wenige Stimmen an, und selbst diese behandeln die Frage äußerst knapp: Einerseits wird dabei festgestellt, die Konvention schreibe "keinen bestimmten Mindestumfang von Rügemöglichkeiten und gerichtlicher Kontrolle vor", so dass die Vertragsparteien insofern "originär regelungsbefugt" blieben.[68] Andererseits wird die Auffassung vertreten, die Konvention gebiete eine vollständige Nachprüfung der Rechtmäßigkeit der angegriffenen Rechtsakte, ohne dass es auf die Verletzung irgendwelcher eigener Rechte oder Interessen ankäme. Den Prüfmaßstab des Gerichts bilde also "das gesamte materielle und Verfahrensrecht, das die Behörde bei der Zulassungsentscheidung anzuwenden hatte".[69] Dabei seien auch Verfahrensfehler unabhängig von einer eigenen Rechtsposition zu überprüfen.[70]

3. Konsequenzen einer vollumfänglichen Prüfung

Die Konsequenzen einer solchen umfassenden Kontrolle wären erheblich, insbesondere in jenen Fällen, in denen durch eine Konzentrationswirkung wie in § 75 Abs. 1 VwVfG eine Integration sämtlicher einschlägiger Genehmigungsentscheidungen vorgesehen ist; in diesem Fall muss nämlich der Verwaltungsakt flächendeckend alle von seinem Regelungsbereich berührten materiell-rechtlichen Vorschriften beachten.[71] Angesichts des Umfangs und der Regelungsdichte des damit erfassten Rechts wäre der gerichtliche Prüfungszuwachs beachtlich: Auf die Klage eines Verbands müsste ein Gericht beispielsweise auch überprüfen, ob in dem entsprechenden Genehmigungsverfahren die drohende Existenzgefährdung eines jeden betroffenen Landwirts angemessen ermittelt wurde[72] – und dies unabhängig davon, ob der einzelne Landwirt an einer solchen Überprüfung überhaupt ein Interesse hat. Auch rechtliche Vorgaben, die in keinem Zusammenhang mit dem Umweltschutz

---

68 Von Danwitz (Fn. 28), S. 35; ähnlich Epiney (Fn. 33), S. 180; dies./Sollberger (Fn. 3), S. 330.

69 Bunge (Fn. 44), S. 144; Louis (Fn. 47), S. 290; Schlacke (Fn. 25), S. 632; Sachverständigenrat für Umweltfragen (Fn. 21), S. 8; vgl. auch Dross (Fn. 35), S. 23.

70 Fisahn (Fn. 15), S. 140; Louis (Fn. 47), S. 290; Schink (Fn. 27), S. 36; Ziekow (Fn. 17), S. 265.

71 Vgl. zur nach h.L. rein formellen Reichweite der Konzentrationswirkung BVerwG, Urteil vom 9.11.1984 – 7 C 15/83 –, BVerwGE 70, 242 (244); Urteil vom 26.6.1992 – 4 B 1-11/92, NVwZ 1993, S. 572 ff.; Urteil vom 26.3.1998, 4 A 7/97, UPR 1998, S. 382 ff., Leitsatz 4; H.-J. Bonk/W. Neumann, in: Stelkens/ Bonk/ Sachs, VwVfG, Kommentar 6. Aufl. 2001, § 75 Rn. 19, m. w. N.; F.O. Kopp/U. Ramsauer, VwVfG, 8. Aufl. 2003, § 74 Rn. 11 ff.

72 Vgl. zu diesem Rechtmäßigkeitserfordernis J. Kühling/N. Hermann, Fachplanungsrecht, 2. Aufl. 2000, Rn. 373 m.w.N.

stehen, etwa die Beachtung von Landesdenkmalschutzrecht oder örtlicher Satzungen nach den Landesbauordnungen, müssten nach dieser Auffassung überprüft und mit einer wie auch immer gearteten Konsequenz sanktioniert werden. Im Falle von Großvorhaben, beispielsweise des Planfeststellungsbeschlusses für den Bau des Großflughafens Berlin-Schönefeld, wäre das angerufene Gericht im Grundsatz gehalten, auch ohne eine Betroffenheit von Grundeigentum sämtliche Verfahrensakten – dies sind im Falle des Verfahrens Schönefeld etwa 2.000 Verfahrensordner[73] – auf eine denkbare Rechtsverletzung zu untersuchen. Es erscheint unrealistisch anzunehmen, dass eine solche Ausweitung des Prüfprogramms ohne jede Auswirkung auf Dauer und Qualität der richterlichen Prüfungen bleiben könnte.

4. Der Lösungsansatz des Gesetzentwurfs

Vor derartigen Konsequenzen scheint auch die Bundesregierung zurückzuschrecken, ohne jedoch eine klare konzeptionelle Linie erkennen zu lassen. Der erste Gesetzesentwurf des Bundesministeriums für Umwelt, Naturschutz und Reaktorsicherheit vom 19. November 2004 war in diesem Punkt zumindest zweideutig: Er enthielt zwar in § 3 bereits eine differenzierte Fehlerfolgenlehre im Hinblick auf die Anwendung der Umweltverträglichkeitsprüfung, sah jedoch im Übrigen in § 2 Abs. 8 vor, die Klage des Verbands sei begründet, "wenn das Handeln oder Unterlassen der zuständigen Behörde in Bezug auf ein Verfahren nach § 1 Abs. 2 rechtswidrig war und der Verein dadurch in seinem satzungsgemäßen Aufgabenbereich berührt wird".[74] Dieser Wortlaut legt eigentlich nahe, dass das Ministerium die gerichtliche Kontrolle generell auf die Anwendung der in § 1 Abs. 2 des Gesetzentwurfs genannten Verfahrensvorschriften begrenzen wollte – dies wäre zweifellos eine Fehlinterpretation der Konvention und der Richtlinie.[75] Gleichzeitig erklärte jedoch ein Vertreter des Ministeriums, die Richtlinie spreche "die Frage des Prüfungsumfangs nicht an", es könne jedoch "zumindest festgestellt werden, dass die RL keine umfassende Rechtmäßigkeitsprüfung fordert und eine Begren-

73 Berlins Großflughafen nimmt Gestalt an, Financial Times Deutschland vom 20.10.2004, S. 15.

74 Entwurf eines Gesetzes über den Rechtsschutz in Umweltangelegenheiten (Zweites Gesetz zur Umsetzung der EG-Richtlinie 2003/35/EG), Erster Gesetzentwurf des Bundesministeriums für Umwelt, Naturschutz und Reaktorsicherheit vom 19.11.2004, S. 7.

75 Vgl. bereits oben unter II. 2, S. 71 f.

zung des Prüfungsumfangs somit grds. zulässig ist". Gleichwohl sei eine "Begrenzung des Prüfungsumfangs" in dem Entwurf "nicht vorgesehen".[76]

Der Wortlaut des Vorschlags und die zitierten Erläuterungen waren in diesem Verfahrensstadium kaum in Einklang zu bringen. Der aktuelle Entwurf der Bundesregierung sieht nunmehr in § 2 Abs. 3 Nr. 1 vor, die Klage sei nur zulässig, wenn der Verband geltend mache, dass die angegriffene Entscheidung oder Unterlassung "Rechtsvorschriften, die dem Umweltschutz dienen, widerspricht". Auch die Begründetheit einer solchen Verbandsklage setzt voraus, dass die angegriffene Entscheidung "gegen Rechtsvorschriften, die dem Umweltschutz dienen, verstößt und der Verein dadurch in seinem satzungsmäßigen Aufgabenbereich der Förderung der Ziele des Umweltschutzes berührt wird". Zur Begründung dieser etwas überraschenden Kehrtwende wird lediglich ausgeführt, diese Vorgabe orientiere sich an § 61 Abs. 2 des Bundesnaturschutzgesetzes.[77] Allerdings begrenzt auch der aktuelle Entwurf seine Fehlerfolgenregelung weiterhin im Wesentlichen auf die Durchführung der Umweltverträglichkeitsprüfung.[78] Damit finden sich in den Dokumenten des Bundesministeriums Ansätze erstens für eine vollumfängliche, zweitens für eine rein auf das den Anfechtungsgegenstand definierende umweltbezogene Verfahrensrecht begrenzte und drittens für eine auf das Umweltrecht insgesamt bezogene Überprüfung im Rahmen des neuen Verbandsklagerechts.

Eine ähnliche Diskrepanz findet sich übrigens auch auf europäischer Ebene: Der Kommissionsvorschlag für eine Verordnung über die Anwendung der Bestimmungen der Århus-Konvention auf Organe und Einrichtungen der Europäischen Gemeinschaft sieht jedenfalls in seinem Titel über den "Zugang zu Gerichten" in Art. 9 Abs. 1 das Rechtsmittel eines "Antrags auf interne Überprüfung von Verwaltungsakten" vor, der auf die Behauptung gestützt werden kann, "dass ein Verwaltungsakt oder eine Unterlassung im Widerspruch zum gemeinschaftlichen Umweltrecht steht". Das anschließende Verfahren vor dem Gerichtshof nach Art. 11 Abs. 1 des Vorschlags in Verbindung mit Artikel 230 Absatz 4 EG-Vertrag zielt allerdings dann darauf ab, "die mate-

76 Th. Rolf, Anforderungen an die Ausgestaltung der Klagerechte Dritter sowie der Verbandsklage durch die Århus-Konvention und die Öffentlichkeitsrichtlinie der EU, in: Unabhängiges Institut für Umweltfragen e. V. (Hrsg.), Workshopdokumentation – Århus-Konvention und die Ausgestaltung von Klagerechten im Umweltschutz – internationaler Rechtsvergleich – Gesetzesvorhaben – Aktuelle Fallstudien aus Deutschland, 2003, S. 7 (9 f.) (im Internet unter www.aarhus-konvention.de/Orginal-Tagungsbandsep03.doc).

77 Gesetzentwurf (Fn. 13), S. 6 und S. 24.

78 Dazu in diesem Band Ziekow, S. 56 ff.

riell-rechtliche und verfahrensrechtliche Rechtmäßigkeit der Entscheidung überprüfen zu lassen".[79] Auch diese Regelung erscheint in sich noch abstimmungsbedürftig.

5. Die Zulässigkeit einer Begrenzung des Prüfungsumfangs

Hier soll nicht den kabinettsinternen Hintergründen der skizzierten Kurskorrekturen nachgegangen, sondern stattdessen die Frage aufgeworfen werden, ob die Århus-Konvention und das korrespondierende Richtlinienrecht eine – aus Gründen der Sachgerechtigkeit durchaus vertretbare – Einschränkung des gerichtlichen Kontrollmaßstabs überhaupt zulassen.

Eine Reihe von Gesichtspunkten legt insofern nahe, dass eine vollständige Überprüfung der von Art. 9 Abs. 2 der Konvention erfassten Rechtsakte nicht geboten ist. Der Wortlaut von Art. 9 Abs. 2 UAbs. 2 spricht zwar davon, dass eine Möglichkeit geschaffen werden müsse, "um die materiell-rechtliche und verfahrensrechtliche Rechtmäßigkeit von Entscheidungen, Handlungen oder Unterlassungen anzufechten", schreibt damit jedoch – zumindest ausdrücklich – keinen bestimmten Prüfungsumfang vor. Auch Art. 9 Abs. 4 der Århus-Konvention, wonach der Rechtsschutz "angemessen und effektiv" sein muss, enthält keine konkreten Vorgaben für den Maßstab der rechtlichen Überprüfung. Hierfür ist auf systematische und teleologische Erwägungen zurückzugreifen: Die Tatsache, dass die Zulässigkeit der Klage weiterhin an eine Rechtsverletzung geknüpft werden kann, legt zumindest nahe, dass auch auf der Begründetheitsebene der Prüfungsumfang auf entsprechende Rechtsverletzungen beschränkt werden darf.[80] Nichtregierungsorganisationen gelten zwar nach Art. 9 Abs. 2 UAbs. 3 Satz 3 als Träger von Rechten, die in diesem Sinne verletzt werden können. Dies bedeutet jedoch nicht automatisch, dass die entsprechenden Verbände die Verletzung des gesamten objektiven Rechts als eigene Rechtsverletzung geltend machen könnten. Vielmehr deutet die Privilegierung gerade solcher Organisationen, die sich "für den Umweltschutz einsetzen", auf eine thematische Begrenzung des Klagerechts. Würde sich der Gesetzgeber konzeptionell für eine Verleihung subjektiver Rechte an die Ver-

79 Vorschlag für eine Verordnung des Europäischen Parlaments und des Rates über die Anwendung der Bestimmungen des Århus-Übereinkommens über den Zugang zu Informationen, die Öffentlichkeitsbeteiligung an Entscheidungsverfahren und den Zugang zu Gerichten in Umweltangelegenheiten auf Organe und Einrichtungen der Europäischen Gemeinschaft vom 24.10.2003, KOM(2003) 622 endg., S. 32 f. Vgl. zu diesem Vorschlag auch in diesem Band Walter, S. 11 und 17 f.

80 Epiney (Fn. 33), S. 179; dies./Sollberger (Fn. 3), S. 327; vorsichtiger jedoch Ziekow (Fn. 17), S. 265.

bände entscheiden,[81] so wären diese gegenständlich auf den Bereich des Umweltrechts zu beschränken. Auch die ausdrückliche Erwähnung der Verletzung umweltbezogener Bestimmungen des innerstaatlichen Rechts in Art. 9 Abs. 3 der Konvention unterstreicht, dass es dem Ziel und Zweck des Übereinkommens entsprechend – nach Art. 1 der Århus-Konvention ist dies der "Zugang zu Gerichten in Umweltangelegenheiten" – von vornherein nur um umweltbezogene Bestimmungen geht.[82] Schließlich kann es aus Sicht des Völkerrechts für den Prüfungsumfang auch schwerlich auf nationale Besonderheiten wie die Existenz einer Konzentrationswirkung ankommen.

Neben dem Sinn und Zweck der Århus-Konvention und der Richtlinie spricht aus europarechtlicher Perspektive auch die begrenzte Kompetenz der Gemeinschaft dafür, dass jedenfalls im Anwendungsbereich der Richtlinie lediglich eine Überprüfung umweltbezogener Vorgaben vorgeschrieben sein kann. Zwar ist im Schrifttum umstritten, ob sich der Zuständigkeitsbereich der Gemeinschaft auf Grundlage der Gemeinschaftskompetenz in Art. 174 f. EGV auf die Durchsetzung des gemeinschaftlichen Umweltrechts beschränkt oder ob gemeinschaftsrechtlich auch die Überprüfung des nationalen Umweltrechts vorgesehen werden kann.[83] Insoweit dürfte freilich die Absicht der Bundesrepublik, die Århus-Konvention zu ratifizieren,[84] einer nach der engen Rechtsauffassung vertretbaren Begrenzung des Prüfungsumfangs auf gemeinschaftliches Umweltrecht den Boden entziehen. Eine Ausweitung solcher Überprüfungen auf das gesamte innerstaatliche Recht, ohne dass es überhaupt noch eines Umweltbezugs bedürfte, ginge jedoch funktional über den Regelungsbereich des Art. 175 EGV hinaus[85] und würde den Anwendungsbereich des Vertrags überschreiten.

Nach alledem wird zumindest eine Begrenzung des Prüfungsumfangs auf umweltrechtliche Anforderungen mit den Vorgaben der Århus-Konvention

---

81 Vgl. zu dieser gesetzgeberischen Option bereits oben unter II. 3, S. 73 f.

82 Vgl. auch Fisahn (Fn. 15), S. 136 ("Beschränkung auf die umweltrelevanten Bereiche").

83 Näher dazu – und eine breite Kompetenz befürwortend – I. Pernice/V. Rodenhoff, Die Gemeinschaftskompetenz für eine Richtlinie über den Zugang zu Gerichten in Umweltangelegenheiten, ZUR 2004, S. 149 ff. m. w. N.; ähnlich Sachverständigenrat für Umweltfragen (Fn. 21), 14 f.; F. Ekardt/K. Pöhlmann, Die Kompetenz der Europäischen Gemeinschaft für den Rechtsschutz – am Beispiel der Århus-Konvention, EurUP 2004, S. 128 (129 ff.); anders etwa Epiney (Fn. 18), S. 492 und S. 494, und wohl auch Stellungnahme des Deutschen Anwaltvereins (Fn. 62), S. 3; vgl. zur Kompetenzfrage auch Dross (Fn. 19), S. 154 m. w. N. (zu den entsprechenden politischen Debatten), sowie in diesem Band Walter, S. 10 ff.

84 Auch hierzu in diesem Band Walter, S. 8.

85 Zu diesem Gesichtspunkt besonders Pernice/Rodenhoff (Fn. 83), S. 149.

und der Richtlinie 2003/35/EG vereinbar sein. Ob und wieweit darüber hinaus eine weitere Einschränkung auf bestimmte Materien des Umweltrechts oder eine Ausnahme für einzelne Bestimmungen möglich ist, kann hingegen kaum verlässlich festgestellt werden. Zulässig sein dürfte eine abgrenzende Definition der umweltrechtlichen Anforderungen. Die in dem Gesetzentwurf zusätzlich vorgeschlagene Begrenzung auf den satzungsgemäßen Aufgabenbereich des klagenden Vereins mag demgegenüber Unsicherheiten hinsichtlich ihrer Vereinbarkeit mit der Konvention aufwerfen, dürfte jedoch kaum praktische Bedeutung erlangen, da die Vereine nach den Erfahrungen im Bereich des naturschutzrechtlichen Verbandsklagerechts ihre Satzungen rasch im Sinne eines möglichst breiten Klagerechts anpassen werden.

Prüfens- und überlegenswert erschiene in diesem Zusammenhang allerdings die Option, in Anlehnung an den Gedanken des § 12 Abs. 1 Behindertengleichstellungsgesetz das Klagerecht der Verbände im Hinblick auf die Verletzung solcher umweltrechtlicher Vorschriften, die disponible Rechte des Einzelnen begründen, davon abhängig zu machen, dass der Rechtsträger der Klage zustimmt.[86] Denn die Einführung der umweltrechtlichen Verbandsklage zielt – jedenfalls nach der bisherigen Diskussion – auch auf den Ebenen des Völker- und Europarechts nicht darauf ab, den Betroffenen bestehende Dispositionsmöglichkeiten über ihre subjektiven Rechte zu entziehen.

V. Spielräume im Hinblick auf die gerichtliche Kontrolldichte

Eng verknüpft mit der soeben diskutierten Frage des Prüfungsumfangs und seiner Einschränkbarkeit ist die Option, für den neuen Verbandsklagetyp die Maßstäbe im Hinblick auf die richterliche Kontrolldichte zu modifizieren. Auch insoweit lassen sich der Århus-Konvention über das in Art. 9 Abs. 4 normierte Kriterium des "angemessenen und effektiven Rechtsschutzes" hinaus keine konkreten Maßstäbe entnehmen. Da der deutsche Ansatz einer vollumfänglichen Rechtskontrolle der Verwaltung in den meisten Staaten so nicht bekannt ist,[87] dürften insoweit aus Sicht des Völker- und Gemeinschaftsrechts erhebliche gesetzgeberische Spielräume bestehen. Allerdings entspräche es kaum dem Bedürfnis nach einer einheitlichen Rechtsprechung, für bestimmte

86 Näher zu diesem Ansatz S. Schlacke, Verbandsklagerechte im Behindertenrecht, RdDE 2002, S. 60 (72 ff.).

87 Vgl. die Nachweise oben in Fn. 3 ff.

Klagen eine vollständige rechtliche Überprüfung, für andere lediglich eine Vertretbarkeitskontrolle vorzusehen. Unabhängig davon könnte ein solcher Ansatz allerdings in manchen Bereichen des Umweltrechts insgesamt zu angemessenen Ergebnissen führen: So erscheint es namentlich bei der Überprüfung umweltrechtlicher Prognose- und Bewertungsentscheidungen denkbar und verfassungsrechtlich zulässig, die Tiefe der gerichtlichen Kontrolle zurückzunehmen, da solche Bewertungen die Gerichte vielfach überfordern, während die Verwaltung sich der technischen und wissenschaftlichen Entwicklung leichter anzupassen vermag.[88]

Auf Grundlage eines solchen Ansatzes sieht der zusammen mit dem Umwelt-Rechtsbehelfsgesetz im Februar vorgelegte Entwurf eines Öffentlichkeitsbeteiligungsgesetzes der Bundesregierung in seinem Artikel 1 vor, die Vorprüfungsentscheidung nach § 3c UVPG, ob eine Umweltverträglichkeitsprüfung im Einzelfall durchgeführt wird oder nicht, lediglich im Hinblick auf die Einhaltung des Verfahrens und ihre "Nachvollziehbarkeit" hin zu überprüfen;[89] allerdings dürfte dieser punktuelle Maßstab schon heute durch den Wortlaut des § 3c Abs. 1 S. 1 UVPG vorgegeben sein[90] und der Vorschlag damit trotz seiner Modellhaftigkeit im Wesentlichen deklaratorische Bedeutung haben.

VI. Spielräume im Hinblick auf den Instanzenzug

Ähnliches gilt für die Option einer Begrenzung des Instanzenzugs, die jedenfalls bei bedeutenden Rechtsakten für die Beklagtenseite nur bei großer Vor-

---

88 Verwiesen sei insoweit auf die entsprechenden Darstellungen und Vorschläge der Unabhängigen Sachverständigenkommission zum Umweltgesetzbuch (Fn. 43), S. 124 f., S. 524 ff., S. 528 f. und S. 534 f. (zu § 43 UGB), m. w. N.

89 Entwurf eines Gesetzes über die Öffentlichkeitsbeteiligung in Umweltangelegenheiten nach der EG-Richtlinie 2003/35/EG (Öffentlichkeitsbeteiligungsgesetz), Gesetzentwurf der Bundesregierung vom 21.2.2005 (im Internet unter www.bmu.de/files/buergerbeteiligungsrechte/downloads/application/pdf/oeffentlichkeitsbeteilgesetz.pdf), S. 5 f. und S. 45 f.; vgl. zu dieser Regelung auch das Statement von Alexander Jannasch, in diesem Band, S. 115.

90 Demnach ist eine Umweltverträglichkeitsprüfung im Einzelfall durchzuführen, wenn das Vorhaben "nach Einschätzung der zuständigen Behörde aufgrund überschlägiger Prüfung unter Berücksichtigung der in der Anlage 2 aufgeführten Kriterien erhebliche nachteilige Umweltauswirkungen haben kann". Vgl. zu dem durch diese Formulierung eröffneten Beurteilungsspielraum K. Dienes, in: W. Hoppe (Hrsg.), UVPG, Kommentar, 2. Aufl. 2002, § 3c Rn. 7; A. Schink, Die Vorprüfung in der Umweltverträglichkeitsprüfung nach § 3c UVPG, NVwZ 2004, S. 1182 (1186 f.) m. w. N.

sicht vorgesehen werden könnte. Dann aber darf eine derartige Begrenzung nach dem rechtstaatlichen Grundsatz der Waffengleichheit[91] auch für die Verbände nicht erfolgen.

VII. Spielräume im Hinblick auf eine Präklusion der Kläger

Das deutsche Recht kennt Vorschriften über einen Ausschluss von Einwendungen, die sog. Präklusion, die in anderen Ländern, etwa in Frankreich, in dieser Form nicht bekannt sind.[92] Dabei werden eine formelle und eine materielle Präklusion von Einwendungen unterschieden: Die formelle Präklusion dient vor allem der Entlastung der Behörde in einem Verwaltungsverfahren und ermöglicht ihr, in ihrer Entscheidung die verspäteten Einwendungen ohne Folgen für die verfahrensmäßige Rechtmäßigkeit unberücksichtigt zu lassen. Im Übrigen ist sie für eine gerichtliche Kontrolle des Hoheitsakts ohne Bedeutung. Demgegenüber schließt die materielle Präklusion sämtliche Gesichtspunkte von einer gerichtlichen Geltendmachung aus, die durch Kläger nicht zuvor rechtzeitig im Verfahren vorgebracht wurden.[93] Auf diesem Gedanken beruht namentlich § 73 Abs. 4 S. 2 VwVfG, wonach mit Ablauf der Einwendungsfrist alle Einwendungen ausgeschlossen sind, die nicht auf besonderen privatrechtlichen Titeln beruhen. Derartige Regelungen dienen einerseits der Stabilität der angegriffenen Hoheitsakte, sollen jedoch andererseits auch durch Schaffung eines Kooperationszwangs die Sachverhaltsermittlung effektivieren.[94]

Bemerkenswerterweise scheint ein gewisser rechtspolitischer Konsens zu bestehen, dass die Ausweitung der Verbandsklagerechte durch Ausschlussfristen zu begrenzen ist. Bereits ein Gesetzentwurf des Bundesarbeitskreises Recht und des Bundes für Umwelt und Naturschutz aus dem Jahr 1999, der anlässlich der Verabschiedung der Århus-Konvention die Aufgabe des Erfordernisses einer Rechtsverletzung in § 42 Abs. 2 VwGO und die Anerkennung eines Klagerechts bei einer Betroffenheit in eigenen Interessen forderte, sah in dem vorgeschlagenen § 42a Abs. 2 Nr. 2 VwGO die Unzulässigkeit der

91 Näher dazu P.F. Schlosser, EMRK und Waffengleichheit im Zivilprozeß, NJW 1995, S. 1404 (1405) m. w. N.

92 Woehrling (Fn. 5), S. 503.

93 Bonk/ Neumann (Fn. 71), § 73 Rn. 76 ff.; Kopp/Ramsauer (Fn. 71), § 73 Rn. 80 ff.; H.C. Röhl/C. Ladenburger, Die materielle Präklusion im raumbezogenen Verwaltungsrecht. Verfassungs- und gemeinschaftsrechtliche Vorgaben/Verwaltungsrechtsdogmatische Einordnung, 1997, S. 9 f.

94 Näher BVerwG, Urteil vom 24.05.1996 – 4 A 38/95, NVwZ 1997, S. 489 ff. m. w. N.

Klage vor, wenn sich der Verband zur Sache nicht äußerte, obwohl ihm Gelegenheit zur Äußerung gegeben wurde.[95] Der aktuelle Entwurf des Bundesministeriums für Umwelt, Naturschutz und Reaktorsicherheit schreibt nunmehr vor, dass der Verein vor Gericht mit allen Einwendungen ausgeschlossen bleibt, die er im Verwaltungsverfahren nicht rechtzeitig geltend gemacht hat.[96] Erneut stellt sich hier die Frage der Vereinbarkeit einer solchen Regelung mit den völker- und gemeinschaftsrechtlichen Vorgaben.

Die materielle Präklusion ist eine gesetzliche Konkretisierung des Gedankens der Verwirkung. Während sie bis in die neunziger Jahre im Schrifttum bisweilen für verfassungswidrig erklärt wurde,[97] steht mittlerweile zumindest ihre Vereinbarkeit mit dem deutschen Verfassungsrecht, insbesondere mit Art. 19 Abs. 4 und Art. 14 GG, nach entsprechenden Entscheidungen des Bundesverfassungsgerichts zumindest für die Praxis außer Frage.[98] Die gemeinschaftsrechtliche Zulässigkeit der materiellen Präklusion wird demgegenüber differenziert bewertet: Im Jahr 1995 entschied der Europäische Gerichtshof, das Gemeinschaftsrecht stehe der Anwendung einer nationalen Verfahrensvorschrift entgegen, die es einem Gericht verbiete, von Amts wegen die Vereinbarkeit eines innerstaatlichen Rechtsakts mit einer Vorschrift des Gemeinschaftsrechts zu prüfen, wenn sich kein Verfahrensbeteiligter auf die Vorschrift berufen habe.[99] In neueren Aussagen betont der Gerichtshof, Ausschlussfristen müssten sowohl grundsätzlich als auch im konkreten Einzelfall im Hinblick auf den Grundsatz der Rechtssicherheit angemessen ausgestaltet sein und dem Effektivitätsgebot entsprechen.[100] Im

95 Gesetzentwurf des Bundesarbeitskreises Recht und des Bundes für Umwelt und Naturschutz Deutschland – BUND für ein Gesetz zur besseren Durchsetzung des Umweltschutzrechts vom 20.2.1999, S. 4 (Vorschlag) und S. 16 (Begründung, im Internet unter www.bund.net/lab/reddot2/pdf/ak_recht_gesetzentwurf.pdf). Vgl. zu weiteren ähnlichen Ansätzen auch Kloepfer (Fn. 29), § 8 Rn. 39 ff.; Seelig/Gündling (Fn. 27), S. 1038.

96 Umwelt-Rechtsbehelfsgesetz (Fn. 13), S. 6 und S. 24; vgl. auch Rolf (Fn. 76), S. 11.

97 So insbesondere H.-J. Papier, Einwendungen Dritter im Verwaltungsverfahren, NJW 1980, S. 313.ff.; ders., in: Maunz-Dürig u.a. (Fn. 49), Art. 14 Rn. 51, Stand: 1994 (mittlerweile aufgegeben); W. Erbguth, Zum Gehalt und zur verfassungs- wie europarechtlichen Vereinbarkeit der verwaltungsprozessual ausgerichteten Beschleunigungsgesetzgebung – am Beispiel des Planfeststellungsrechts, UPR 2000, S. 81 (90).

98 BVerfG (Vorprüfungsausschuss), Beschluss vom 6.10.1982 – 2 BvR 304/82, NVwZ 1983, S. 27; Beschluss vom 27.12.1999 – 1 BvR 1746/97, NVwZ 2000, S. 546 (547) m. w. N.; BVerwG, Beschluss vom 12.02.1996 – 4 A 38/95, NVwZ 1997, S. 171 (172); vgl. auch Bonk/ Neumann (Fn. 71), § 73 Rn. 79; Kopp/Ramsauer (Fn. 71), § 73 Rn. 83 m. w. N.; differenzierend Röhl/Ladenburger (Fn. 93), S. 47 ff.

99 EuGH, Urteil vom 14.12.1995 – C-312/93 (Peterbroeck, Van Campenhout & Cie SCS/Belgien), EuZW 1996, S. 636 ff. Rn. 12 ff.

100 EuGH, Urteil vom 27.2.2003 – C-327/00 (Santex SpA/Unità Socio Sanitaria Locale n. 42 di Pavia), EuZW 2003, S. 249 ff. Rn. 49 ff. ; vgl. auch A. Oexle, Einwirkungen des EG-Vorabentscheidungsverfahrens auf das nationale Verfahrensrecht, NVwZ 2002, S. 1328 (1330 ff.).

Schrifttum wird aus diesen Vorgaben zumeist die Zulässigkeit solcher Präklusionsvorschriften gefolgert, die der effektiven Sachermittlung in komplexen Massenverfahren dienen.[101] In den von der Konvention erfassten Bereichen dürfte sie daher bereits nach den allgemeinen Maßstäben grundsätzlich zulässig sein.[102]

Verstärkend tritt jedoch hinzu, dass sowohl Art. 9 Abs. 2 Satz 1 der Århus-Konvention als auch die neugeschaffenen Vorschriften in Art. 10a Abs. 1 Satz 1 der UVP-Richtlinie und Art. 15a Abs. 1 Satz 1 der IVU-Richtlinie die Pflicht zur Schaffung der neuen Klagerechte unter den Vorbehalt "im Rahmen ihrer innerstaatlichen Rechtsvorschriften" stellen;[103] norminterpretierende Aussagen der Vereinten Nationen haben dementsprechend ausdrücklich die Zulässigkeit von Regelungen erwähnt, die der deutschen Präklusion entsprechen.[104] Damit bestehen Spielräume für eine Präklusion der Verbände, auf die sich der Gesetzentwurf in zulässiger Weise stützt, sofern er die Ausschlussfristen angemessen ausgestaltet und dem Effektivitätsgebot Rechnung trägt. Zugleich bilden dieser Vorbehalt sowie die dargestellten konzeptionellen Wahlmöglichkeiten Faktoren, die Zweifel an der schon jetzt diskutierten Möglichkeit einer Direktwirkung der entsprechenden Richtlinienbestimmungen aufwerfen.[105]

VIII. Spielräume im Hinblick auf eine Abschichtung des Rechtsschutzes

Als Weiterentwicklung des bisherigen Präklusionsmodells wurde vorgeschlagen, im Anwendungsbereich der Århus-Konvention durch Änderung des § 44 a VwGO die gerichtliche Überprüfung der Verfahrensrichtigkeit der erfassten Handlungen in gewissem Umfang auf den Zeitraum vor Erlass der das

101 Näher Röhl/Ladenburger (Fn. 93), S. 64 ff.; in der Tendenz auch BVerwG, Urteil vom 23.4.1997 – 11 A 7/97, NVwZ 1998, S. 847 (849 f.); vgl. aber auch die stärkeren Vorbehalte bei Th. von Danwitz, Umweltrechtliche Präklusionsnormen zwischen Verwaltungseffizienz und Rechtsschutzgarantie, UPR 1996, S. 323 (327); Erbguth (Fn. 97), S. 90 m. w. N.

102 Bunge (Fn. 44), S. 146 und S. 148; Epiney (Fn. 18), S. 494; a.A. Louis (Fn. 47), S. 290; Schink (Fn. 27), S. 35; Schlacke (Fn. 25), S. 632.

103 Vgl. dazu M. Schmidt-Preuß, NVwZ 2005, S. 489 (495), sowie bereits in diesem Band Walter, S. 37 f.

104 Vgl. den Implementation Guide der UN (Fn. 30), S. 130.

105 Ohne nähere Diskussion bejaht eine solche Direktwirkung Louis (Fn. 47), S. 291, der das Verbandsklagerechts als "unbedingt" bezeichnet. Näher dazu Durner, ZUR 2005, S. 285 ff.

Verfahren abschließenden Sachentscheidung zu konzentrieren. Für die Fälle, in denen der Klageberechtigte während des laufenden Verwaltungsverfahrens eine effektiven Rechtsschutz ermöglichende Klagemöglichkeit nicht ergriffen hat, wäre demnach die spätere Anfechtung der Sachentscheidung insoweit durch eine Präklusionsregelung einzuschränken.[106]

In der Tat legen nach dem neuen Art. 10a Abs. 2 der UVP-Richtlinie die Mitgliedstaaten autonom fest, in welchem Verfahrensstadium die Entscheidungen, Handlungen oder Unterlassungen angefochten werden können. Damit wäre ein solches Modell grundsätzlich mit den Vorgaben der Konvention vereinbar. Eine substantielle Entlastung der Anfechtung der Sachentscheidung könnte hieraus allerdings wohl nur folgen, wenn man das Verfahren im Vorfeld der Sachentscheidung entsprechend ausgestaltet und beispielsweise den Klageberechtigten nach jedem Verfahrensschritt eine Rechtsmittelbelehrung zustellt und eine angemessene Gelegenheit zur Klage gibt. Letztlich würde ein solches Vorgehen eine umfassende, über das Umweltrecht hinausgehende Lösung im Rahmen der Verwaltungsgerichtsordnung und des allgemeinen Verwaltungsrechts erfordern.[107]

IX. Spielräume im Hinblick auf eine Heilung von Rechtsverstößen

Die gerichtliche Aufhebung eines Hoheitsakts verursacht regelmäßig erhebliche volkswirtschaftliche Schäden, die sich nicht allein auf den Wegfall einer entsprechenden Genehmigung beschränken. Vielmehr wird der zeitliche und finanzielle Aufwand für das Erlassverfahren selbst im Hinblick auf jene Teile des entsprechenden Hoheitsakts entwertet, bei denen der Behörde kein Rechtswidrigkeitsvorwurf zu machen ist. Potentiell sieht diese sich im Rahmen rechtswidriger Genehmigungen zudem Schadensersatzansprüchen des Investors nach § 839 BGB i. V. m. Art. 34 GG ausgesetzt.[108]

---

106 Ziekow (Fn. 17), S. 266 m. w. N., der sich dabei an die die Rechtsprechung zur sog. Partizipationserzwingungsklage zur Durchsetzung des Beteiligungsrechts anerkannter Naturschutzverbände nach § 29 Abs. 1 BNatSchG a.F. anlehnt. Vgl. dazu auch L. Michael, Fordert § 61 Bundesnaturschutzgesetz eine neue Dogmatik der Verbandsklagen?, Verw 37 (2004), S. 35 (46 ff.); J. Ziekow/Th. Siegel, Anerkannte Naturschutzverbände als "Anwälte der Natur", 2000, S. 105 ff.

107 Vgl. einerseits die ablehnende Stellungnahme des Deutschen Anwaltvereins (Fn. 62), 2, andererseits Ziekow (Fn. 17), S. 267.

108 Vgl. zur Amtshaftung für rechtswidrig erteilte Genehmigungen BGH, Urteil vom 16.1.1992 – III ZR 18/90, NJW 1992, S. 1230 f.; Urteil vom 16.1.1997 – III ZR 117/95, NVwZ 1997, S. 714 ff.; H.-J. Papier, Staatshaftung bei rechtswidriger Genehmigungserteilung, DZWir 1997, S. 221 ff.

1. Die Bedeutung von Nachbesserungen im deutschen Recht

Der Gesetzgeber hat auf diese Erkenntnis vor allem in den neunziger Jahren durch eine Reihe gesetzlicher Regelungen reagiert, die insbesondere die Bedeutung des Verfahrensrechts stark – aus rechtspolitischer Sicht vermutlich zu stark[109] – relativiert haben: Nach § 46 VwVfG sind Verfahrens- und Formfehler von vornherein unbeachtlich, wenn offensichtlich ist, dass die Verletzung die Entscheidung in der Sache nicht beeinflusst hat. Gleichzeitig sieht jedoch § 44a VwGO vor, dass isolierte Rechtsbehelfe gegen behördliche Verfahrenshandlungen nur zulässig sind, wenn sie vollstreckt werden können oder gegen einen Nichtbeteiligten ergehen. Beachtliche Verfahrens- und Formfehler können zudem nach § 45 Abs. 2 VwVfG bis zum Abschluss eines verwaltungsgerichtlichen Verfahrens nachgeholt werden.[110] Diese Vorgaben werden in § 75 Abs. 1 a VwVfG für Planfeststellungsverfahren durch die Instrumente des ergänzenden Verfahrens und der Planergänzung flankiert, die auch materiell-rechtliche Nachbesserungen ermöglichen. Für die Bauleitplanung finden sich funktional vergleichbare Vorgaben in § 214 f. BauGB, im Fachplanungsrecht beispielsweise für die straßenrechtliche Planfeststellung in § 17 Abs. 6c S. 1 FStrG oder § 41 Abs. 8 StrWG SH, für Naturschutzgebietsverordnungen in Schleswig-Holstein in § 54a Abs. 2 Nr. 1 LNatSchG SH und für Braunkohlenpläne des Landes Brandenburg in § 2a RegBkPlG. Insgesamt verwirklicht sich in diesen Regelungen der Gedanke einer weitestmöglichen "Planerhaltung",[111] wonach der Gesetzgeber möglichst viele Fälle der Fehlerhaftigkeit eines Staatsakts in den Genuss nachträglicher Heilungsmöglichkeiten kommen lassen will. Freilich bleiben damit zahlreiche Verstöße gegen verfahrensrechtliche Vorgaben unsanktioniert. Die tatsächliche Bedeutung der entsprechenden Regelungen wird dadurch erheblich reduziert, auch wenn der pauschale Vorwurf kaum zutreffen dürfte, die Exekutive bemühe sich nicht um die Beachtung des Verfahrensrechts.

109 Vgl. etwa Erbguth (Fn. 97); H.J. Bonk, 25 Jahre Verwaltungsverfahrensgesetz, NVwZ 2001, S. 636 (641) m. w. N.; sowie die Beiträge in J. Ziekow (Hrsg.), Beschleunigung von Planungs- und Genehmigungsverfahren, 1998; zuletzt ders. (Fn. 17), S. 264.

110 Vgl. zu Bedeutung und Reichweite dieser Vorschriften insgesamt F. Hufen, Fehler im Verwaltungsverfahren, 4. Auflage 2002, Rn. 584 ff.; kritisch Ziekow (Fn. 17), S. 264 f. ("unheilige Allianz").

111 Vgl. etwa G. Gaentzsch, Bemerkungen zur Planerhaltung im Fachplanungsrecht, DVBl. 2000, S. 741 ff. (besonders zur Rechtsprechung); W. Hoppe, Grundfragen des Planungsrechts, 1998, S. 390 ff.; H.A. Wolff, in: Sodan/Ziekow (Fn. 66), § 114 Rn. 280 ff., Stand: Jan. 2003.

2. Der Lösungsansatz des Gesetzentwurfs

Der Gesetzentwurf der Bundesregierung sieht in seinem § 2 Abs. 6 Nr. 1 die Begründetheit der Verbandsklage vor, soweit die angegriffene Entscheidung gegen Rechtsvorschriften verstößt, die dem Umweltschutz dienen. Im Übrigen spricht er die Relevanz von Nachbesserungsregelungen nicht ausdrücklich an, lässt jedoch in § 3 Abs. 1 Satz 3 die Vorschrift des § 45 Abs. 2 VwVfG ausdrücklich unberührt und geht damit von der grundsätzlichen Möglichkeit einer Heilung aus.[112] Der Vorschlag in § 3 Abs. 2 erklärt zudem für Beschlüsse über die Aufstellung, Änderung oder Ergänzung von Bebauungsplänen § 214 BauGB und damit auch das bauplanungsrechtliche ergänzende Verfahren und die Planergänzung für anwendbar. Im Hinblick auf die fachplanungsrechtlichen Nachbesserungsinstrumente findet sich eine vergleichbare Regelung nicht; allerdings dürfte der Gesetzgeber auch insoweit – bereits aus kompetenzrechtlichen Gründen[113] – ihre Anwendbarkeit nicht untersagen wollen. Damit könnten u. a. auch solche Verfahrensverstöße, die sich auf die beiden ersten Säulen der Århus-Konvention beziehen, im Wege der Heilung oder der Planergänzung behoben und damit eine Aufhebung der angefochtenen Verwaltungsentscheidung vermieden werden.[114] Aber auch umweltrelevante Ermittlungsdefizite, etwa bei der Zusammenstellung des naturschutzrechtlichen Abwägungsmaterials,[115] könnten demnach in Planverfahren nachträglich nachgebessert werden. Wie bereits bei der Frage des Prüfungsumfangs[116] ist somit zu beobachten, dass der Gesetzesvorschlag zentrale Weichenstellungen eher beiläufig vornimmt.

3. Die Zulässigkeit von Nachbesserungen

Allerdings stellt sich in diesem Zusammenhang erneut die Frage, ob eine derartige Behandlung von Rechtsverstößen mit den einschlägigen völker- und gemeinschaftsrechtlichen Vorgaben vereinbar ist. Soweit die Frage überhaupt

112 Vgl. auch die Begründung des Gesetzentwurfs (Fn. 13), S. 26 ff.

113 Vgl. zu diesem Gesichtspunkt sogleich nachfolgend unter X. 2, S. 94.

114 Vgl. zur Frage der Anwendbarkeit und Relevanz der Heilungsvorschriften bei der Anwendung der Umweltinformationsrichtlinie M. Sachs, in: Stelkens/Bonk/Sachs (Fn. 71), § 45 Rn. 189 ff. m. w. N.

115 Vgl. zu den entsprechenden Anforderungen BVerwG, Beschluss vom 21.2.1997 – 4 B 177.96, UPR 1997, S. 295; Urteil vom 31.1.2002 – 4 A 15.01, NVwZ 2002, S. 1103 (1110).

116 Vgl. bereits oben unter IV. 4, S. 80 f.

angesprochen wird, besteht im Schrifttum freilich Einigkeit, weder die Konvention noch das Gemeinschaftsrecht forderten, dass die gebotene gerichtliche Überprüfung zu einer Aufhebung der Entscheidung führen muss.[117] Auch die Nachholung einer Verfahrenshandlung, die Ergänzung einer Entscheidung oder die Anordnung der Unvollziehbarkeit können demnach der Effektivität der Klagerechte genügen.[118] Zwar werden aus Sicht der Verbände Klagen in der Regel mit dem Ziel einer Aufhebung der angefochtenen Entscheidung betrieben, so dass eine Heilung von Verfahrensverstößen, eine Planergänzung und ähnliches oft nur als "Teilerfolge" angesehen werden, wenn nicht der Investor die damit verbundene Zeitverzögerung zum Anlass nimmt, von dem Vorhaben Abstand zu nehmen.[119] Aber dieses Anliegen, umweltpolitisch problematische Vorhaben generell zu verhindern, entspricht nicht mehr dem Ziel und Zweck der durch die Konvention begründeten Rechtsbehelfe. Insgesamt dürfte der Vorschlag im Hinblick seine Nachbesserungsmöglichkeiten somit den Vorgaben des Völker- und Europarechts entsprechen.

X. Spielräume im Hinblick auf die Behandlung von Fehlerfolgen

Nach den soeben entwickelten Maßstäben ergeben sich auch im Anwendungsbereich der neuen Klagerechte der Århus-Konvention beträchtliche Spielräume für eine Heilung fehlerhafter umweltrelevanter Rechtsakte. Demgegenüber wird die Regelung des § 46 VwVfG insoweit von den Stimmen, die das Problem ansprechen, für obsolet erklärt.[120] Nach diesem Verständnis erlaubt das Völker- und Gemeinschaftsrecht zwar die nachträgliche Reparatur eines fehlerhaften Staatsaktes, nicht jedoch die Anordnung der Unbeachtlichkeit bestimmter Verstöße.

1. Die verbleibende Bedeutung der Fehlerfolgen neben der Heilung

Dabei ist zunächst zum besseren Verständnis hervorzuheben, dass die Anwendungsbereiche der Vorschriften über die Heilung und über die Unbeacht-

117 Epiney/Sollberger (Fn. 3), S. 328.

118 Bunge (Fn. 44), S. 142; Epiney (Fn. 33), S. 179; Schlacke (Fn. 25), S. 632.

119 M. Rosenbaum, Zur Bewertung der Ergebnisse von Verbandsklagen aus verbandspolitischer und juristischer Sicht, in: Workshopdokumentation (Fn. 76), S. 26 (28 f.).

120 Louis (Fn. 47), S. 290; Schink (Fn. 27), S. 36; Schlacke (Fn. 25), S. 632; Ziekow (Fn. 17), S. 266 f.; im Ergebnis auch Bunge (Fn. 44), S. 146; Ekardt/Pöhlmann (Fn. 42), S. 534.

lichkeit von Verfahrensverstößen keineswegs deckungsgleich sind. Zwar mögen zahlreiche Verfahrensverstöße, die bisher von § 46 VwVfG erfasst wurden und nunmehr als beachtlich gelten, künftig von § 45 erfasst werden. Allerdings sind nicht alle Verfahrensverstöße einer Heilung nach § 45 VwVfG zugänglich. Wird beispielsweise in einem Zulassungsverfahren entgegen den Vorgaben des einschlägigen Datenschutzrechts im Rahmen der Auslegung der Unterlagen das Grunderwerbsverzeichnis in nicht anonymisierter Form ausgelegt, so leidet die Sachentscheidung an einem Verfahrensfehler.[121] Gleichwohl kann die damit verbundene Verletzung der Persönlichkeitsrechte der betroffenen Eigentümer im Nachhinein nicht mehr geheilt werden. Bislang wird ein derartiger Verfahrensfehler für unbeachtlich erklärt und der Betroffene auf den einstweiligen Rechtsschutz gegen die Verfahrenshandlung verwiesen.[122] Nach der skizzierten vorherrschenden Literaturauffassung könnte ein solcher Verfahrensrechtsverstoß im Anwendungsbereich der Århus-Konvention künftig wohl nur durch eine Aufhebung der Sachentscheidung sanktioniert werden.

2. Der Lösungsansatz des Gesetzentwurfs

Diese Sicht scheint zunächst auch der Gesetzentwurf der Bundesregierung aufzugreifen, wenn er in seinem § 3 Abs. 2 Satz 3 die Vorschrift des § 45 Abs. 2 VwVfG für unberührt erklärt, § 46 jedoch nicht erwähnt. Die Gesetzesbegründung geht allerdings in anderen als den in § 3 geregelten Fällen von der Anwendbarkeit des § 46 VwVfG aus,[123] was sich auch bereits aus dem Charakter der Vorschrift als einer Ausnahme von § 46 VwVfG ergibt. Auch der vorgeschlagene § 3 selbst unterscheidet in seinem Absatz 1 Satz 1 im Hinblick auf das Umweltverfahrensrecht beachtliche und unbeachtliche Verfahrensvorschriften, von denen lediglich die Verletzung der erstgenannten die Aufhebung einer Genehmigungsentscheidung rechtfertigen kann. Zudem werden § 214 und § 215 BauGB für anwendbar erklärt. Damit unterstellt der Gesetzentwurf ohne weiteres, dass – entgegen der Sicht der Literatur – zumin-

121 Näher W. Durner, Datenschutz in der Raumplanung, in: Ziekow (Hrsg.), Beschränkung des Flughafenbetriebs – Planfeststellungsverfahren – Raumordnungsrecht, 2004, S. 217 (242 ff.) m. w. N.

122 Durner (Fn. 121), S. 257 f. m. w. N.

123 Begründung des Gesetzentwurfs (Fn. 13), S. 27.

124 Vgl. die Begründung des Gesetzentwurfs (Fn. 13), S. 26 ff., und die zustimmende Ausführungen in der Stellungnahme des Deutschen Anwaltvereins (Fn. 62), S. 3.

dest bei bestimmten Verfahrensvorschriften die Anordnung einer Unbeachtlichkeit möglich ist.[124] Er regelt den gesamten Komplex der Verfahrensrechtmäßigkeit der angegriffenen Rechtsakte aber nur punktuell und bedarf der Ergänzung durch bestehende oder noch zu schaffende Normen des allgemeinen Verwaltungsrechts.[125]

Unabhängig von der Frage der Richtigkeit dieses Lösungsansatzes gibt der vorgeschlagene § 3 bereits aus kompetenzrechtlichen Gründen Anlass zu Kritik: Die dort normierte Fehlerfolgenlehre bezieht sich auf die Begründetheit der Klage und stellt damit – in erklärter Abweichung von § 46 VwVfG, also einer verwaltungsverfahrensrechtlichen Norm – Vorgaben für die Rechtmäßigkeit der angegriffenen Handlungen oder Unterlassungen auf. Solche Rechtsfolgen lassen sich jedoch auf Grundlage der Kompetenz für das "gerichtliche Verfahren" in Art. 74 Abs. 1 Nr. 1 GG, auf die allein sich die Bundesregierung beruft,[126] nicht normieren.[127] Der vorgeschlagene § 3 könnte zwar teilweise auf entsprechende Sachkompetenzen des Bundes im Umweltbereich gestützt werden, keinesfalls ist jedoch der Bundesgesetzgeber befugt, verwaltungsverfahrensrechtliche Bestimmungen hinsichtlich des Vollzugs von Ländergesetzen zu treffen.[128] Damit kann die Fehlerfolgenlehre des § 3 jedenfalls nicht – wie in § 3 Abs. 1 Nr. 2 lit. b vorgesehen – auf "die entsprechenden landesrechtlichen Vorschriften" und damit Kompetenzbereiche der Länder erstreckt werden. Eine reine Bundesumsetzung der Århus-Konvention scheidet damit an dieser Stelle aus.

3. Die Zulässigkeit von partiellen Unbeachtlichkeitsregeln

Im Hinblick auf die völker- und gemeinschaftsrechtliche Zulässigkeit von Unbeachtlichkeitsregeln ist festzustellen, dass zwar die Århus-Konvention einerseits eine Überprüfung der formellen und Rechtmäßigkeit der angegriffenen Rechtsakte zwingend vorschreibt, andererseits jedoch keinerlei Vorgaben enthält, die diese Überprüfung mit bestimmten Rechtsfolgen verknüpfen oder einer Unbeachtlichkeit ausdrücklich entgegenstehen. Auch im Anwen-

125 Näher dazu in diesem Band Ziekow, S. 56ff.

126 Gesetzentwurf (Fn. 13), S. 13.

127 Vgl. W.-R. Schenke, "Reform" ohne Ende – Das Sechste Gesetz zur Änderung der Verwaltungsgerichtsordnung und anderer Gesetze (6. VwGOÄndG), NJW 1997, S. 81 (88) m. w. N.; Kopp/Schenke (Fn. 63), § 47 Rn. 83; anders demgegenüber die Begründung des Gesetzentwurfs (Fn. 13), S. 13.

128 Vgl. nur Kopp/Ramsauer (Fn. 71), § 1 Rn. 15 f.; P. Stelkens/H. Schmitz, in: Stelkens/Bonk/Sachs (Fn. 71), § 1 Rn. 22 ff., jeweils m. w. N.

dungsbereich des Gemeinschaftsrechts wird die Anwendbarkeit des § 46 VwVfG bereits nach allgemeinen Maßstäben von der herrschenden Sichtweise jedenfalls nicht pauschal verneint.[129] Zudem steht die Schaffung der neuen Klagerechte gemäß Art. 9 Abs. 2 Satz 1 der Århus-Konvention, Art. 10a Abs. 1 Satz 1 der UVP-Richtlinie und Art. 15a Abs. 1 Satz 1 der IVU-Richtlinie generell unter dem besonderen Vorbehalt des Rahmens der innerstaatlichen Rechtsvorschriften.[130] Im Hinblick auf den entsprechenden Prüfungsumfang setzt die Konvention ohnehin lediglich die im Rahmen der zweiten Säule vorgeschriebenen Verfahrensrechte voraus; steht es dem nationalen Gesetzgeber jedoch darüber hinaus frei, überhaupt Verfahrensrechte vorzusehen, so muss er auch deren Beachtlichkeit differenziert ausgestalten können. Dieselbe Erwägung wird auch im Hinblick auf die Beachtlichkeit von Verstößen gegen das materielle Umweltrecht greifen. Berücksichtigt man schließlich, dass auch im Anwendungsbereich des § 46 VwVfG eine vollumfängliche Überprüfung der verfahrensrechtlichen Rechtmäßigkeit stattfindet und lediglich die Rechtsfolgen von Verfahrensverstößen in bestimmten Fallgruppen relativiert werden, so kann die These von der vollständigen Unanwendbarkeit des § 46 VwVfG in dieser Allgemeinheit nicht überzeugen. Der nach Art. 9 Abs. 4 der Århus-Konvention bei der Ausgestaltung der Klagerechte zu beachtende Effektivitätsgedanke gebietet zwar einen substantiellen Rechtsschutz; aus dieser Perspektive wird jedoch auch im Hinblick auf den europarechtlich vorgegebenen Bestand schwerlich mehr als die Unbeachtlichkeit wesentlicher Verfahrensvorschriften[131] verboten sein, die für den Schutz der Umwelt von Bedeutung sind und sich im Ergebnis niederschlagen.

Daher werden Verfahrensverstöße von eher untergeordneter Bedeutung, beispielsweise die Verletzung der Verfahrensrechte Drittbetroffener, weiterhin unbeachtlich bleiben können. Die gesetzgeberische Ausgestaltung der diesbezüglichen Spielräume steht ersichtlich in einem engen Zusammenhang mit der Frage des Prüfungsumfangs. Aber auch wenn der gerichtliche Prü-

---

129 Vgl. etwa BVerwG, Urteil vom 25.1.1996 – 4 C 5/95, NVwZ 1996, S. 788 (792); im Schrifttum vertiefend zu der Frage R. Rudisile, in: F. Schoch/E. Schmidt-Aßmann/R. Pietzner (Hrsg.), VwGO, Kommentar, § 94 Rn. 78 ff., Stand: Januar 2001; M. Sachs, in: Stelkens/Bonk/Sachs (Fn. 71), § 45 Rn. 176 ff., 185 ff.; enger Classen (Fn. 4), S. 2459; vgl. auch G. Sydow, Europäisierte Verwaltungsverfahren JuS 2005, S. 97 (100 f.), und R. Wahl, Das Verhältnis von Verwaltungsverfahren und Verwaltungsprozeßrecht in europäischer Sicht, DVBl. 2003, S. 1285 (1291 ff.).

130 Vgl. dazu bereits oben unter VII, S. 88.

131 Vgl. zu dem im Eigenverwaltungsrecht der Gemeinschaft nach Art. 230 EGV maßgeblichen Merkmal des "wesentlichen" Verfahrensverstoßes und seiner Vorbildhaftigkeit für den Vollzug der Mitgliedstaaten Wahl (Fn. 129), S. 1292 f. m. w. N.

fungsmaßstab wie vorgesehen auf umweltrechtliche Vorgaben begrenzt wird,[132] verbleiben umweltbezogene Verfahrensrechte mit Drittbezug – etwa die Anhörung Schallbetroffener –, bei denen zweifelhaft ist, ob sie im Rahmen der Klage eines hiervon nicht berührten Mitglieds der betroffenen Öffentlichkeit relevant sein sollten. Eine Unbeachtlichkeit derartiger Verfahrensverstöße für Kläger, die von dem Verstoß rechtlich nicht betroffen sind, sollte nach den skizzierten Maßstäben mit den völker- und gemeinschaftsrechtlichen Vorgaben vereinbar sein. Insgesamt bestehen damit auch im Hinblick auf die Behandlung von Fehlerfolgen entgegen der Aussagen im Schrifttum gesetzgeberische Ausgestaltungsmöglichkeiten, die differenzierte Lösungen ermöglichen.

XI. Spielräume im Hinblick auf das materielle Recht

Schließlich muss die Einführung einer umfassenden Umweltverbandsklage im Bewusstsein erfolgen, dass gesetzgeberische Spielräume auch im Hinblick auf das materielle Recht bestehen, soweit dieses nicht völker- oder gemeinschaftsrechtlich determiniert ist. Der von der Gemeinschaft ausgehende Änderungsdruck führt wohl unausweichlich zu einer langfristigen Gewichtsverschiebung zu Gunsten des prozeduralen und zu Lasten des materiellen Umweltschutzes.[133] Zwar sollten im Rahmen der Umsetzung der Århus-Konvention keine Umweltschutzstandards abgebaut werden. In einzelnen Punkten könnten gleichwohl Restriktionen, die bislang verfahrensrechtlich ausgestaltet sind, ohne nennenswerten Verlust für die Umwelt in das materielle Recht übertragen werden. Wenn beispielsweise die – zweifelhafte – Auffassung zutreffen sollte, dass die Beschränkung der Aufhebung von Planungsentscheidungen auf offensichtliche und ergebnisrelevante Abwägungsfehler mit dem Gemeinschaftsrecht unvereinbar ist,[134] dann stünde es dem Gesetzgeber grundsätzlich frei, das materiell-rechtliche Prüfprogramm des – gemeinschaftsrechtlich nicht vorgegebenen – Abwägungsgebots auf diesen Maßstab zu begrenzen.

---

132 Vgl. bereits die Darstellung oben unter IV. 4. und 5, S. 80ff.

133 Vgl. dazu in diesem Band Walter, S. 14f.

134 Bunge (Fn. 44), S. 146.

XII. Zusammenfassung und Ausblick

Damit können die Ergebnisse dieser Untersuchung wie folgt zusammengefasst werden:

1. Aufgrund der hohen Kontrolldichte im deutschen Verwaltungsprozess und der Stringenz der umweltrechtlichen Vorgaben werden die durch die Århus-Konvention begründeten Klagerechte in Deutschland weiter reichende Auswirkungen haben als in anderen Mitgliedstaaten.
2. Da diese Klagerechte zudem einem allgemeinen, nicht auf das Umweltrecht beschränkten rechtlichen Trend entsprechen, sollten die bestehenden gesetzgeberischen Spielräume bei der Umsetzung bewusst wahrgenommen und die durch die Konvention vermittelten konzeptionellen Impulse sorgfältig und ergebnisoffen geprüft werden.
3. Ausgestaltungsmöglichkeiten eröffnet die Århus-Konvention bereits im Hinblick auf den Anwendungsbereich der in ihr vorgesehenen Klagerechte. Die insoweit durch das Völkerrecht gewährten Spielräume hat freilich bereits der Gemeinschaftsgesetzgeber weitgehend in Anspruch genommen.
4. Die Århus-Konvention sieht zwingend eine Schaffung von Klagerechten der Verbände vor, ohne die Reichweite dieser Klagerechte näher zu umschreiben. Daher ist die Frage nach den gesetzgeberischen Spielräumen hinsichtlich des Prüfungsumfangs für die Umsetzung und deren Auswirkungen von besonderer Bedeutung.
5. Die Århus-Konvention und das korrespondierende Richtlinienrecht gebieten keine vollständige Überprüfung der von den vorgesehenen Klagerechten erfassten Rechtsakte. Daher ist eine thematische Einschränkung des gerichtlichen Prüfungsumfangs jedenfalls auf den Bereich des Umweltrechts zulässig. Vieles spricht für den Ansatz des Gesetzentwurfs, im Interesse der Erhaltung eines hohen Niveaus der gerichtlichen Überprüfung von dieser Option Gebrauch zu machen.
6. Demgegenüber stoßen die Optionen einer Verankerung unterschiedlicher Maßstäbe im Hinblick auf die richterliche Kontrolldichte oder einer Begrenzung des Instanzenzugs auf grundsätzliche Einwände und sollten allenfalls punktuell erwogen werden.
7. Gesetzgeberische Spielräume bestehen auch im Hinblick auf eine Präklusion der klagenden Verbände, sofern die Ausschlussfristen angemessen ausgestaltet werden und dem Effektivitätsgebot entsprechen.

8. Entsprechendes gilt für den Vorschlag einer Abschichtung des Rechtsschutzes, wonach die gerichtliche Überprüfung der Verfahrensrichtigkeit in gewissem Umfang auf den Zeitraum vor Erlass der abschließenden Sachentscheidung konzentriert werden könnte. Allerdings würde ein solches Vorgehen eine über das Umweltrecht hinausgehende Lösung im Rahmen der Verwaltungsgerichtsordnung voraussetzen.
9. Die Århus-Konvention und das korrespondierende Richtlinienrecht fordern nicht, dass die gerichtliche Überprüfung zu einer Aufhebung der angegriffenen Entscheidung führen muss. Vielmehr genügen grundsätzlich auch eine Heilung, eine Ergänzung der Verwaltungsentscheidung oder ein ergänzendes Verfahren den Anforderungen der Konvention. Damit bestehen auch im Hinblick auf Nachbesserungen erhebliche gesetzgeberische Gestaltungsspielräume.
10. Die Unbeachtlichkeitsregelung des § 46 VwVfG wird im Anwendungsbereich der neuen Klagerechte vielfach für obsolet erklärt. Überzeugender erscheint jedoch die auch dem Regierungsentwurf zugrunde liegende Sicht, wonach die Århus-Konvention und das korrespondierende Richtlinienrecht lediglich der Unbeachtlichkeit wesentlicher umweltrelevanter Verfahrensvorschriften entgegenstehen. Gesetzgeberische Gestaltungsspielräume bestehen insoweit beispielsweise auch im Hinblick auf Verfahrensrechte mit Drittbezug. Für die vorgeschlagene Fehlerfolgenregelung fehlt es dem Bund jedoch im Hinblick auf das Landesverwaltungsverfahrensrecht an einer Gesetzgebungskompetenz.

Deutlich geworden ist in diesem Beitrag auch, dass der Entwurfs eines Umwelt-Rechtsbehelfsgesetzes, ohne dies immer ganz deutlich zu machen, eine ganze Reihe durchaus strittiger gesetzgeberischer Spielräume in Anspruch nimmt. Das Ziel einer optimalen Umsetzung der Århus-Konvention kann freilich nur erreicht werden, wenn sich der Gesetzgeber die skizzierten gestalterischen Spielräume bewusst macht, die bestehenden Optionen tatsächlich in Erwägung zieht, diese ausgewogen und auf Grundlage eines stimmigen und kompetenzrechtlich tragfähigen rechtspolitischen Konzepts einsetzt und nachvollziehbar begründet. Dabei ist auch unausweichlich, dass der Gesetzgeber klare Positionen zu den insoweit vertretenen und teilweise stark divergierenden Rechtsauffassungen bezieht. Würde man dabei auf die verbandsklagefreundlichsten Interpretationen der Århus-Konvention abstellen, so müssten künftig die Genehmigungsentscheidungen umweltrelevanter Großvorhaben auch bei Verstößen gegen eher unbedeutende Verfahrensvorgaben ausnahmslos aufgehoben werden. Eine systematische Analyse der Konvention und des Richtlinienrechts belegt allerdings differenziertere Gestaltungsspielräume des nationalen Gesetzgebers. Insoweit rechtspolitische Präferenzen oder konkrete Vorschläge zu entwickeln, ist nicht das Anliegen dieses Beitrags. Eine transparente und rationale Diskussion setzt jedoch auch in diesem Bereich voraus, zwingende rechtliche Vorgaben, systematische Erfordernisse und inhaltlich-rechtspolitische Forderungen klar zu unterscheiden.

Angesichts der allzu langen Verzögerung des Gesetzgebungsvorhabens und der drängenden Umsetzungsfristen besteht allerdings mittlerweile die Gefahr, dass den Anforderungen einer optimalen Gesetzgebung kaum mehr gerecht geworden werden kann. Vertreter der Umweltverbände haben zu Recht kritisiert, dass die Bundesrepublik die erforderlichen Überlegungen zu lange zurückgestellt hat.[135] Dem rechtspolitischen Leitbild der Århus-Konvention würde es entsprechen, die gesetzgeberischen Spielräume objektiv zu ermitteln, ergebnisoffen zu prüfen und zu einem Zeitpunkt in die rechtspolitische Diskussion einzubringen, zu dem "noch alle Optionen offen sind".[136] Diesen Zeitpunkt sollte man nicht verstreichen lassen.

135 Zschiesche/Rosenbaum (Fn. 31), S. 1; vgl. auch Louis (Fn. 47), S. 297 und S. 291.

136 Vgl. den Titel der Arbeit von Fisahn (Fn. 15)

Michael Zschiesche[1]

Impulsstatement aus der Sicht der Zivilgesellschaft

Einleitung

Die Århus-Konvention fußt auf Ideen und Konzepten, die in den 70er und 80er Jahren die Umweltbewegung der Bundesrepublik Deutschland forderte und vertrat. Man kann sogar sagen, nach den Umwegen dieser offensichtlich attraktiven Ideen, die in Deutschland seit den 90er Jahren von der Politik stiefmütterlich behandelt wurden (Stichwort Beschleunigungsgesetze), über Osteuropa und Brüssel, sind sie wieder in der Bundesrepublik Deutschland angekommen. Die lange Reise hat den Ideen und Konzepten gut getan. Sie haben deutlich inhaltlich zulegen können, was der Zivilgesellschaft im Umweltschutz den rechtlichen Stellenwert verleiht, den sie real in der Gesellschaft der Bundesrepublik bereits besitzt. Anhand von Thesen sollen im Weiteren wesentliche Aspekte der Århus-Konvention aus der Sicht zivilgesellschaftlicher Akteure vorgestellt werden:

Die Bundesrepublik Deutschland anerkennt mit der Århus-Konvention, dass ohne die Zivilgesellschaft Umweltschutz dauerhaft nicht zu sichern und erfolgreich zu entwickeln ist.

Das Vollzugsdefizit im Umweltschutz wird in der Umweltwissenschaft, der Rechtswissenschaft und von Praktikern des Umweltschutzes als Dauererscheinung in Deutschland immer wieder problematisiert.[2] Dabei steht die Bundesrepublik Deutschland wahrscheinlich im europäischen Vergleich, und insbesondere im weltweiten Vergleich, noch sehr gut da. Denn die Rechtssubjekte (Unternehmen, Bürger etc.) weisen eine vergleichsweise hohe, deshalb manchmal im Ausland auch gering geschätzte oder gar belächelte Rechtstreue auf. Aber es darf nicht darüber hinweggesehen werden, dass einerseits Aufgabenvielfalt und andererseits die personelle Ausstattung, zum Teil auch der aufwändige Instrumentenansatz selbst, es den Behörden erschweren, den Vollzug auf hohem Niveau auch künftig annähernd sicher zu stellen. Kontroll-

1 Fachgebiet Umweltrecht & Bürgerbeteiligung, Unabhängiges Institut für Umweltfragen e.V., Berlin.

2 U.a. H.D. Jarass, Europäisierung des Planungsrechts, DVBl. 2000, S. 945–952; I. Pernice, Gestaltung und Vollzug des Umweltrechts im europäischen Binnenmarkt – Europäische Impulse und Zwänge für das deutsche Umweltrecht, NVwZ 1990, S. 414–426.

und Überwachungsaufgaben werden teilweise zugunsten vieler vordergründiger Tagesfragen vernachlässigt. Insofern überrascht es nicht, dass mit der Umsetzung der Århus-Konvention die EU-Kommission die Zivilgesellschaft in den Vollzug des Umweltrechts in Zukunft stärker einbezieht. Ob die EU-Kommission die Rolle der zivilgesellschaftlichen Organisationen dabei überschätzt, bleibt abzuwarten. In jedem Fall werden durch die stärkere Einbeziehung der Zivilgesellschaft die demokratischen Potentiale der Gesellschaft aktiviert und Transparenz und Offenheit erhöht.

Die Århus-Konvention hilft, die bestehende Asymmetrie zu beseitigen, die es bei Rechtsverletzungen im Umweltrecht derzeit gibt.

Der Rat von Sachverständigen für Umweltfragen hat im März 2005 in seinem Plädoyer und im veröffentlichten Kurzgutachten zur Einführung einer Verbandsklage im Umweltschutz noch einmal hervorgehoben, dass in Deutschland gegenwärtig viele Rechtsverletzungen im Umweltschutz nur unzureichend gerichtlich sanktionierbar sind.[3] Es herrscht eine Asymmetrie, die zudem bei einem merklich nachlassendem Umweltbewusstsein in der Gesellschaft die Umweltbehörden überfordert und die die sonstigen Akteure der Zivilgesellschaft zu bloßen Mahnern und Statistikern derartiger Fälle zu reduzieren droht. Insofern ist die deutliche Ausweitung der Verbandsklage die einzige Möglichkeit, diese Asymmetrie beseitigen zu helfen. Und zwar nicht nur in den derzeit im Gesetzgebungsprozess befindlichen umweltrechtlichen Zulassungsverfahren, sondern darüber hinaus, wie das Art. 9 Abs. 3 der Århus-Konvention auch vorsieht, bei allen durch Handlungen und Unterlassungen begangenen Rechtsverstößen im Umweltschutz.

Im westeuropäischen Vergleich wird zudem deutlich, dass die Bundesrepublik Deutschland für die heute praktizierte Verbandsklage im Naturschutzrecht die engsten Sanktionsmöglichkeiten aufweist, ein Befund, der sicher nicht nur aus rechtssystematischen Erwägungen zu begründen ist.[4] Hier ist es wünschenswert, dass der bundesdeutsche Gesetzgeber auch ohne die derzeit in Brüssel ins Stocken geratene Umsetzung der 3. Säule von Århus eigenständig weitere Schritte unternimmt, um grobe Rechtsverstöße gegen Umweltrecht sanktionsfähig zu machen.

---

3 Siehe SRU, Rechtsschutz für die Umwelt – die altruistische Verbandsklage ist unverzichtbar, Febr. 2005.

4 Siehe M. Dross, Die Access-Studie, Konsequenzen für den Richtlinienvorschlag zu Klagerechten in Umweltangelegenheiten, ZUR 2004, S. 152–156.

Umweltverbände gehen im allgemeinen sehr verantwortungsvoll mit dem Instrument der Verbandsklage um.
Es gibt, obwohl die Verbandsklage im Naturschutzrecht nunmehr seit 2002 in allen Bundesländern in Deutschland möglich ist, keine Klagewut anerkannter Naturschutzverbände. Jährlich werden zwischen 30 und 40 Klagen durch anerkannte Verbände eingelegt.[5] Man kann daher mit wissenschaftlicher Empirie belegen, dass die Umweltverbände sehr verantwortungsvoll und gezielt von der Möglichkeit, Verbandsklagen einzulegen, Gebrauch machen. Rein umweltpolitisch motivierte Klagen oder Klagen, die nur zum untergeordneten Teil Rechtsverstöße zum Gegenstand haben, sind selten.[6] In den überwiegenden Fällen kann man schlussfolgern, dass anerkannte Naturschutzverbände sehr genau sondieren, ob sie das Verfahren gewinnen können und ob die Rechtsverletzung überhaupt justiziabel ist. Denn die anerkannten Naturschutzverbände sind derzeit beschränkt darauf, eng auf das Naturschutzrecht begrenzte Rechtsverletzungen rügen zu können, Spielräume beispielsweise aus der Formel, wonach Rechtsverstöße, die "auch den Belangen des Naturschutzes zu dienen bestimmt sind", justiziabel zu machen sind, werden restriktiv durch die Gerichte ausgelegt.[7]

Von den etwa 130 anerkannten Verbänden in Deutschland[8] sind die meisten zudem noch nie mit Klagen vor Gericht in Erscheinung getreten. Dies hat Gründe: Zum einen ist die Anerkennungspraxis in Bund und Ländern so ausgestaltet, dass in der Regel neben den in der Öffentlichkeit besonders engagierten Verbänden wie dem Naturschutzbund Deutschlands (Nabu) und dem Bund für Umwelt und Naturschutz (BUND) auch Verbände mit deutlichen Partikularinteressen anerkannt sind, wie die Sportfischer, die Jäger oder die Waldbesitzer. Das ist umweltpolitisch so gewollt und wird auch unter der rotgrünen Regierung weiter ausgebaut. So werden Sportverbände, die auch Umweltschutz zu Ihren Satzungsaufgaben zählen, durch das neue Bundesnaturschutzgesetz aus dem Jahre 2002 ermuntert, sich stärker als bisher umweltverbandlich zu engagieren. Aus der Anerkennungspraxis in Bund und Ländern ist aber bereits ableitbar, dass nur wenige anerkannte Verbände einen umfassenden und vor allem auch altruistischen Bezug zum Natur- oder zum

5 Siehe A. Schmid/M. Zschiesche/M. Rosenbaum, Die naturschutzrechtliche Verbandsklage in Deutschland. Praxis und Perspektiven. Berlin 2004 S. 32 ff.

6 Siehe hierzu Schmidt, a. a. O. S. 136 ff.

7 Siehe hierzu Schmidt, a. a. O. S. 76 ff.

8 Siehe hierzu Schmidt, a. a. O. Tabelle S. 39.

Umweltschutz in der Stellungnahmepraxis ausüben. Einige der großen Umweltverbände Deutschlands, die in der Öffentlichkeit bekannt sind, wie Greenpeace, der WWF oder Robin Wood, streben zudem keine Anerkennung an bzw. können sie auch nicht erwerben, weil Ihre Satzungen in Kollision mit bestimmten Gesetzeskriterien stehen und auch künftig stehen werden.

Neben diesen rein faktisch-formalen Gründen gibt es weitere praktische Gründe, warum Umweltverbände sehr verantwortungsvoll Klagen führen müssen. Die Umweltverbände haben weder die finanziellen noch die personellen und organisatorischen Ressourcen, um sich gleichzeitig in mehreren. langwierigen Gerichtsverfahren zu verausgaben. In den Umweltverbänden besteht sogar nicht selten auch eine deutliche Skepsis gegen das Beschreiten gerichtlicher Wege. Nur so ist erklärbar, dass einige Landesverbände des BUND bzw. des Nabu kaum gerichtlich aktiv werden. Es kommt aber noch ein anderer Grund hinzu. Ein Gerichtsverfahren transportiert nämlich, das kann gar nicht anders sein, die eigentlichen häufig sehr relevanten praktischen Fragen des Naturschutzes in ein rechtlich-justiziables Korsett. Für Praktiker des Naturschutzes gehen meistens die eigentlich im Zentrum der Kritik stehenden Fragen verloren.

Die mit der Umsetzung verbundene Aufwertung der Umweltverbände schafft die Voraussetzung, dass sich in Deutschland auf der Grundlage ebenbürtiger Partner eine neue, eher informelle und auf Verhandlungen orientierte Kultur zwischen den Interessengruppen entwickeln kann.

Die Århus-Konvention verfügt über keinen Beteiligungsansatz, der konzeptionell über den Ansätzen der 80er Jahre läge. Es gibt wenig wirklich innovative Elemente, die aus der tendenziell unterstellten Konfrontationslogik ausscheren. Wir könnten in Deutschland wesentlich souveräner und unaufgeregter agieren und sukzessive die ritualisierten Reflexe sich blockierender Interessenkonflikte im Umweltschutz – neuere Stichworte Flughafenausbauvorhaben Frankfurt/Main oder Berlin Schönefeld bzw. der Bau von Müllverbrennungsanlagen – verlassen, wenn die Zivilgesellschaft das Maß der Rechte, die im Zuge von Århus nun umgesetzt werden müssen, bereits besäße. Nur aus der Position der respektierten Stärke kann sich auch in Deutschland nach und nach eine neue Kultur frei agierender und mündiger Verhandlungspartner entwickeln und damit den Weg ebnen, beispielsweise für den häufigeren Einsatz von Mediationsverfahren, für gerichtliche und außergerichtliche Vergleiche, die ja prinzipiell methodisch und instrumentell seit längerem angelegt sind, die aber derzeit kaum inhaltlich produktiv eingesetzt werden können.

Gerade in der Verschiebung dieser Machtbalance hin zu den Organisationen der Zivilgesellschaft und den damit verbundenen neuen Möglichkeiten könnte für die Bundesrepublik Deutschland mit ihrer teilweise immer noch rückständigen Kultur im Verhältnis Bürger und Staat die größte Lernchance im Zuge der Umsetzung der Århus-Konvention liegen. Das würde in der Folge Gerichte entlasten. Und der Umwelt dienen, weil diese Lösungen potentiell der Sache des Einzelfalls im Umweltschutz gerechter werden können.

Jürgen Fluck[1]

Impulsstatement aus Sicht der Wirtschaft

Die Interessen der Wirtschaft sind hinsichtlich der Einführung eines Verbandsklagerechts offensichtlich: Verbandsklagen werden als Instrumente zur Verhinderung oder Verzögerung von Vorhaben gesehen. Sie werden deshalb abgelehnt, ihre europarechtlich gebotene Einführung sollte möglichst restriktiv erfolgen. Entsprechendes gilt für die Frage der Heilbarkeit von Verfahrensfehlern. Eine großzügigere Heilbarkeit erleichtert es, bereits getroffene Entscheidungen aufrecht zu erhalten und ist deshalb eher im Interesse der Wirtschaft.

Wenn ich den Vergleich ziehe mit einer anderen Säule der Århus-Konvention, dem Zugang zu Umweltinformationen, dann fällt mir die Diskussion vor Einführung des UIG ein. Herr Kloepfer, wir haben 1992 darüber in Trier diskutiert,[2] und es bestanden aus Sicht der Industrie vorrangig die Bedenken, Betriebs- und Geschäftsgeheimnisse der Unternehmen seien gefährdet. Zwischenzeitlich hat sich ergeben, dass die Verwaltungsbehörden die meisten Probleme mit dem Informationszugang haben.

Es ist allerdings zweifelhaft, ob sich diese Erfahrungen übertragen lassen auf die Einführung bzw. Ausdehnung eines Verbandsklagerechts. Hier geht es um die mögliche Verhinderung oder Verzögerung von Vorhaben und nicht lediglich um Informationen. Zudem wird es Unterschiede je nach betroffenem Vorhaben geben. Neue Anlagen innerhalb alter Chemiestandorte haben ein geringeres Akzeptanzproblem als neue Vorhaben auf der grünen Wiese.

Wenn immer wieder darauf verwiesen wird, dass in den Rechtsordnungen anderer EG-Mitgliedstaaten ein Klagerecht von Verbänden schon lange existiere und offensichtlich auch Unternehmen damit leben könnten, so ist dies sicher zutreffend. Auch wir merken bei der Diskussion mit unseren europäischen Kollegen, z. B. aus Unternehmen, die ihren Hauptsitz in Frankreich haben, dass sie kein Verständnis für unsere Befürchtungen gegenüber einem erweiterten Verbandsklagerecht haben. Aber das ist wie mit deutschem und französischem Wein. Es gibt da immer noch Unterschiede, der Anbau gleicher Reben alleine genügt nicht, um die gleiche Qualität zu erreichen.

---

1 Rechtsanwalt Dr. Jürgen Fluck ist Justitiar der BASF Aktiengesellschaft, Ludwigshafen.

2 Vgl. R. Breuer/M. Kloepfer/P. Marburger/M. Schröder, Freier Zugang zu Informationen über die Umwelt, Umwelt- und Technikrecht Band 22, 1993 mit Beiträgen von Fluck, Lemp und Meyer-Rutz.

Es geht der deutschen Wirtschaft darum, dass Wettbewerbsbedingungen in Europa, aber auch darüber hinaus, durch das Umweltrecht nicht verschlechtert werden. Deshalb sollte man berücksichtigen, dass die meisten nationalen Verwaltungsprozessordnungen in Europa die Zugangschranke zu Gericht niedriger setzen, was meist auch mit einer geringeren Erfolgaussicht verbunden ist, da die Kontrolldichte der Gerichte geringer und dementsprechend der Spielraum der Verwaltung größer ist. Wollen oder müssen wir also in Deutschland die Zugangsschranke niedriger setzen, sollten wir auch die Kontrolldichte oder jedenfalls den Umfang der zu prüfenden Rechtsnormen einschränken.

Die chemische Industrie hat sich deshalb dafür ausgesprochen, die gerichtliche Prüfung ausdrücklich darauf zu beschränken, was der Verband im Widerspruchsverfahren bzw. in seiner ersten Klageschrift hinreichend konkret vorgetragen hat. Die bereits vorgesehene Präklusion greift ja nur in Verfahren, denen tatsächlich eine Öffentlichkeitsbeteiligung voraus ging. Viele Änderungsgenehmigungsverfahren für immissionsschutzrechtliche Anlagen der Spalte 1 der 4. BImSchV ergehen aber ohne Öffentlichkeitsbeteiligung.

Andere Rechtsordnungen sehen auch, anders als das deutsche Verwaltungsprozessrecht, nicht vor, das Widerspruch und Anfechtungsklage aufschiebende Wirkung haben. Deshalb sollte sie auch nicht mit Verbands-Widerspruch oder Verbandsklage als Regel verbunden sein. Die aufschiebende Wirkung als Element effektiven Rechtsschutzes knüpft wohl eher an das deutsche Prinzip subjektiver Rechtsschutzgewährleistung an, von dem wir uns bei der Verbandsklage frei machen müssen.

Ein wichtiger Punkt zuletzt:

Vorsorgeanforderungen sind im deutschen Recht bisher nicht einklagbar. Sie würden es durch eine unbeschränkte Verbandsklage. Andere Rechtsordnungen kennen das Problem weit weniger, weil viele Vorsorgeregelungen, wenn sie denn überhaupt in nationalen Regelungen vorgesehen sind, im Beurteilungs- und Ermessensspielraum der Behörden bleiben, z.B. die sog. BREFs (Best Available Technique Reference Documents) im Immissionsschutzrecht. Wir haben deshalb gefordert, dass Umweltverbände nur die Verletzung solcher Normen erfolgreich geltend machen können sollen, die im Falle der Klage eines einzelnen Bürgers ein subjektiv öffentliches Recht darstellen. Man kann dies als eine Frage der Begründetheit der Klage ansehen, deren Ausgestaltung den Mitgliedstaaten obliegt.

Andreas Geiger[1]

Impulsstatement aus Sicht der Anwaltschaft

I. Die Richtlinie 2003/35/EG des Europäische Parlamentes und des Rates vom 26. Mai 2003 über die Beteiligung der Öffentlichkeit bei der Ausarbeitung bestimmter Pläne und Programme und zur Änderung der Richtlinien 85/337/EWG und 96/61/EG des Rates in Bezug auf die Öffentlichkeitsbeteiligung und den Zugang zu Gerichten ist bis zum 25. Juni 2005 in nationales Recht umzusetzen. Hierzu hat das Bundesministerium für Umwelt, Naturschutz und Reaktorsicherheit den Entwurf eines Umwelt-Rechtsbehelfsgesetzes vorgelegt und den Deutschen Anwaltverein (DAV) mit Schreiben vom 22. Februar 2005 um Stellungnahme gebeten. Das Ministerium bat insbesondere um Äußerungen zu den Fragen, ob, alternativ zu dem vorgelegten Entwurf eines speziellen Gesetzes, allgemeine Regelungen über die Verbandsklage in die VwGO eingestellt werden sollten. Des Weiteren fragt es, ob anstelle der gerichtlichen Prüfung der Klagebefugnis der Vereine ein Anerkennungsverfahren in Anlehnung an das BNatSchG geregelt werden sollte.

Hierzu hat der DAV durch seinen Umweltrechtsausschuss innerhalb der knapp gesetzten Frist Stellung genommen. Die Stellungnahme erfolgte in vorläufiger Abstimmung mit dem Verwaltungsrechtsausschuss des DAV. Der Verwaltungsrechtsausschuss des DAV erwägt, eine ergänzende Stellungnahme – in Abstimmung mit dem Umweltrechtsausschuss oder mit diesem gemeinsam – im Lichte der heutigen Konferenz abzugeben.[2]

II. Nach der vorliegenden Stellungnahme des DAV sollte die Regelung über die Vereinsklage nicht in der VwGO geregelt werden. Dem Ausnahmecharakter der Regelungen entspricht es am besten, sie in Form eines besonderen Umwelt-Rechtsbehelfs-Gesetzes zu fassen. Ein Bedürfnis für ein vorgeschaltetes separates Anerkennungsverfahren für die Vereine besteht aus anwaltlicher Sicht nicht. Die Stellungnahme geht insbesondere von folgendem aus:

1. Im Hinblick auf die neu eingeführten Art. 10a der UVP-Richtline und Art. 15a der IVU-Richtlinie ist die Konzeption, wonach eine unabhängig von

1 Rechtsanwalt Dr. Andreas Geiger ist Partner der Sozietät Gassner, Stockmann & Kollegen und Mitglied im Verwaltungsrechtsausschuss des Deutschen Anwaltsvereins.

2 Vgl. dazu die im Anschluss an die Tagung ergangene Stellungnahme des Deutschen Anwaltvereins unter http://www.anwaltverein.de/03/05/2005/30-05.pdf.

der Möglichkeit einer Verletzung eigener Rechte bestehende gerichtliche Überprüfungsmöglichkeit nur den in § 2 des Entwurfs genannten Vereinen und nicht sonstigen Personen oder Zusammenschlüssen eingeräumt wird, gemeinschaftsrechtlich geboten, geht aber über das gemeinschaftsrechtlich Gebotene nicht hinaus.

2. Es erscheint vorstellbar, dass der Anwendungsbereich des Entwurfs des Umwelt- Rechtsbehelfsgesetzes in § 1 Abs. 1 Nr. 1 und Nr. 2 über das nach der Richtlinie gemeinschaftsrechtlich gebotene Mindestmaß hinausgeht. Dies wäre der Fall, sofern und soweit vom UVPG und den in Nr. 2 genannten Anlagen auch solche erfasst wären, die gemeinschaftsrechtlich keiner UVP- bzw. IVU-Pflicht unterworfen sind. Nach Einschätzung des DAV könnte es sich insoweit allenfalls um einen äußerst kleinen Kreis von Anlagen handeln, dessen Abgrenzung sich zudem in tatsächlicher wie rechtlicher Hinsicht als schwierig darstellt. Vor diesem Hintergrund und unter dem Gesichtspunkt der Vollzugspraktikabilität erscheint die Bezugnahme auf die Vorschriften des UVPG bzw. die in Nr. 2 genannten Anlagen zweckmäßig.

3. § 2 Abs. 6 des Entwurfs erstreckt den Umfang der gerichtlichen Kontrolle bei Vereinsklagen auf Verstöße gegen europarechtlich nicht determinierte Vorschriften des nationalen Umweltrechts. So wäre nach dem Regelungsvorschlag etwa eine Klage eines Vereins i. S. v. § 2 Abs. 2 gegen eine BImSchG-Genehmigung auch dann als begründet anzusehen, wenn diese zwar die gemeinschaftsrechtlich vorgegebenen nationalen Umweltrechtsvorschriften einhält, aber gegen gemeinschaftsrechtlich nicht erforderliche Vorschriften des nationalen Rechts verstößt.

4. Soweit die in § 3 Abs. 1 des Entwurfs vorgesehene Aufhebung einer Entscheidung wegen Vorliegens bloßer Verfahrensverstöße auf eine Verletzung wesentlicher Verfahrensvorschriften beschränkt wird, erscheint dies im Hinblick auf die vom EuGH entwickelten Grundsätze rechtlich vertretbar, auch wenn sich ein entsprechender Differenzierungsansatz der Richtlinie 2003/35/EG selbst nicht entnehmen lässt.

5. Dass einer Klage bei Vorliegen von derartigen wesentlichen Verfahrensverstößen auch ohne die Möglichkeit eines Beruhenszusammenhangs i. S. v. § 46 VwVfG stattzugeben ist, stellt gegenüber der bisherigen Rechtslage in Deutschland, insbesondere der Spruchpraxis des Bundesverwaltungsgerichts,

einen Paradigmenwechsel dar. Im Hinblick auf Art. 10a der UVP-Richtlinie und Art. 15a der IVU-Richtlinie sowie auf die Rechtsprechung des EuGH erscheint dieser aber gemeinschaftsrechtlich geboten.

6. Es besteht kein Bedürfnis für ein vorzuschaltendes separates Anerkennungsverfahren. Eine Prüfung der in § 2 Abs. 2 genannten Voraussetzungen kann ohne Probleme im Rahmen des Prozesses selbst erfolgen. Ein zusätzliches Anerkennungsverfahren könnte zudem zu prozessualen Problemen führen.

7. Das Verhältnis zwischen § 2 Abs. 6 Nr. 1 und § 3 Abs. 1 des Entwurfs bedarf der Klärung.

8. Als weiterer wesentlicher Verfahrensverstoß im Sinne des § 3 Abs. 1 Satz 1 Nr. 2 des Entwurfs sollte der Fall angeführt werden, dass die Bewertung i. S. v. § 12 UVPG im Zulassungsverfahren überhaupt nicht berücksichtigt wird.

9. Es wird angeregt, § 3 Abs. 3 dahin klarzustellen, dass die Vorschrift für solche Beteiligten gilt, die nicht Vereine i. S. v. § 2 Abs. 2 sind.

III. Im Hinblick auf die oben erwähnte Ergänzung der Stellungnahme gehe ich von folgendem aus:

1 Es ist davon auszugehen, dass zu der in § 3 Abs. 1 des Entwurfs vorgesehenen Einschränkung der § 46 VwVfG entsprechenden landesrechtlichen Bestimmungen noch verfassungsrechtlicher Klärungsbedarf zur Gesetzgebungskompetenz des Bundes besteht.

2. § 3 des Entwurfs regelt nach seiner amtlichen Überschrift lediglich Verfahrensfehler. Er unterscheidet hierbei – nach der Århus-Konvention und europarechtlich zulässig – zwischen unwesentlichen und wesentlichen Verfahrensfehlern und schränkt die Möglichkeit einer Heilung von (wesentlichen) Verfahrensfehlern gemäß § 45 VwVfG – auch hier nach der Århus-Konvention und europarechtlich zulässig – nicht ein.

Fragen der Wesentlichkeit und Heilbarkeit materiellrechtlicher Fehler spricht weder § 3 des Entwurfs noch eine sonstige Bestimmung des Entwurfs an. Insbesondere findet sich kein Hinweis auf die Planungsrechtlichen Vorschriften zur “Planerhaltung” bei Abwägungsfehlern (§ 214 Abs. 3 BauGB, § 75 Abs. 1a VwVfG und die entsprechenden Vorschriften in den Fachplanungsgesetzen – z. B. § 17 Abs. 6c FStrG). Es ist davon auszugehen, daß diese materiellen Vorschriften zur Planerhaltung unberührt bleiben, was nach der Århus-Konvention und europarechtlich zulässig wäre. Ein solches Verständnis entspricht auch § 2 Abs. 6 Nr. 1 und 2 des Entwurfs, wonach Rechtsbehelfe begründet sind, wenn die Entscheidung bzw. Festsetzung dem Umweltschutz dienende Rechtsvorschriften verletzt. Eine solche Verletzung durch die Entscheidung bzw. Festsetzung liegt nicht vor, wenn sich (offensichtliche) im Bereich von Umweltvorschriften wurzelnde Abwägungsfehler nicht auf das Entscheidungsergebnis ausgewirkt haben. Eine Heilung erheblicher materieller Fehler durch Planergänzung oder ergänzendes Verfahren bleibt ebenfalls möglich. Es wäre wünschenswert, wenn eine entsprechende Klarstellung im Gesetz oder in der Gesetzesbegründung erfolgt.

Alexander Jannasch[1]

Impulsstatement aus Sicht der Justiz

Vorbemerkung

Schwerpunkt meines Statements ist das vorgesehene Umwelt-Rechtsbehelfsgesetz, da dieses die meisten Auswirkungen auf die Arbeit der Verwaltungsgerichte haben wird. Nicht weiter eingehen möchte ich auf Fragen der Kompetenz – sei es diejenige der Europäischen Gemeinschaft oder die des Bundesgesetzgebers. Allerdings zeigt auch dieses Gesetzesvorhaben, dass eine Reform der bundesstaatlichen Ordnung dringend geboten ist.

Sektorspezifische Sonderlösung

Es mag grundsätzliche Einwände gegen eine sektorspezifische Sonderlösung für das Umweltrecht geben. Herr Ziekow hat diese näher dargelegt. Aus der Sicht der Praxis ist dies eher eine rechtsästhetische Frage. Die Gerichte mussten beispielsweise mit dem Sonderprozessrecht für Asylbewerber zurechtkommen. Man wird auch mit einem Umwelt-Rechtsbehelfsgesetz zu vernünftigen Ergebnissen gelangen können.

Gesetzesfolgen

Der Referentenentwurf mit Stand vom 21. Februar 2005 formuliert unter "Gesetzesfolgen – Kosten für die öffentlichen Haushalte", es sei zu erwarten, dass die Einführung der Vereinsklage mittelfristig zu einer Entlastung der Gerichte führen werde. In einer mir vorliegenden Fassung vom April 2005 glaubt man das wohl selbst nicht mehr. Auch ich sehe hierfür keine Anzeichen.

Mit Klagen wird jedenfalls auch in Fällen zu rechnen sein, in denen es bisher keinen in seinen subjektiven Rechten Betroffenen gab, der den Weg zu den Gerichten beschreiten konnte oder beschritten hat. Nach § 1 Abs. 2 wird das Gesetz auch in der ausschließlichen Wirtschaftszone gelten, für die bisher Klagen kaum zulässig waren.

Anerkennung von Vereinen

Der Entwurf vom Februar 2005 sieht noch eine Prüfung der Frage, ob ein Verein auch die höheren Weihen der Rechtsbehelfsbefugnis besitzt, durch die Gerichte vor. Alternativ ist eine Anerkennung durch das Umweltbundesamt

1 Dr. Alexander Jannasch ist Richter am Bundesverwaltungsgericht, Leipzig.

im Gespräch. Dies ist aus meiner Sicht vorzuziehen. Es handelt sich um eine Verwaltungstätigkeit. Die Gerichte sind ausgesprochen schlecht dafür geeignet, die institutionellen Voraussetzungen zu prüfen, die für eine Klage gefordert werden (§ 2 Abs. 2 Nr. 1 bis 5 Entwurf vom 21.2.2005). Man sollte dem Vorbild des Bundesnaturschutzgesetzes folgen.

Die verbleibenden Sonderfälle – der Verein, über dessen Anerkennung noch nicht entschieden worden ist und der ausländische Verein – werden noch ausreichend Potential für unerfreuliche Streitigkeiten bereithalten. Könnte das Problem bei ausländischen Vereinen nicht dadurch entschärft werden, dass auch eine Anerkennung durch den Heimatstaat ausreicht?

Einwendungsausschluss

Ausdrücklich begrüßen möchte ich die Regelung, wonach eine Vereinigung, die im Verwaltungsverfahren Gelegenheit zur Äußerung gehabt hat, im Verfahren über den Rechtsbehelf mit allen Einwendungen ausgeschlossen ist, die sie im Verwaltungsverfahren nicht oder nicht rechtzeitig geltend gemacht hat, aber hätte geltend machen können. Das Bundesverwaltungsgericht hat sich zu dieser Thematik in einem die Vereinsklage nach dem Bundesnaturschutzgesetz betreffenden Urteil[2] näher geäußert: Der Gesetzgeber räumt den anerkannten Vereinen ihre besonderen Mitwirkungsbefugnisse wegen ihrer besonderen Fachkunde auf diesem Gebiet ein. Zugleich soll durch ihre Beteiligung im Verwaltungsverfahren Vollzugsdefiziten auf dem Gebiet des Naturschutzes und der Landschaftspflege entgegengewirkt werden. Diese Anliegen erfordern rechtzeitige fundierte Stellungnahmen der Vereine. Dem Vorhabenträger und der entscheidenden Behörde muss hinreichend deutlich werden, aus welchen Gründen nach Auffassung des beteiligten Vereins zu welchen im Einzelnen zu behandelnden Fragen weiterer Untersuchungsbedarf besteht oder einer Wertung nicht gefolgt werden kann. Auch der Aufgabenverteilung zwischen Verwaltung und Verwaltungsgerichten und den jeweils durchzuführenden Verfahren wird es nicht gerecht, wenn die anerkannten Vereine das Schwergewicht ihrer fachlichen Kritik erst im gerichtlichen Verfahren vortragen.

Heilung von Fehlern

---

2 BVerwG, Urteil vom 22.1.2004 – 4 A 4.03, Buchholz 406.400 § 61 BNatSchG 2002 Nr. 4. Entscheidungen des Bundesverwaltungsgerichts können auch unter www.bundesverwaltungsgericht.de abgerufen werden.

3 Vgl. auch aus damaliger Sicht E. Hien, Die Umweltverträglichkeitsprüfung in der gerichtlichen Praxis NVwZ 1997, 422 ff.

Das Gesetz soll eine eigenständige Regelung über die Fehlerfolgen enthalten.

In der Begründung wird Rechtsprechung des Bundesverwaltungsgerichts angeführt, wonach die fehlende Umweltverträglichkeitsprüfung nicht stets die Sanktion nach sich zieht, dass die Verwaltungsentscheidung aufzuheben ist. Bereits seit längerem vertrete ich die Auffassung, dass die praktischen Auswirkungen dieser Rechtsprechung nicht richtig eingeschätzt werden.[3] Dies mag indes im Hinblick auf die gleich zu referierende Entscheidung des Bundesverwaltungsgerichts vom 18. November 2004 auf sich beruhen.

Im Übrigen wird man aus dogmatischer Sicht der Lage besser gerecht, wenn man nicht nur einen Gegensatz zwischen Verfahrensrecht und materiellem Recht hervorhebt, sondern zwischen Verwaltungsverfahren, Abwägungsvorgang und Abwägungsergebnis unterscheidet. Der Abwägungsvorgang wird traditionell dem materiellen Recht zugeordnet. Für eine rechtsvergleichende Betrachtung ist aber zu beachten, dass das Ermitteln und Beschreiben der Auswirkungen auf die Umwelt auch als Teil des Verfahrens angesehen werden kann. Wie differenziert man diese Fragen der Planerhaltung regeln kann, zeigt das BauGB in der Fassung des EAG-Bau.

Im Übrigen verbietet das Europarecht nicht von vornherein, die Kausalitätsfrage zu stellen. Vielmehr hat auch der EuGH in seiner Entscheidung zu Großkrotzenburg[4] eine Kausalitätsprüfung vorgenommen. Zwar war eine Umweltverträglichkeitsprüfung im strengen Sinn nicht vorgenommen worden. Es hatte aber eine Prüfung der Auswirkungen auf die Umwelt stattgefunden, die sich auch auf die Wechselwirkungen erstreckte. Auch war die Öffentlichkeit beteiligt worden.[5] Daher ist die Klage der Kommission gegen die Bundesrepublik Deutschland abgewiesen worden.

Das Bundesverwaltungsgericht hatte kürzlich Gelegenheit, diese Zusammenhänge noch einmal zu verdeutlichen. In seinem Urteil vom 18. November 2004[6] führt es aus:

> „Als Ausprägung des Frühzeitigkeitsprinzips gewährleistet die Umweltverträglichkeitsprüfung eine auf die Umweltbelange zentrierte Vorabprüfung unter Ausschluss der sonstigen Belange, die sich für oder gegen das Vorhaben ins Feld führen lassen. Die Auswirkungen des Planvorhabens auf die in § 2 Abs. 1 Satz 2 UVPG genannten Schutzgüter sind vor der abschließenden Abwägung gesondert zu ermitteln, zu beschreiben und zu bewer-

---

4 EuGH, Urteil vom 11.8.1995 – C-431/92, NVwZ 1996, 369 ff.

5 EuGH (Fn. 4), 371, Rn. 43 des Urteils.

6 BVerwG, Urteil vom 18.11.2994 – 4 CN 11.03, BauR 2005, 671 ff.

ten. Die Umweltverträglichkeitsprüfung schafft die Voraussetzung dafür, die Umweltbelange so herauszuarbeiten, dass sie in die Abwägung in gebündelter Form eingehen. Durch diese Verfahrensweise wird verhindert, dass diese Belange in einer atomistischen Betrachtungsweise nicht mit dem Gewicht zur Geltung kommen, das ihnen in Wahrheit bei einer Gesamtschau gebührt. Verstärkt wird die Bedeutung der Umweltverträglichkeitsprüfung dadurch, dass sie in der Ausprägung, die sie in Umsetzung der UVP-Richtlinie in § 2 Abs. 1 Satz 2 UVPG erfahren hat, durch einen integrativen Ansatz gekennzeichnet ist.

Die Umweltverträglichkeitsprüfung stellt sich in diesem Regelungszusammenhang als ein der allgemeinen Abwägung vorgeschalteter Zwischenschritt dar. Durch die insoweit vorgenommene Abschichtung wird sichergestellt, dass sich die Gemeinde bereits in der Anfangsphase mit den Belangen des Umweltschutzes auseinander setzt. Der Abwägungsvorgang erhält eine Struktur, die in Bezug auf die Umweltbelange zu einer erhöhten Richtigkeitsgewähr beizutragen vermag. Unterlässt es die Gemeinde, sich methodisch an § 2 Abs. 1 Satz 2 UVPG 1993 auszurichten, liegt darin ein Ermittlungs- und Bewertungsfehler. Dieses Versäumnis rechtfertigt für sich genommen indes nicht ohne weiteres den Schluss, dass die Planungsentscheidung fehlerhaft ist und keine Rechtswirkungen erzeugen kann. Ob Defizite im Bereich der Umweltverträglichkeitsprüfung auf den Abwägungsvorgang im Übrigen durchschlagen, richtet sich nach dem für Abwägungsmängel maßgeblichen Fehlerfolgenregime. Insoweit einschlägig ist hier § 214 Abs. 3 Satz 2 BauGB 1998. Danach sind Mängel im Abwägungsvorgang nur erheblich, wenn sie offensichtlich und auf das Abwägungsergebnis von Einfluss gewesen sind. Lässt die Gemeinde UVP-rechtliche Vorgaben außer Acht, so ist der Verstoß nur dann erheblich, wenn die konkrete Möglichkeit besteht, dass sie ohne den Fehler eine andere Planungsentscheidung getroffen hätte (vgl. BVerwG, Beschlüsse vom 20. Januar 1992 – BVerwG 4 B 71.90 – Buchholz 406.11 § 214 BauGB Nr. 5 und vom 20. Januar 1995 – BVerwG 4 NB 43.93 – Buchholz 406.11 § 9 BauGB Nr. 74). Versäumt es die Gemeinde, im Rahmen einer Planung, die der UVP-Pflicht unterliegt, eine auf die Umweltauswirkungen bezogene Prüfung vorzunehmen und die Umweltbelange als Ergebnis dieser Prüfung in gebündelter Form den übrigen Belangen gegenüberzustellen, so lässt sich die Möglichkeit, dass das Abwägungsergebnis bei korrektem Vorgehen anders ausgefallen wäre, allerdings nicht leichthin von der Hand weisen. Je größeres Gewicht den Belangen des Umweltschutzes im

> Interessengeflecht der Abwägung zukommt, desto eher ist davon auszugehen, dass sich methodische Unzulänglichkeiten bei der Ermittlung, Beschreibung und Bewertung im Sinne des § 2 Abs. 1 Satz 2 UVPG auf das Planungsergebnis ausgewirkt haben können."

Dem Gesetzgeber ist es selbstverständlich unbenommen, dennoch (neben den Regelungen im BauGB, die unberührt bleiben sollen), eine eigenständige Fehlerfolgenregelung zu treffen. Nach dem Gesetzentwurf kann die Aufhebung einer Entscheidung verlangt werden, wenn insbesondere eine Umweltverträglichkeitsprüfung insgesamt nicht stattgefunden hat oder einer der ausdrücklich genannten Verfahrensschritte überhaupt nicht durchgeführt worden ist. Daran zu begrüßen ist, dass der Gesetzgeber damit eine klare Aufzählung vornimmt. Für die leichteren Verfahrensfehler soll es nach der Gesetzesbegründung bei der Regelung in § 46 VwVfG bzw. spezielleren Rechtsvorschriften bleiben.

Entgegen der Begründung dürften die in der Praxis zu lösenden Probleme allerdings weniger bei dem Fall liegen, dass eine Frist für die Auslegung von Unterlagen versehentlich um einen Tag verkürzt wurde, als bei dem Vorbringen, ein Umweltmedium sei nicht oder unzureichend ermittelt worden oder die Unterlagen seien unvollständig gewesen.

Nach § 45 Abs. 2 VwVfG bleibt die Heilung während des verwaltungsgerichtlichen Verfahrens möglich. Etwas merkwürdig ist die beabsichtigte Klarstellung, wonach die Möglichkeit der Aussetzung zur Heilung eines Verfahrensfehlers unberührt bleiben soll, nachdem § 94 Satz 2 VwGO (frühere Fassung) gestrichen worden ist.

Hinzuweisen ist darauf, dass der Gesetzentwurf sich nicht auf die Vereinsklage beschränkt. Nach § 4 Abs. 3 sollen die Regelungen über Fehlerfolgen für alle Rechtsbehelfe gelten.

Im Öffentlichkeitsbeteiligungsgesetz wird § 3a UVPG ergänzt.

Beruht die Feststellung, dass eine UVP unterbleiben soll, auf einer Vorprüfung des Einzelfalls nach § 3c, ist die Entscheidung der zuständigen Behörde in einem gerichtlichen Verfahren betreffend die Entscheidung über die Zulässigkeit des Vorhabens nur darauf zu überprüfen, ob die Vorprüfung entsprechend den Vorgaben von § 3c durchgeführt worden ist und ob das Ergebnis nachvollziehbar ist.

Damit erfolgt eine ausdrückliche gesetzliche Einräumung eines Beurteilungsspielraums. Dies ist aus grundsätzlichen Erwägungen zu begrüßen.

Verwaltungsgerichte und Europarecht

Die Verwaltungsgerichte in Deutschland haben in Folge des Europarechts zunehmend eine objektive Rechtsprüfung des Verwaltungshandelns vorzunehmen. Das Denken in der Kategorie von individuellen Rechtsansprüchen tritt zurück. Insofern erfolgt eine Annäherung an die Praxis in Frankreich oder Großbritannien. An dieser Stelle wird regelmäßig die Frage aufgeworfen, ob daraus auch die Notwendigkeit einer geringeren Kontrolldichte folgt. Herr Durner ist hierauf näher eingegangen.

Zugleich sind viele Regelungen des Gemeinschaftsrechts stärker final ausgerichtet, als wir dies in Deutschland kennen. In Ländern, in denen die Behörden in weitem Umfang über Ermessenspielräume verfügen, kommt man damit besser zurecht, als im Bereich gebundener Verwaltung.

Andererseits sind weite Bereiche des deutschen Rechts, in denen umweltrechtliche Regelungen zu beachten sind, vom Abwägungsgebot geprägt, beispielsweise Fachplanung und Bauleitplanung. Dieses Prinzip hat sich durchaus als europarechtstauglich erwiesen.

Mit diesen zum Teil nur stichwortartigen Bemerkungen hoffe ich, zu der nun folgenden Diskussion beigetragen zu haben.

Jochen Braig, Jürgen Friedrich[1]

Zusammenfassung der Diskussion "Rechtspolitische Spielräume bei der Umsetzung der Århus-Konvention"

Nachdem die einführenden Vorträge am Vormittag der Tagung die Rahmenbedingungen für die Umsetzung der Århus-Konvention und der europarechtlichen Vorgaben in deutsches Recht dargestellt hatten, war der Nachmittag der rechtspolitischen Ausfüllung der aufgezeigten Spielräume gewidmet. Impulsstatements von Vertretern der Justiz, der Anwaltschaft, der Industrie und der Umweltverbände gaben den Auftakt für eine von Prof. Dr. Michael Kloepfer geleitete Diskussion über die konkrete Ausgestaltung der neuen Verbandsklage. Die Diskussion zeigte einmal mehr die unterschiedlichen politischen Positionen von Umweltverbänden und Wirtschaftsverbänden auf, die sich jeweils auf Asymmetrien zu Lasten ihrer jeweiligen Interessen beriefen.

Einleitend wurde erörtert, welche Voraussetzungen für eine Anerkennung als klageberechtigter Umweltverband gemäß § 2 Abs. 2 Entwurf-Umweltrechtsbehelfsgesetz (hiernach Entwurf) gegeben sein müssen. Der Vorstellung, hier sei ähnlich wie im geltenden Naturschutzrecht zu verfahren, wurde ein liberales Gegenmodell entgegen gehalten, nach dem auch ad-hoc-Vereine oder Bürgerinitiativen ohne das jetzige Erfordernis eines dreijährigen Bestehens in den Genuss der Umweltverbandsklage kommen würden. Diese Forderung traf jedoch auch auf Skepsis, da eine zunehmende Politisierung des Rechtsschutzes befürchtet wurde. Rechtlich in Frage gestellt wurde zudem, ob § 2 Abs. 6 des Entwurfs mit den Vorgaben der Richtlinie 2003/35/EG und der Århus-Konvention vereinbar sei. Nach dieser Vorschrift sind Verbandsklagen nur begründet, wenn der klagende Verein durch einen Rechtsverstoß in seinem satzungsmäßigen Aufgabenbereich berührt wird. Dieser Vorschlag wurde teilweise für konventionswidrig gehalten, wobei die praktische Relevanz dieser Einschränkung unterschiedlich bewertet wurde.

Mehrere Teilnehmer betonten, dass nach der Neuregelung das gesamte Umweltrecht gerichtlich überprüfbar sei, soweit die fraglichen Vorhaben in den Anwendungsbereich der UVP-Richtlinie oder der IVU-Richtlinie fielen. Unklarheit bestand jedoch über die Reichweite der Formulierung "Rechtsvor-

1 Wissenschaftliche Mitarbeiter am Max-Planck-Institut für ausländisches öffentliches Recht und Völkerrecht.

schriften, die dem Umweltschutz dienen" in § 2 Abs. 3 S. 1 und Abs. 6 S.1 des Entwurfs. Dabei wurde vielfach als besonders problematisch empfunden, dass Regelungen erfasst werden sollen, die auf dem Vorsorgegrundsatz beruhen. Vorsorgegesichtspunkte, so wurde argumentiert, seien in den übrigen Rechtsordnungen der Gemeinschaft weniger ausgeprägt als in der deutschen. Andere bejahten die Sinnhaftigkeit einer solchen Ausweitung oder stellten die Möglichkeit einer Ausgrenzung der Vorsorgeanforderungen aus dem Prüfungsmaßstab in Frage.

Ein Schwerpunkt der Diskussion lag auf der Frage der gerichtlichen Kontrolldichte. Mehrere Teilnehmer erklärten, mit Einführung der umweltrechtlichen Verbandsklage ergebe sich auch hinsichtlich des Komplexes der gerichtlichen Kontrolldichte und ihrer Reichweite eine neue Situation. Nicht nur in quantitativer, sondern auch in qualitativer Hinsicht führe die neue Verbandsklage zu einem Systemwechsel. Diese Systemverschiebung könne dazu führen, dass die Kohärenz des Rechtsschutzsystems nicht mehr gewährleistet sei. Im Unterschied zu Deutschland sei die Verbandsklage in andere Rechtsordnungen leichter zu integrieren, da die Gerichte dort eher objektive Rechtsaufsichtsgremien darstellten. In Deutschland mit seinem stark auf subjektiven Rechtsschutz ausgerichteten Rechtsschutzsystem hingegen begründeten die Ausweitung der Klagemöglichkeiten für Verbände, die gleichzeitige Beibehaltung der bisherigen hohen gerichtlichen Kontrolldichte und der strengen materiell-rechtlichen Vorgaben sowie die zusätzliche Ausweitung der Verfahrenskontrolle ein im europäischen Vergleich einzigartiges Schutzniveau, das sich schädlich auf die Wirtschaftsinvestitionen auswirken könne. Auch wenn die Spielräume des deutschen Gesetzgebers durch Versäumnisse in der Vergangenheit eng geworden seien, sollte nach Ansicht zahlreicher Teilnehmer zumindest jetzt die Gelegenheit wahrgenommen werden, die noch bestehenden Gestaltungsmöglichkeiten zu nutzen, um die Systemkohärenz zu wahren. In diesem Zusammenhang wurde wiederholt auf die Notwendigkeit einer Begrenzung der Kontrolldichte hingewiesen. Dabei wurde der vorgeschlagene § 3a S. 4 UVPG als Beispiel einer gesetzlich begrenzten Kontrolldichte überwiegend begrüßt.

Gleichzeitig wurde betont, als mögliches Korrektiv zu den erweiterten gerichtlichen Zugangsmöglichkeiten sei verstärkt eine Präklusion von verspätetem Vorbringen und eine Einschränkung des einstweiligen Rechtsschutzes in Betracht zu ziehen. Während der Teilnehmerkreis die Möglichkeit einer Präklusion überwiegend begrüßte, wurde jedoch die vorgeschlagene Einschränkung oder Abschaffung des einstweiligen Rechtsschutzes teilweise als "verheerend" bezeichnet. Intensiv diskutiert wurden auch die Relevanz von Verfahrensfehlern und die Frage der Folgen einer Rechtsverletzung. Manche Teilnehmer befürchteten eine systemfremde Aufwertung des Verfahrensrechts. Ein Teilnehmer fasste seine Bedenken mit der Frage zusammen, was denn dann vom Grundsatz der Planerhaltung übrig bleibe. Andere bestritten, dass das geltende deutsche Recht Verfahrensfehlern tatsächlich einen nennenswert niedrigeren Stellenwert einräume als das europäische.

Unterschiedliche Auffassungen fanden sich schließlich auch im Hinblick auf den Standort der erforderlichen Neuregelungen. Nach vielfach geäußerter Ansicht sollten die Reichweite und Bedeutung der Neuregelungen zum Anlass genommen werden, die Verbandsklage nicht in bereichsspezifischen Regelungen, sondern im allgemeinen Verwaltungsrecht und im Verwaltungsprozessrecht zu normieren. Das allgemeine Verwaltungsrecht sei besonders geeignet, den notwendigen Interessensausgleich herzustellen und einer Sektoralisierung auf nationaler Ebene entgegenzuwirken. Vor allem Stimmen der Praxis bezeichneten die Frage des Regelungsstandorts demgegenüber als eher theoretisch und verwiesen in diesem Zusammenhang auf § 42 Abs. 2 VwGO, der ausdrücklich die Möglichkeit abweichender Regelungen anerkennt. Mehrfach wurde in diesem Zusammenhang auch hervorgehoben, hinter der Standortdiskussion stehe bei den politischen Akteuren letztlich vor allem die Frage der Ressortkompetenz.

Insgesamt wurden die vorliegenden Gesetzesentwürfe, insbesondere der Entwurf zum Rechtsbehelfsgesetz, vielfach als überarbeitungsbedürftig angesehen, nicht zuletzt um die noch vorhandenen Spielräume systematischer wahrzunehmen. Allerdings wurde mehrfach konzediert, das Fehlen einer einheitlichen Bundeskompetenz für den Umweltschutz erschwere die Umsetzung der europäischen Vorgaben erheblich. Der Unmut einiger Diskutanten über als mangelhaft empfundene Regelungen des Gesetzesentwurfs, vor allem in Bezug auf dessen Kohärenz, war während der gesamten Diskussion spürbar. Ein Teilnehmer erklärte, die Betroffenen müssten als "rechtspolitische Versuchskaninchen" herhalten. Jedoch sollte nach einer anderen Stellungnahme nicht außer Acht gelassen werden, dass das Umweltrecht als Pioniergebiet ein "Gesamtlabor der Rechtsordnung" darstelle, in dem sich in einem Prozess des "trial and error" innovative Instrumente entwickelten, die später der gesamten Rechtsordnung zur Verfügung ständen. Ob der Entwurf eine überschießende Tendenz hat, wie teilweise kritisiert wurde, blieb in der Diskussion umstritten. Dabei wurde darauf hingewiesen, der Entwurf könne nicht nur am Maßstab des Europarechts gemessen werden, sondern habe auch den zusätzlichen Vorgaben der Århus-Konvention Rechnung zu tragen.

1. ÅRHUS-KONVENTION

ÜBEREINKOMMEN ÜBER DEN ZUGANG ZU INFORMATIONEN, DIE ÖFFENTLICHKEITSBETEILIGUNG AN ENTSCHEIDUNGSVERFAHREN UND DEN ZUGANG ZU GERICHTEN IN UMWELTANGELEGENHEITEN

Die Vertragsparteien dieses Übereinkommens –

- unter Hinweis auf Grundsatz 1 der Erklärung von Stockholm über die Umwelt des Menschen;
- auch unter Hinweis auf Grundsatz 10 der Erklärung von Rio über Umwelt und Entwicklung;
- ferner unter Hinweis auf die Resolution 37/7 der Generalversammlung der Vereinten Nationen vom 28. Oktober 1982 über die Weltcharta für die Natur und auf die Resolution 45/94 der Generalversammlung der Vereinten Nationen vom 14. Dezember 1990 über die Notwendigkeit, eine gesunde Umwelt für das Wohl der Menschen zu sichern;
- unter Hinweis auf die Europäische Charta Umwelt und Gesundheit, die am 8. Dezember 1989 auf der ersten Europäischen Konferenz über Umwelt und Gesundheit der Weltgesundheitsorganisation in Frankfurt am Main (Deutschland) verabschiedet wurde;
- in Bekräftigung der Notwendigkeit, den Zustand der Umwelt zu schützen, zu erhalten und zu verbessern und eine nachhaltige und umweltverträgliche Entwicklung zu gewährleisten;
- in der Erkenntnis, daß ein angemessener Schutz der Umwelt für das menschliche Wohlbefinden und die Ausübung grundlegender Menschenrechte, einschließlich des Rechts auf Leben, unabdingbar ist;
- ferner in der Erkenntnis, daß jeder Mensch das Recht hat, in einer seiner Gesundheit und seinem Wohlbefinden zuträglichen Umwelt zu leben, und daß er sowohl als Einzelperson als auch in Gemeinschaft mit anderen die Pflicht hat, die Umwelt zum Wohle gegenwärtiger und künftiger Generationen zu schützen und zu verbessern;
- in Erwägung dessen, daß Bürger zur Wahrnehmung dieses Rechts und zur Erfüllung dieser Pflicht Zugang zu Informationen, ein Recht auf Beteiligung an Entscheidungsverfahren und Zugang zu Gerichten in Umweltangelegenheiten haben müssen, und in Anbetracht der Tatsache, daß sie in dieser Hinsicht egebenenfalls Unterstützung benötigen, um ihre Rechte wahrnehmen zu können;

- in der Erkenntnis, daß im Umweltbereich ein verbesserter Zugang zu Informationen und eine verbesserte Öffentlichkeitsbeteiligung an Entscheidungsverfahren die Qualität und die Umsetzung von Entscheidungen verbessern, zum Bewußtsein der Öffentlichkeit in Umweltangelegenheiten beitragen, der Öffentlichkeit die Möglichkeit geben, ihre Anliegen zum Ausdruck zu bringen, und es den Behörden ermöglichen, diese Anliegen angemessen zu berücksichtigen;
- mit dem Ziel, die Verantwortlichkeit und Transparenz bei Entscheidungsverfahren zu fördern und die öffentliche Unterstützung für Entscheidungen über die Umwelt zu stärken;
- in der Erkenntnis, daß es wünschenswert ist, Transparenz in allen Bereichen der öffentlichen Verwaltung zu erzielen, und mit der Aufforderung an die gesetzgebenden Körperschaften, die Grundsätze dieses Übereinkommens in ihren Verfahren umzusetzen;
- auch in der Erkenntnis, daß sich die Öffentlichkeit der Verfahren zur Öffentlichkeitsbeteiligung an umweltbezogenen Entscheidungen bewußt sein, freien Zugang zu ihnen haben und wissen muß, wie sie genutzt werden können;
- ferner in der Erkenntnis der wichtigen Rolle, die einzelne Bürger, nichtstaatliche Organisationen* und der private Sektor im Umweltschutz spielen können;
- in dem Wunsch, die Umwelterziehung zu fördern, um das Verständnis für die Umwelt und eine nachhaltige Entwicklung zu vertiefen und um das Bewußtsein einer breiten Öffentlichkeit für Entscheidungen, die Auswirkungen auf die Umwelt und eine nachhaltige Entwicklung haben, zu schärfen sowie deren Beteiligung an diesen Entscheidungen zu unterstützen;
- in Kenntnis der Wichtigkeit, in diesem Zusammenhang von den Medien und von elektronischen oder anderen, künftigen Kommunikationsformen Gebrauch zu machen;
- in der Erkenntnis der Bedeutung einer vollständigen Einbeziehung umweltbezogener Überlegungen in staatliche Entscheidungsverfahren und der daraus folgenden Notwendigkeit, daß Behörden über genaue, umfassende und aktuelle Informationen über die Umwelt verfügen;
- in Anerkennung dessen, daß Behörden über Informationen über die Umwelt im öffentlichen Interesse verfügen;

---

* A: Nichtregierungsorganisationen

- mit dem Anliegen, daß die Öffentlichkeit, einschließlich Organisationen, Zugang zu wirkungsvollen gerichtlichen Mechanismen haben soll, damit ihre berechtigten Interessen geschützt werden und das Recht durchgesetzt wird;
- in Kenntnis der Wichtigkeit, den Verbrauchern geeignete Produktinformtionen zu geben, damit sie eine sachkundige, am Umweltschutz orientierte Auswahl treffen können;
- in Anerkennung der Sorge der Öffentlichkeit über die absichtliche Freisetzung gentechnisch veränderter Organismen in die Umwelt und in Erkenntnis der Notwendigkeit einer größeren Transparenz und stärkeren Öffentlichkeitsbeteiligung an Entscheidungsverfahren in diesem Bereich;
- in der Überzeugung, daß die Durchführung dieses Übereinkommens zur Stärkung der Demokratie in der Region der Wirtschaftskommission der Vereinten Nationen für Europa (ECE) beitragen wird;
- im Bewußtsein der Rolle, welche die ECE hierbei spielt, und unter Hinweis unter anderem auf die ECE-Leitlinien über den Zugang zu Informationen über die Umwelt und die Öffentlichkeitsbeteiligung an Entscheidungsverfahren im Umweltbereich, die in der auf der dritten Ministerkonferenz „Umwelt für Europa" am 25. Oktober 1995 in Sofia (Bulgarien) angenommenen Ministererklärung gebilligt wurden;
- eingedenk der einschlägigen Bestimmungen des Übereinkommens über die Umweltverträglichkeitsprüfung im grenzüberschreitenden Rahmen, das am 25. Februar1991 in Espoo (Finnland) beschlossen wurde, des Übereinkommens über die grenzüberschreitenden Auswirkungen von Industrieunfällen und des Übereinkommens zum Schutz und zur Nutzung grenzüberschreitender Wasserläufe und internationaler Seen, die beide am 17. März 1992 in Helsinki (Finnland) beschlossen wurden, sowie anderer regionaler Übereinkünfte;
- in dem Bewußtsein, daß die Annahme dieses Übereinkommens einen Beitrag zur weiteren Stärkung des Prozesses „Umwelt für Europa" und zu den Ergebnissen der im Juni 1998 in Århus (Dänemark) stattfindenden vierten Ministerkonferenz geleistet haben wird sind wie folgt übereingekommen:

Artikel 1
Ziel

Um zum Schutz des Rechts jeder männlichen/weiblichen Person gegenwärtiger und künftiger Generationen auf ein Leben in einer seiner/ihrer Gesundheit und seinem/ihrem Wohlbefinden zuträglichen Umwelt beizutragen, gewährleistet jede Vertragspartei das Recht auf Zugang zu Informationen, auf Öffentlichkeitsbeteiligung an Entscheidungsverfahren und auf Zugang zu Gerichten in Umweltangelegenheiten in Übereinstimmung mit diesem Übereinkommen.

Artikel 2
Begriffsbestimmungen

Im Sinne dieses Übereinkommens

1. bedeutet „Vertragspartei", soweit sich aus dem Wortlaut nichts anderes ergibt, eine Vertragspartei dieses Übereinkommens;
2. bedeutet „Behörde"
   a) eine Stelle der öffentlichen Verwaltung auf nationaler, regionaler und anderer Ebene;
   b) natürliche oder juristische Personen, die aufgrund innerstaatlichen Rechts Aufgaben der öffentlichen Verwaltung, einschließlich bestimmter Pflichten,
   Tätigkeiten oder Dienstleistungen im Zusammenhang mit der Umwelt, wahrnehmen;
   c) sonstige natürliche oder juristische Personen, die unter der Kontrolle einer unter Buchstabe a oder Buchstabe b genannten Stelle oder einer dort genannten Person im Zusammenhang mit der Umwelt öffentliche Zuständigkeiten haben, öffentliche Aufgaben wahrnehmen oder öffentliche Dienstleistungen erbringen;
   d) die Einrichtungen aller in Artikel 17 näher bestimmten Organisat nen der regionalen Wirtschaftsintegration, die Vertragsparteien dieses Übereinkommens sind.

   Diese Begriffsbestimmung umfaßt keine Gremien oder Einrichtungen, die in gerichtlicher oder gesetzgebender Eigenschaft handeln;
3. bedeutet „Informationen über die Umwelt" sämtliche Informationen in schriftlicher, visueller, akustischer, elektronischer oder sonstiger materieller Form über
   a) den Zustand von Umweltbestandteilen wie Luft und Atmosphäre, Wasser, Boden, Land, Landschaft und natürliche Lebensräume, die Artenvielfalt und ihre Bestandteile, einschließlich gentechnisch veränderter Organismen, sowie die Wechselwirkungen zwischen diesen Bestandteilen;
   b) Faktoren wie Stoffe, Energie, Lärm und Strahlung sowie Tätigkeiten oder Maßnahmen, einschließlich Verwaltungsmaßnahmen, Umweltver-

einbarungen, Politiken, Gesetze, Pläne und Programme, die sich auf die unter Buchstabe a genannten Umweltbestandteile auswirken oder wahrscheinlich auswirken, sowie Kosten-Nutzen-Analysen und sonstige wirtschaftliche Analysen und Annahmen, die bei umweltbezogenen Entscheidungsverfahren verwendet werden;

c) den Zustand der menschlichen Gesundheit und Sicherheit, Bedingungen für menschliches Leben sowie Kulturstätten und Bauwerke in dem Maße, in dem sie vom Zustand der Umweltbestandteile oder – auf dem Weg über diese Bestandteile – von den unter Buchstabe b genannten Faktoren, Tätigkeiten oder Maßnahmen betroffen sind oder betroffen sein können;

4. bedeutet „Öffentlichkeit“ eine oder mehrere natürliche oder juristische Personen und, in Übereinstimmung mit den innerstaatlichen Rechtsvorschriften oder der innerstaatlichen Praxis, deren Vereinigungen, Organisationen oder Gruppen;
5. bedeutet „betroffene Öffentlichkeit“ die von umweltbezogenen Entscheidungsverfahren betroffene oder wahrscheinlich betroffene Öffentlichkeit oder die Öffentlichkeit mit einem Interesse daran; im Sinne dieser Begriffsbestimmung haben nichtstaatliche Organisationen* , die sich für den Umweltschutz einsetzen und alle nach innerstaatlichem Recht geltenden Voraussetzungen erfüllen, ein Interesse.

Artikel 3

Allgemeine Bestimmungen

(1) Jede Vertragspartei ergreift die erforderlichen Gesetzgebungs-, Regelungs- und sonstigen Maßnahmen, einschließlich Maßnahmen zur Harmonisierung der Bestimmungen zur Umsetzung der in diesem Übereinkommen enthaltenen Bestimmungen über Informationen, Öffentlichkeitsbeteiligung und Zugang zu Gerichten, sowie geeignete Maßnahmen zum Vollzug, um einen klaren, transparenten und einheitlichen Rahmen zur Durchführung dieses Übereinkommens herzustellen und aufrechtzuerhalten.

(2) Jede Vertragspartei bemüht sich, sicherzustellen, daß öffentlich Bedienstete und Behörden der Öffentlichkeit Unterstützung und Orientierungshilfe für den Zugang zu Informationen, zur Erleichterung der Öffentlich-

* A: Nichtregierungsorganisationen

keitsbeteiligung an Entscheidungsverfahren und für den Zugang zu Gerichten in Umweltangelegenheiten geben.

(3) Jede Vertragspartei fördert die Umwelterziehung und das Umweltbewußtsein der Öffentlichkeit insbesondere in bezug auf die Möglichkeiten, Zugang zu Informationen zu erhalten, sich an Entscheidungsverfahren zu beteiligen und Zugang zu Gerichten in Umweltangelegenheiten zu erhalten.

(4) Jede Vertragspartei sorgt für angemessene Anerkennung und Unterstützung von Vereinigungen, Organisationen oder Gruppen, die sich für den Umweltschutz einsetzen, und stellt sicher, daß ihr innerstaatliches Rechtssystem mit dieser Verpflichtung vereinbar ist.

(5) Dieses Übereinkommen läßt das Recht einer Vertragspartei unberührt, Maßnahmen beizubehalten oder zu ergreifen, die einen weitergehenden Zugang zu Informationen, eine umfangreichere Öffentlichkeitsbeteiligung an Entscheidungsverfahren und einen weitergehenden Zugang zu Gerichten in Umweltangelegenheiten ermöglichen, als dies aufgrund dieses Übereinkommens erforderlich ist.

(6) Dieses Übereinkommen verlangt keine Verdrängung geltender Rechte auf Zugang zu Informationen, auf Öffentlichkeitsbeteiligung an Entscheidungsverfahren und auf Zugang zu Gerichten in Umweltangelegenheiten.

(7) Jede Vertragspartei fördert die Anwendung der Grundsätze dieses Übereinkommens bei internationalen umweltbezogenen Entscheidungsverfahren sowie im Rahmen internationaler Organisationen in Angelegenheiten, die im Zusammenhang mit der Umwelt stehen.

(8) Jede Vertragspartei stellt sicher, daß Personen, die ihre Rechte im Einklang mit diesem Übereinkommen ausüben, hierfür nicht in irgendeiner Weise bestraft, verfolgt oder belästigt werden. Diese Bestimmung berührt nicht die Befugnis innerstaatlicher Gerichte, in Gerichtsverfahren angemessene Gerichtskosten zu erheben.

(9) Im Rahmen der einschlägigen Bestimmungen dieses Übereinkommens hat die Öffentlichkeit Zugang zu Informationen, die Möglichkeit, an Entscheidungsverfahren teilzunehmen, und Zugang zu Gerichten in Umweltangelegenheiten, ohne dabei wegen Staatsangehörigkeit, Volkszugehörigkeit oder Wohnsitz benachteiligt zu werden; eine juristische Person darf nicht aufgrund ihres eingetragenen Sitzes oder aufgrund des tatsächlichen Mittelpunkts ihrer Geschäftstätigkeit benachteiligt werden.

Artikel 4

Zugang zu Informationen über die Umwelt

(1) Jede Vertragspartei stellt sicher, daß die Behörden nach Maßgabe der folgenden Absätze dieses Artikels und im Rahmen der innerstaatlichen Rechtsvorschriften der Öffentlichkeit Informationen über die Umwelt auf Antrag zur Verfügung stellen; hierzu gehören, wenn dies beantragt wird und nach Maßgabe des Buchstaben b, auch Kopien der eigentlichen Unterlagen, die derartige Informationen enthalten oder die aus diesen Informationen bestehen; dies geschieht

a) ohne Nachweis eines Interesses;

b) in der erwünschten Form, es sei denn,

   i) es erscheint der Behörde angemessen, die Informationen in anderer Form zur Verfügung zu stellen, was zu begründen ist, oder

   ii) die Informationen stehen der Öffentlichkeit bereits in anderer Form zur Verfügung.

(2) Die in Absatz 1 genannten Informationen über die Umwelt werden so bald wie möglich, spätestens jedoch einen Monat nach Antragstellung zur Verfügung gestellt, es sei denn, der Umfang und die Komplexität der Informationen rechtfertigen eine Fristverlängerung auf bis zu zwei Monate nach Antragstellung. Der Antragsteller wird über jede Verlängerung sowie über die Gründe hierfür informiert.

(3) Ein Antrag auf Informationen über die Umwelt kann abgelehnt werden, wenn

a) die Behörde, an die der Antrag gerichtet ist, nicht über die beantragte Informationen über die Umwelt verfügt;

b) der Antrag offensichtlich mißbräuchlich ist oder zu allgemein formuliert ist oder

c) der Antrag Material betrifft, das noch fertiggestellt werden muß, oder wenn er interne Mitteilungen von Behörden betrifft, sofern eine derartige Ausnahme nach innerstaatlichem Recht vorgesehen ist oder gängiger Praxis entspricht, wobei das öffentliche Interesse an der Bekanntgabe dieser Informationen zu berücksichtigen ist.

(4) Ein Antrag auf Informationen über die Umwelt kann abgelehnt werden, wenn die Bekanntgabe negative Auswirkungen hätte auf

a) die Vertraulichkeit der Beratungen von Behörden, sofern eine derartige Vertraulichkeit nach innerstaatlichem Recht vorgesehen ist;

b) internationale Beziehungen, die Landesverteidigung oder die öffentliche Sicherheit;
c) laufende Gerichtsverfahren, die Möglichkeit einer Person, ein faires Verfahren zu erhalten, oder die Möglichkeit einer Behörde, Untersuchungen strafrechtlicher oder disziplinarischer Art durchzuführen;
d) Geschäfts- und Betriebsgeheimnisse, sofern diese rechtlich geschützt sind, um berechtigte wirtschaftliche Interessen zu schützen. In diesem Rahmen sind Informationen über Emissionen, die für den Schutz der Umwelt von Bedeutung sind, bekanntzugeben;
e) Rechte auf geistiges Eigentum;
f) die Vertraulichkeit personenbezogener Daten und/oder Akten in bezug auf eine natürliche Person, sofern diese der Bekanntgabe dieser Informationen an die Öffentlichkeit nicht zugestimmt hat und sofern eine derartige Vertraulichkeit nach innerstaatlichem Recht vorgesehen ist;
g) die Interessen eines Dritten, der die beantragten Informationen zur Verfügung gestellt hat, ohne hierzu rechtlich verpflichtet zu sein oder verpflichtet werden zu können, sofern dieser Dritte der Veröffentlichung des Materials nicht zustimmt, oder
h) die Umwelt, auf die sich diese Informationen beziehen, wie zum Beispiel die Brutstätten seltener Tierarten.

Die genannten Ablehnungsgründe sind eng auszulegen, wobei das öffentliche Interesse an der Bekanntgabe sowie ein etwaiger Bezug der beantragten Informationen zu Emissionen in die Umwelt zu berücksichtigen sind.

(5) Verfügt eine Behörde nicht über die beantragten Informationen über die Umwelt, so informiert sie den Antragsteller so bald wie möglich darüber, bei welcher Behörde er ihres Erachtens die gewünschten Informationen beantragen kann, oder sie leitet den Antrag an diese Behörde weiter und informiert den Antragsteller hierüber.

(6) Jede Vertragspartei stellt sicher, daß für den Fall, daß Informationen, die aufgrund des Absatzes 3 Buchstabe c und des Absatzes 4 von der Bekanntgabe ausgenommen sind, ohne Beeinträchtigung der Vertraulichkeit der dieser Ausnahme unterliegenden Informationen ausgesondert werden können, die Behörden den jeweils nicht von dieser Ausnahme betroffenen Teil der beantragten Informationen über die Umwelt zur Verfügung stellen.

(7) Die Ablehnung eines Antrags bedarf der Schriftform, wenn der Antrag selbst schriftlich gestellt wurde oder wenn der Antragsteller darum ersucht hat. In der Ablehnung werden die Gründe für die Ablehnung des

Antrags genannt sowie Informationen über den Zugang zu dem nach Artikel 9 vorgesehenen Überprüfungsverfahren gegeben. Die Ablehnung erfolgt so bald wie möglich, spätestens nach einem Monat, es sei denn, die Komplexität der Informationen rechtfertigt eine Fristverlängerung auf bis zu zwei Monate nach Antragstellung. Der Antragsteller wird über jede Verlängerung sowie über die Gründe hierfür informiert.

(8) Jede Vertragspartei kann ihren Behörden gestatten, für die Bereitstellung von Informationen eine Gebühr zu erheben, die jedoch eine angemessene Höhe nicht übersteigen darf. Behörden, die beabsichtigen, eine derartige Gebühr für die Bereitstellung von Informationen zu erheben, stellen den Antragstellern eine Übersicht über die Gebühren, die erhoben werden können, zur Verfügung, aus der hervorgeht, unter welchen Umständen sie erhoben oder erlassen werden können und wann die Bereitstellung von Informationen von einer Vorauszahlung dieser Gebühr abhängig ist.

Artikel 5

Erhebung und Verbreitung von Informationen über die Umwelt

(1) Jede Vertragspartei stellt sicher, daß
a) Behörden über Informationen über die Umwelt verfügen, die für ihre Aufgaben relevant sind, und daß sie diese Informationen aktualisieren;
b) verbindliche Systeme geschaffen werden, damit Behörden in angemessenem Umfang Informationen über geplante und laufende Tätigkeiten, die sich erheblich auf die Umwelt auswirken können, erhalten;
c) im Fall einer unmittelbar bevorstehenden, durch menschliche Tätigkeiten oder natürliche Ursachen hervorgerufenen Gefahr für die menschliche Gesundheit oder die Umwelt den möglicherweise betroffenen Mitgliedern der Öffentlichkeit unverzüglich und ohne Aufschub alle einer Behörde vorliegenden Informationen übermittelt werden, welche die Öffentlichkeit in die Lage versetzen könnten, Maßnahmen zur Vermeidung oder Begrenzung des durch die Gefahr verursachten Schadens zu ergreifen.

(2) Jede Vertragspartei stellt sicher, daß die Behörden im Rahmen der innerstaatlichen Rechtsvorschriften der Öffentlichkeit Informationen über die Umwelt auf transparente Art und Weise zur Verfügung stellen und daß ein effektiver Zugang zu Informationen über die Umwelt besteht; dazu gehört unter anderem, daß
a) sie die Öffentlichkeit ausreichend über Art und Umfang der den zuständigen Behörden vorliegenden Informationen über die Umwelt, über die

grundlegenden Bedingungen, unter denen diese zur Verfügung gestellt und zugänglich gemacht werden, und über das für deren Erlangung maßgebliche Verfahren informiert;

b) sie praktische Vorkehrungen trifft und beibehält wie zum Beispiel
   i) das Führen öffentlich zugänglicher Listen, Register oder Datensammlungen;
   ii) die Verpflichtung öffentlich Bediensteter, die Öffentlichkeit in dem Bemühen um Zugang zu Informationen aufgrund dieses Übereinkommens zu unterstützen, sowie
   iii) die Benennung von Kontaktstellen und

c) sie gebührenfreien Zugang zu den Informationen über die Umwelt gewährt, die in den unter Buchstabe b Ziffer i genannten Listen, Registern oder Datensammlungen enthalten sind.

(3) Jede Vertragspartei stellt sicher, daß Informationen über die Umwelt zunehmend in elektronischen Datenbanken, die der Öffentlichkeit über die öffentlichen Telekommunikationsnetze leicht zugänglich sind, zur Verfügung stehen. Zu den in dieser Form zugänglichen Informationen sollte folgendes gehören:

a) die in Absatz 4 genannten Berichte über den Zustand der Umwelt;

b) Texte von Umweltgesetzen oder von Gesetzen mit Umweltbezug;

c) soweit angemessen Politiken, Pläne und Programme über die Umwelt oder mit Umweltbezug sowie Umweltvereinbarungen und

d) sonstige Informationen in dem Umfang, in dem die Verfügbarkeit dieser Informationen in dieser Form die Anwendung innerstaatlichen Rechts, das dieses Übereinkommen umsetzt, erleichtern würde, sofern diese Informationen bereits in elektronischer Form zur Verfügung stehen.

(4) Jede Vertragspartei veröffentlicht und verbreitet in regelmäßigen Abständen von nicht mehr als drei oder vier Jahren einen nationalen Bericht über den Zustand der Umwelt, der Angaben über die Qualität der Umwelt und über Umweltbelastungen enthält.

(5) Jede Vertragspartei ergreift im Rahmen ihrer Rechtsvorschriften Maßnahmen, um unter anderem folgendes zu verbreiten:

a) Gesetze und politische Dokumente, wie zum Beispiel Dokumente über Strategien, Politiken, Programme und Aktionspläne mit Umweltbezug, sowie auf verschiedenen Ebenen der öffentlichen Verwaltung erstellte Berichte über Fortschritte bei ihrer Umsetzung;

b) völkerrechtliche Verträge, Übereinkünfte und Vereinbarungen zu Umweltfragen und

c) soweit angemessen sonstige wichtige internationale Dokumente zu Umweltfragen.

(6) Jede Vertragspartei ermutigt die Betreiber, deren Tätigkeiten erhebliche Auswirkungen auf die Umwelt haben, die Öffentlichkeit regelmäßig über die Umweltauswirkungen ihrer Tätigkeiten und Produkte zu informieren, soweit angemessen im Rahmen freiwilliger Systeme wie des Umweltzeichens, des Öko-Audits oder sonstiger Maßnahmen.

(7) Jede Vertragspartei

a) veröffentlicht die Tatsachen und Tatsachenanalysen, die ihres Erachtens bei der Ausarbeitung wichtiger umweltpolitischer Vorschläge relevant und wesentlich sind;

b) veröffentlicht verfügbares erläuterndes Material über ihren Umgang mit der Öffentlichkeit in Angelegenheiten, die unter dieses Übereinkommen fallen, oder macht dieses Material auf andere Art und Weise zugänglich und

c) stellt in geeigneter Form Informationen über die Wahrnehmung öffentlicher Aufgaben oder die Erbringung öffentlicher Dienstleistungen im Zusammenhang mit der Umwelt durch alle Ebenen der öffentlichen Verwaltung zur Verfügung.

(8) Jede Vertragspartei entwickelt Strukturen, um sicherzustellen, daß der Öffentlichkeit ausreichende Produktinformationen zur Verfügung gestellt werden, welche die Verbraucher in die Lage versetzen, eine sachkundige, am Umweltschutz orientierte Auswahl zu treffen.

(9) Jede Vertragspartei ergreift Maßnahmen, um schrittweise und gegebenenfalls unter Berücksichtigung internationaler Entwicklungen ein zusammenhängendes, landesweites System von Verzeichnissen oder Registern zur Erfassung der Umweltverschmutzung in Form einer strukturierten, computergestützten und öffentlich zugänglichen Datenbank aufzubauen; diese Datenbank wird anhand von standardisierten Berichten erstellt. Ein derartiges System kann Einträge, Freisetzungen und Übertragungen bestimmter Stoff- und Produktgruppen, einschließlich Wasser, Energie und Ressourcenverbrauch, aus bestimmten Tätigkeitsbereichen in Umweltmedien sowie in Behandlungs- und Entsorgungsstätten am Standort und außerhalb des Standorts umfassen.

(10) Dieser Artikel läßt das Recht der Vertragsparteien unberührt, die Bekanntgabe bestimmter Informationen über die Umwelt nach Artikel 4 Absätze 3 und 4 abzulehnen.

Artikel 6

Öffentlichkeitsbeteiligung an Entscheidungen über bestimmte Tätigkeiten

(1) Jede Vertragspartei

a) wendet diesen Artikel bei Entscheidungen darüber an, ob die in Anhang I aufgeführten geplanten Tätigkeiten zugelassen werden;

b) wendet diesen Artikel in Übereinstimmung mit ihrem innerstaatlichen Recht auch bei Entscheidungen über nicht in Anhang I aufgeführte geplante Tätigkeiten an, die eine erhebliche Auswirkung auf die Umwelt haben können. Zu diesem Zweck bestimmen die Vertragsparteien, ob dieser Artikel Anwendung auf eine derartige geplante Tätigkeit findet;

c) kann auf der Grundlage einer Einzelfallbetrachtung, sofern eine solche nach innerstaatlichem Recht vorgesehen ist entscheiden, diesen Artikel nicht auf geplante Tätigkeiten anzuwenden, die Zwecken der Landesverteidigung dienen, wenn diese Vertragspartei der Auffassung ist, daß sich eine derartige Anwendung negativ auf diese Zwecke auswirken würde.

(2) Die betroffene Öffentlichkeit wird im Rahmen umweltbezogener Entscheidungsverfahren je nach Zweckmäßigkeit durch öffentliche Bekanntmachung oder Einzelnen gegenüber in sachgerechter, rechtzeitiger und effektiver Weise frühzeitig unter anderem über folgendes informiert:

a) die geplante Tätigkeit und den Antrag, über den eine Entscheidung gefällt wird;

b) die Art möglicher Entscheidungen oder den Entscheidungsentwurf;

c) die für die Entscheidung zuständige Behörde;

d) das vorgesehene Verfahren, einschließlich der folgenden Informationen, falls und sobald diese zur Verfügung gestellt werden können:

i) Beginn des Verfahrens;

ii) Möglichkeiten der Öffentlichkeit, sich zu beteiligen;

iii) Zeit und Ort vorgesehener öffentlicher Anhörungen;

iv) Angabe der Behörde, von der relevante Informationen zu erhalten sind, und des Ortes, an dem die Öffentlichkeit Einsicht in die relevanten Informationen nehmen kann;

v) Angabe der zuständigen Behörde oder der sonstigen amtlichen Stelle, bei der Stellungnahmen oder Fragen eingereicht werden können, sowie der dafür vorgesehenen Fristen und

vi) Angaben darüber, welche für die geplante Tätigkeit relevanten Informationen über die Umwelt verfügbar sind;

e) die Tatsache, daß die Tätigkeit einem nationalen oder grenzüberschreitenden Verfahren zur Umweltverträglichkeitsprüfung unterliegt.

(3) Die Verfahren zur Öffentlichkeitsbeteiligung sehen jeweils einen angemessenen zeitlichen Rahmen für die verschiedenen Phasen vor, damit ausreichend Zeit zur Verfügung steht, um die Öffentlichkeit nach Absatz 2 zu informieren, und damit der Öffentlichkeit ausreichend Zeit zur effektiven Vorbereitung und Beteiligung während des umweltbezogenen Entscheidungsverfahrens gegeben wird.

(4) Jede Vertragspartei sorgt für eine frühzeitige Öffentlichkeitsbeteiligung zu einem Zeitpunkt, zu dem alle Optionen noch offen sind und eine effektive Öffentlichkeitsbeteiligung stattfinden kann.

(5) Jede Vertragspartei sollte, soweit angemessen, künftige Antragsteller dazu ermutigen, die betroffene Öffentlichkeit zu ermitteln, Gespräche aufzunehmen und über den Zweck ihres Antrags zu informieren, bevor der Antrag auf Genehmigung gestellt wird.

(6) Jede Vertragspartei verpflichtet die zuständigen Behörden, der betroffenen Öffentlichkeit – auf Antrag, sofern innerstaatliches Recht dies vorschreibt – gebührenfrei und sobald verfügbar Zugang zu allen Informationen zu deren Einsichtnahme zu gewähren, die für die in diesem Artikel genannten Entscheidungsverfahren relevant sind und zum Zeitpunkt des Verfahrens zur Öffentlichkeitsbeteiligung zur Verfügung stehen; das Recht der Vertragsparteien, die Bekanntgabe bestimmter Informationen nach Artikel 4 Absätze 3 und 4 abzulehnen, bleibt hiervon unberührt. Zu den relevanten Informationen gehören zumindest und unbeschadet des Artikels 4

a) eine Beschreibung des Standorts sowie der physikalischen und technischen Merkmale der geplanten Tätigkeit, einschließlich einer Schätzung der erwarteten Rückstände und Emissionen;
b) eine Beschreibung der erheblichen Auswirkungen der geplanten Tätigkeit auf die Umwelt;
c) eine Beschreibung der zur Vermeidung und/oder Verringerung der Auswirkungen, einschließlich der Emissionen, vorgesehenen Maßnahmen;
d) eine nichttechnische Zusammenfassung der genannten Informationen;
e) ein Überblick über die wichtigsten vom Antragsteller geprüften Alternativen und
f) in Übereinstimmung mit den innerstaatlichen Rechtsvorschriften die wichtigsten Berichte und Empfehlungen, die an die Behörde zu dem Zeitpunkt gerichtet wurden, zu dem die betroffene Öffentlichkeit nach Absatz 2 informiert wird.

(7) In Verfahren zur Öffentlichkeitsbeteiligung hat die Öffentlichkeit die Möglichkeit, alle von ihr für die geplante Tätigkeit als relevant erachteten Stellungnahmen, Informationen, Analysen oder Meinungen in Schriftform vorzulegen oder gegebenenfalls während einer öffentlichen Anhörung oder Untersuchung mit dem Antragsteller vorzutragen.

(8) Jede Vertragspartei stellt sicher, daß das Ergebnis der Öffentlichkeitsbeteiligung bei der Entscheidung angemessen berücksichtigt wird.

(9) Jede Vertragspartei stellt sicher, daß die Öffentlichkeit, sobald die Behörde die Entscheidung gefällt hat, unverzüglich und im Einklang mit den hierfür passenden Verfahren über die Entscheidung informiert wird. Jede Vertragspartei macht der Öffentlichkeit den Wortlaut der Entscheidung sowie die Gründe und Erwägungen zugänglich, auf die sich diese Entscheidung stützt.

(10) Jede Vertragspartei stellt sicher, daß bei einer durch eine Behörde vorgenommenen Überprüfung oder Aktualisierung der Betriebsbedingungen für eine in Absatz 1 genannte Tätigkeit die Absätze 2 bis 9 sinngemäß und soweit dies angemessen ist Anwendung finden.

(11) Jede Vertragspartei wendet nach ihrem innerstaatlichen Recht im machbaren und angemessenen Umfang Bestimmungen dieses Artikels bei Entscheidungen darüber an, ob eine absichtliche Freisetzung gentechnisch veränderter Organismen in die Umwelt genehmigt wird.

Artikel 7

Öffentlichkeitsbeteiligung bei umweltbezogenen Plänen, Programmen und Politiken

Jede Vertragspartei trifft angemessene praktische und/oder sonstige Vorkehrungen dafür, daß die Öffentlichkeit, nachdem ihr zuvor die erforderlichen Informationen zur Verfügung gestellt worden sind, in einem transparenten und fairen Rahmen während der Vorbereitung umweltbezogener Pläne und Programme beteiligt wird. In diesem Rahmen findet Artikel 6 Absätze 3, 4 und 8 Anwendung. Die zuständige Behörde ermittelt die Öffentlichkeit, die sich beteiligen kann, wobei die Ziele dieses Übereinkommens zu berücksichtigen sind. Jede Vertragspartei bemüht sich im angemessenen Umfang darum, Möglichkeiten für eine Beteiligung der Öffentlichkeit an der Vorbereitung umweltbezogener Politiken zu schaffen.

Artikel 8

Öffentlichkeitsbeteiligung während der Vorbereitung exekutiver Vorschriften und/oder allgemein anwendbarer rechtsverbindlicher normativer Instrumente

Jede Vertragspartei bemüht sich, zu einem passenden Zeitpunkt und solange Optionen noch offen sind eine effektive Öffentlichkeitsbeteiligung während der durch Behörden erfolgenden Vorbereitung exekutiver Vorschriften und sonstiger allgemein anwendbarer rechtsverbindlicher Bestimmungen, die eine erhebliche Auswirkung auf die Umwelt haben können, zu fördern. Zu diesem Zweck sollten folgende Maßnahmen ergriffen werden:

a) Für eine effektive Beteiligung ausreichende zeitliche Rahmen sollten festgelegt werden;

b) Vorschriftenentwürfe sollten veröffentlicht oder anderweitig öffentlich zugänglich gemacht werden, und

c) die Öffentlichkeit sollte unmittelbar oder über sie vertretende und beratende Stellen die Möglichkeit zur Stellungnahme erhalten.

Das Ergebnis der Öffentlichkeitsbeteiligung wird so weit wie möglich berücksichtigt.

Artikel 9

Zugang zu Gerichten

(1) Jede Vertragspartei stellt im Rahmen ihrer innerstaatlichen Rechtsvorschriften sicher, daß jede Person, die der Ansicht ist, daß ihr nach Artikel 4 gestellter Antrag auf Informationen nicht beachtet, fälschlicherweise ganz oder teilweise abgelehnt, unzulänglich beantwortet oder auf andere Weise nicht in Übereinstimmung mit dem genannten Artikel bearbeitet worden ist, Zugang zu einem Überprüfungsverfahren vor einem Gericht oder einer anderen auf gesetzlicher Grundlage geschaffenen unabhängigen und unparteiischen Stelle hat.

Für den Fall, daß eine Vertragspartei eine derartige Überprüfung durch ein Gericht vorsieht, stellt sie sicher, daß die betreffende Person auch Zugang zu einem schnellen, gesetzlich festgelegten sowie gebührenfreien oder nicht kostenaufwendigen Überprüfungsverfahren durch eine Behörde oder Zugang zu einer Überprüfung durch eine unabhängige und unparteiische Stelle, die kein Gericht ist, hat.

Nach Absatz 1 getroffene endgültige Entscheidungen sind für die Behörde, die über die Informationen verfügt, verbindlich. Gründe werden in Schriftform dargelegt, zumindest dann, wenn der Zugang zu Informationen nach diesem Absatz abgelehnt wird.

(2) Jede Vertragspartei stellt im Rahmen ihrer innerstaatlichen Rechtsvorschriften sicher, daß Mitglieder der betroffenen Öffentlichkeit,
(a) die ein ausreichendes Interesse haben oder alternativ
(b) eine Rechtsverletzung geltend machen, sofern das Verwaltungsprozeßrecht* einer Vertragspartei dies als Voraussetzung erfordert,

Zugang zu einem Überprüfungsverfahren vor einem Gericht und/oder einer anderen auf gesetzlicher Grundlage geschaffenen unabhängigen und unparteiischen Stelle haben, um die materiell-rechtliche und verfahrensrechtliche Rechtmäßigkeit von Entscheidungen, Handlungen oder Unterlassungen anzufechten, für die Artikel 6 und – sofern dies nach dem jeweiligen innerstaatlichen Recht vorgesehen ist und unbeschadet des Absatzes 3 – sonstige einschlägige Bestimmungen dieses Übereinkommens gelten.

Was als ausreichendes Interesse und als Rechtsverletzung gilt, bestimmt sich nach den Erfordernissen innerstaatlichen Rechts und im Einklang mit dem Ziel, der betroffenen Öffentlichkeit im Rahmen dieses Übereinkommens einen weiten Zugang zu Gerichten zu gewähren. Zu diesem Zweck gilt das Interesse jeder nichtstaatlichen Organisation** , welche die in Artikel 2 Nummer 5 genannten Voraussetzungen erfüllt, als ausreichend im Sinne des Buchstaben a. Derartige Organisationen gelten auch als Träger von Rechten, die im Sinne des Buchstaben b verletzt werden können.

Absatz 2 schließt die Möglichkeit eines vorangehenden Überprüfungsverfahrens vor einer Verwaltungsbehörde nicht aus und läßt das Erfordernis der Ausschöpfung verwaltungsbehördlicher Überprüfungsverfahren vor der Einleitung gerichtlicher Überprüfungsverfahren unberührt, sofern ein derartiges Erfordernis nach innerstaatlichem Recht besteht.

(3) Zusätzlich und unbeschadet der in den Absätzen 1 und 2 genannten Überprüfungsverfahren stellt jede Vertragspartei sicher, daß Mitglieder der Öffentlichkeit, sofern sie etwaige in ihrem innerstaatlichen Recht festgelegte Kriterien erfüllen, Zugang zu verwaltungsbehördlichen oder gerichtlichen Verfahren haben, um die von Privatpersonen und Behörden vorgenomme-

* A: Verwaltungsverfahrensrecht

** A: Nichtregierungsorganisation

nen Handlungen und begangenen Unterlassungen anzufechten, die gegen umweltbezogene Bestimmungen ihres innerstaatlichen Rechts verstoßen.

(4) Zusätzlich und unbeschadet des Absatzes 1 stellen die in den Absätzen 1, 2 und 3 genannten Verfahren angemessenen und effektiven Rechtsschutz und, soweit angemessen, auch vorläufigen Rechtsschutz sicher; diese Verfahren sind fair, gerecht, zügig und nicht übermäßig teuer. Entscheidungen nach diesem Artikel werden in Schriftform getroffen oder festgehalten. Gerichtsentscheidungen und möglichst auch Entscheidungen anderer Stellen sind öffentlich zugänglich.

(5) Um die Effektivität dieses Artikels zu fördern, stellt jede Vertragspartei sicher, daß der Öffentlichkeit Informationen über den Zugang zu verwaltungsbehördlichen und gerichtlichen Überprüfungsverfahren zur Verfügung gestellt werden; ferner prüft jede Vertragspartei die Schaffung angemessener Unterstützungsmechanismen, um Hindernisse finanzieller und anderer Art für den Zugang zu Gerichten zu beseitigen oder zu verringern.

Artikel 10

Tagung der Vertragsparteien

(1) Die erste Tagung der Vertragsparteien wird spätestens ein Jahr nach Inkrafttreten dieses Übereinkommens einberufen. Danach finden ordentliche Tagungen der Vertragsparteien mindestens alle zwei Jahre statt, es sei denn, die Vertragsparteien haben etwas anderes beschlossen oder eine Vertragspartei ersucht schriftlich um einen früheren Termin; allerdings muß dieses Ersuchen innerhalb von sechs Monaten, nachdem es vom Exekutivsekretär der Wirtschaftskommission der Vereinten Nationen für Europa allen Vertragsparteien mitgeteilt wurde, von mindestens einem Drittel der Vertragsparteien unterstützt werden.

(2) Auf ihren Tagungen überprüfen die Vertragsparteien auf der Grundlage regelmäßiger Berichterstattung durch die Vertragsparteien ständig die Durchführung dieses Übereinkommens; vor diesem Hintergrund

a) überprüfen sie die Politiken sowie rechtliche und methodische Konzepte für den Zugang zu Informationen, für die Öffentlichkeitsbeteiligung an Entscheidungsverfahren und für den Zugang zu Gerichten in Umweltangelegenheiten im Hinblick auf ihre weitere Verbesserung;

b) tauschen sie Informationen über ihre Erfahrungen aus dem Abschluß und der Durchführung zweiseitiger und mehrseitiger Übereinkünfte oder sonstiger Vereinbarungen aus, die für die Zwecke dieses Übereinkommens von Belang sind und deren Vertragsparteien eine oder mehrere von ihnen sind;

c) erbitten sie gegebenenfalls die Dienste der zuständigen ECE-Gremien sowie sonstiger zuständiger internationaler Gremien und Fachausschüsse für alle Fragen im Zusammenhang mit der Erfüllung der Zwecke dieses Übereinkommens;

d) setzen sie, wenn sie dies für notwendig erachten, Nebengremien ein;

e) erarbeiten sie gegebenenfalls Protokolle zu diesem Übereinkommen;

f) prüfen sie nach Artikel 14 Vorschläge zur Änderung dieses Übereinkommens und nehmen sie an;

g) prüfen und treffen sie zusätzliche Maßnahmen, die sich zur Erfüllung des Zwecks dieses Übereinkommens als notwendig erweisen könnten;

h) beraten sie auf ihrer ersten Tagung eine Geschäftsordnung für ihre Tagungen und für die Tagungen von Nebengremien und beschließen sie durch Konsens;

i) überprüfen sie auf ihrer ersten Tagung ihre Erfahrungen bei der Durchführung des Artikels 5 Absatz 9 und prüfen, welche Maßnahmen notwendig sind, um das in dem genannten Absatz erwähnte System unter Berücksichtigung internationaler Vorgänge und Entwicklungen weiterzuentwickeln; dazu gehört die Ausarbeitung eines angemessenen Instruments betreffend Register oder Verzeichnisse zur Erfassung der Umweltverschmutzung, das diesem Übereinkommen als Anhang beigefügt werden könnte.

(3) Die Tagung der Vertragsparteien kann, soweit notwendig, die Schaffung finanzieller Regelungen auf der Grundlage einer Konsensentscheidung prüfen.

(4) Die Vereinten Nationen, deren Sonderorganisationen, die Internationale Atomenergie-Organisation und alle nach Artikel 17 zur Unterzeichnung dieses Übereinkommens berechtigten Staaten oder Organisationen der regionalen Wirtschaftsintegration, die nicht Vertragsparteien dieses Übereinkommens sind, sowie alle zwischenstaatlichen Organisationen, die in den Bereichen, auf die sich dieses Übereinkommen bezieht, qualifiziert sind, haben die Berechtigung, als Beobachter an den Tagungen der Vertragsparteien teilzunehmen.

(5) Jede nichtstaatliche Organisation*, die in den Bereichen, auf die sich dieses Übereinkommen bezieht, qualifiziert ist und die den Exekutivsekretär der

* A: Nichtregierungsorganisation

Wirtschaftskommission der Vereinten Nationen für Europa über ihren Wunsch informiert hat, bei einer Tagung der Vertragsparteien vertreten zu sein, hat die Berechtigung, als Beobachter teilzunehmen, wenn nicht mindestens ein Drittel der auf der Tagung anwesenden Vertragsparteien dagegen Einwände erhebt.

(6) Für die Zwecke der Absätze 4 und 5 sieht die in Absatz 2 Buchstabe h genannte Geschäftsordnung praktische Vorkehrungen für das Zulassungsverfahren sowie andere einschlägige Bestimmungen vor.

Artikel 11

Stimmrecht

(1) Jede Vertragspartei dieses Übereinkommens hat eine Stimme, sofern nicht in Absatz 2 etwas anderes bestimmt ist.

(2) Organisationen der regionalen Wirtschaftsintegration üben in Angelegenheiten ihrer Zuständigkeit ihr Stimmrecht mit der Anzahl von Stimmen aus, die der Anzahl ihrer Mitgliedstaaten entspricht, welche Vertragsparteien dieses Übereinkommens sind. Diese Organisationen üben ihr Stimmrecht nicht aus, wenn ihre Mitgliedstaaten ihr Stimmrecht ausüben, und umgekehrt.

Artikel 12

Sekretariat

Der Exekutivsekretär der Wirtschaftskommission für Europa erfüllt folgende Sekretariatsaufgaben:

a) Er beruft die Tagungen der Vertragsparteien ein und bereitet sie vor;
b) er übermittelt den Vertragsparteien Berichte und sonstige Informationen, die er aufgrund dieses Übereinkommens erhalten hat und
c) er nimmt sonstige ihm von den Vertragsparteien zugewiesene Aufgaben wahr.

Artikel 13

Anhänge

Die Anhänge dieses Übereinkommens sind Bestandteil des Übereinkommens.

Artikel 14

Änderungen des Übereinkommens

(1) Jede Vertragspartei kann Änderungen dieses Übereinkommens vorschlagen.

(2) Der Wortlaut einer vorgeschlagenen Änderung dieses Übereinkommens wird dem Exekutivsekretär der Wirtschaftskommission für Europa schriftlich vorgelegt; dieser übermittelt ihn allen Vertragsparteien spätestens neunzig Tage vor der Tagung der Vertragsparteien, auf der er zur Beschlußfassung vorgeschlagen wird.

(3) Die Vertragsparteien unternehmen alle Bemühungen, um über alle vorgeschlagenen Änderungen dieses Übereinkommens eine Einigung durch Konsens zu erzielen. Sind alle Bemühungen, einen Konsens zu erreichen, ausgeschöpft und wurde hierbei keine Einigung erzielt, so wird die Änderung notfalls mit Dreiviertelmehrheit der auf der Tagung anwesenden und abstimmenden Vertragsparteien beschlossen.

(4) Nach Absatz 3 beschlossene Änderungen dieses Übereinkommens übermittelt der Verwahrer allen Vertragsparteien zur Ratifikation, Genehmigung oder Annahme. Änderungen dieses Übereinkommens, bei denen es sich nicht um Änderungen eines Anhangs handelt, treten für die Vertragsparteien, die sie ratifiziert, genehmigt oder angenommen haben, am neunzigsten Tag nach dem Eingang der Notifikation ihrer Ratifikation, Genehmigung oder Annahme durch mindestens drei Viertel dieser Vertragsparteien beim Verwahrer in Kraft. Danach treten sie für jede andere Vertragspartei am neunzigsten Tag nach dem Zeitpunkt in Kraft, zu dem diese Vertragspartei ihre Urkunde über die Ratifikation, Genehmigung oder Annahme der Änderungen hinterlegt hat.

(5) Jede Vertragspartei, die eine Änderung eines Anhangs zu diesem Übereinkommen nicht genehmigen kann, notifiziert dies dem Verwahrer schriftlich innerhalb von zwölf Monaten nach dem Tag der Übermittlung des Änderungsbeschlusses. Der Verwahrer notifiziert allen Vertragsparteien unverzüglich den Eingang jeder derartigen Notifikation. Eine Vertragspartei kann jederzeit ihre frühere Notifikation durch eine Annahme ersetzen; für diese Vertragspartei treten die Änderungen dieses Anhangs mit Hinterlegung einer Annahmeurkunde beim Verwahrer in Kraft.

(6) Eine Änderung eines Anhangs tritt zwölf Monate nach ihrer in Absatz 4 vorgesehenen Übermittlung durch den Verwahrer für die Vertragsparteien

in Kraft, die dem Verwahrer keine Notifikation nach Absatz 5 vorgelegt haben, sofern nicht mehr als ein Drittel der Vertragsparteien eine derartige Notifikation vorgelegt hat.

(7) Im Sinne dieses Artikels bedeutet „anwesende und abstimmende Vertragsparteien" die Vertragsparteien, die anwesend sind und eine Ja- oder Neinstimme abgeben.

Artikel 15

Überprüfung der Einhaltung der Bestimmungen des Übereinkommens

Die Tagung der Vertragsparteien trifft durch Konsensentscheidung Regelungen über eine freiwillige, nichtstreitig angelegte, außergerichtliche und auf Konsultationen beruhende Überprüfung der Einhaltung der Bestimmungen dieses Übereinkommens. Diese Regelungen lassen eine angemessene Einbeziehung der Öffentlichkeit zu und können die Möglichkeit beinhalten, Stellungnahmen von Mitgliedern der Öffentlichkeit zu Angelegenheiten im Zusammenhang mit diesem Übereinkommen zu prüfen.

Artikel 16

Beilegung von Streitigkeiten

(1) Entsteht eine Streitigkeit zwischen zwei oder mehreren Vertragsparteien über die Auslegung oder Anwendung dieses Übereinkommens, so bemühen sich diese, durch Verhandlung oder andere für die Streitparteien annehmbare Mittel der Streitbeilegung eine Lösung herbeizuführen.

(2) Bei der Unterzeichnung, der Ratifikation, der Annahme oder der Genehmigung dieses Übereinkommens oder beim Beitritt zu ihm oder jederzeit danach kann eine Vertragspartei dem Verwahrer schriftlich erklären, daß sie für eine nicht nach Absatz 1 beigelegte Streitigkeit eines der folgenden Mittel der Streitbeilegung oder beide gegenüber jeder anderen Vertragspartei, welche dieselbe Verpflichtung übernimmt, als obligatorisch anerkennt:

a) die Vorlage der Streitigkeit beim Internationalen Gerichtshof;

b) ein Schiedsverfahren nach dem in Anhang II festgelegten Verfahren.

(3) Haben die Streitparteien beide in Absatz 2 genannten Mittel der Streitbeilegung anerkannt, so darf die Streitigkeit nur dem Internationalen Gerichtshof vorgelegt werden, sofern die Parteien nichts anderes vereinbaren.

Artikel 17

Unterzeichnung

Dieses Übereinkommen liegt am 25. Juni 1998 in Århus (Dänemark) und danach bis zum 21. Dezember 1998 am Sitz der Vereinten Nationen in New York für die Mitgliedstaaten der Wirtschaftskommission für Europa, für Staaten, die nach den Nummern 8 und 11 der Entschließung 36 (IV) des Wirtschafts- und Sozialrats vom 28. März 1947 bei der Wirtschaftskommission für Europa beratenden Status haben, und für Organisationen der regionalen Wirtschaftsintegration, die aus souveränen Staaten, welche Mitglieder der Wirtschaftskommission für Europa sind, gebildet werden und denen ihre Mitgliedstaaten die Zuständigkeit für die von dem Übereinkommen erfaßten Angelegenheiten, einschließlich der Zuständigkeit, über diese Angelegenheiten Verträge zu schließen, übertragen haben, zur Unterzeichnung auf.

Artikel 18

Verwahrer*

Der Generalsekretär der Vereinten Nationen nimmt die Aufgaben des Verwahrers** dieses Übereinkommens wahr.

Artikel 19

Ratifikation, Annahme, Genehmigung und Beitritt

(1) Dieses Übereinkommen bedarf der Ratifikation, Annahme oder Genehmigung durch die Unterzeichnerstaaten und die Organisationen der regionalen Wirtschaftsintegration.

(2) Dieses Übereinkommen steht vom 22. Dezember 1998 an für die in Artikel 17 genannten Staaten und Organisationen der regionalen Wirtschaftsintegration zum Beitritt offen.

(3) Jeder nicht in Absatz 2 genannte Staat, der Mitglied der Vereinten Nationen ist, kann dem Übereinkommen mit Genehmigung der Tagung der Vertragsparteien beitreten.

---

* CH: Depositar

** CH: Depositars

(4) Jede in Artikel 17 genannte Organisation, die Vertragspartei dieses Übereinkommens wird, ohne daß einer ihrer Mitgliedstaaten Vertragspartei ist, ist durch alle Verpflichtungen aus dem Übereinkommen gebunden. Ist ein Mitgliedstaat oder sind mehrere Mitgliedstaaten einer solchen Organisation Vertragspartei des Übereinkommens, so entscheiden die Organisation und ihre Mitgliedstaaten über ihre jeweiligen Verantwortlichkeiten hinsichtlich der Erfüllung ihrer Verpflichtungen aus dem Übereinkommen. In diesen Fällen sind die Organisation und die Mitgliedstaaten nicht berechtigt, die Rechte aus dem Übereinkommen gleichzeitig auszuüben.

(5) In ihren Ratifikations-, Annahme-, Genehmigungs- oder Beitrittsurkunden erklären die in Artikel 17 genannten Organisationen der regionalen Wirtschaftsintegration den Umfang ihrer Zuständigkeiten in bezug auf die durch dieses Übereinkommen erfaßten Angelegenheiten. Diese Organisationen teilen dem Verwahrer* auch jede wesentliche Änderung des Umfangs ihrer Zuständigkeiten mit.

Artikel 20

Inkrafttreten

(1) Dieses Übereinkommen tritt am neunzigsten Tag nach dem Tag der Hinterlegung der sechzehnten Ratifikations-, Annahme-, Genehmigungs- oder Beitrittsurkunde in Kraft.

(2) Für die Zwecke des Absatzes 1 zählt eine von einer Organisation der regionalen Wirtschaftsintegration hinterlegte Urkunde nicht als zusätzliche Urkunde zu den von den Mitgliedstaaten der Organisation hinterlegten Urkunden.

(3) Für alle in Artikel 17 bezeichneten Staaten oder Organisationen, die nach Hinterlegung der sechzehnten Ratifikations-, Annahme-, Genehmigungs- oder Beitrittsurkunde dieses Übereinkommen ratifizieren, annehmen oder genehmigen oder ihm beitreten, tritt das Übereinkommen am neunzigsten Tag nach dem Tag der Hinterlegung der Ratifikations-, Annahme-, Genehmigungs- oder Beitrittsurkunde durch den Staat oder die Organisation in Kraft.

---

* CH: Depositar

Artikel 21

Rücktritt

Eine Vertragspartei kann jederzeit nach Ablauf von drei Jahren nach dem Tag, an dem dieses Übereinkommen für sie in Kraft getreten ist, durch eine an den Verwahrer* gerichtete schriftliche Notifikation von dem Übereinkommen zurücktreten. Der Rücktritt wird am neunzigsten Tag nach dem Tag des Eingangs der Notifikation beim Verwahrer** wirksam.

Artikel 22

Verbindliche Wortlaute

Die Urschrift dieses Übereinkommens, dessen englischer, französischer und russischer Wortlaut gleichermaßen verbindlich ist, wird beim Generalsekretär der Vereinten Nationen hinterlegt.
Zu Urkunde dessen haben die hierzu gehörig befugten Unterzeichneten dieses Übereinkommen unterschrieben.
Geschehen zu Århus (Dänemark) am 25. Juni 1998.

Anhänge

Anhang I

Liste der in Artikel 6 Absatz 1 Buchstabe a genannten Tätigkeiten
(1) Energiebereich
- Mineralöl- und Gasraffinerien;
- Vergasungs- und Verflüssigungsanlagen;
- Wärmekraftwerke und andere Verbrennungsanlagen mit einer Feuerungswärmeleistung von mindestens 50 Megawatt (MW);
- Kokereien;
- Kernkraftwerke und andere Kernreaktoren einschließlich der Demontage oder Stillegung solcher Kraftwerke oder Reaktoren[1] (mit Ausnahme von Forschungseinrichtungen zur Erzeugung und Bearbeitung von

---

* CH: Depositar

** CH: Depositar

1 Kernkraftwerke und andere Kernreaktoren gelten nicht mehr als solche, wenn der gesamte Kernbrennstoff und andere radioaktiv kontaminierte Komponenten auf Dauer vom Standort der Anlage entfernt wurden.

spaltbaren und brutstoffhaltigen Stoffen, deren Höchstleistung 1 kW thermische Dauerleistung nicht übersteigt);
- Anlagen zur Wiederaufarbeitung bestrahlter Kernbrennstoffe;
- Anlagen
- mit dem Zweck der Erzeugung oder Anreicherung von Kernbrennstoffen;
- mit dem Zweck der Aufarbeitung bestrahlter Kernbrennstoffe oder hochradioaktiver Abfälle;
- mit dem Zweck der endgültigen Beseitigung bestrahlter Kernbrennstoffe;
- mit dem ausschließlichen Zweck der endgültigen Beseitigung radioaktiver Abfälle;
- mit dem ausschließlichen Zweck der (für mehr als 10 Jahre geplanten) Lagerung bestrahlter Kernbrennstoffe oder radioaktiver Abfälle an einem anderen Ort als dem Produktionsort.

(2) Herstellung und Verarbeitung von Metallen
- Röst- oder Sinteranlagen für Metallerz einschließlich sulfidischer Erze;
- Anlagen für die Herstellung von Roheisen oder Stahl (Primär- oder Sekundärschmelzung) einschließlich Stranggießen mit einer Kapazität von mehr als 2,5 t pro Stunde;
- Anlagen zur Verarbeitung von Eisenmetallen durch
  - i) Warmwalzen mit einer Leistung von mehr als 20 t Rohstahl pro Stunde;
  - ii) Schmieden mit Hämmern, deren Schlagenergie 50 Kilojoule pro Hammer überschreitet, bei einer Wärmeleistung von über 20 MW;
  - iii) Aufbringen von schmelzflüssigen metallischen Schutzschichten mit einer Verarbeitungskapazität von mehr als 2 t Rohstahl pro Stunde;
- Eisenmetallgießereien mit einer Produktionskapazität von über 20 t pro Tag;
- Anlagen
  - i) zur Gewinnung von Nichteisenrohmetallen aus Erzen, Konzentraten oder sekundären Rohstoffen durch metallurgische, chemische oder elektrolytische Verfahren;
  - ii) zum Schmelzen, einschließlich Legieren, von Nichteisenmetallen, darunter auch Wiedergewinnungsprodukte (Raffination, Gießen usw.) mit einer Schmelzkapazität von mehr als 4 t pro Tag bei Blei und Kadmium oder 20 t pro Tag bei allen anderen Metallen;

– Anlagen zur Oberflächenbehandlung von Metallen und Kunststoffen durch ein elektrolytisches oder chemisches Verfahren, wenn das Volumen der Wirkbäder 30 m^3 übersteigt.

(3) Mineralverarbeitende Industrie
- Anlagen zur Herstellung von Zementklinkern in Drehrohröfen mit einer Produktionskapazität von über 500 t pro Tag oder von Kalk in Drehrohröfen mit einer Produktionskapazität von über 50 t pro Tag oder in anderen Öfen mit einer Produktionskapazität von über 50 t pro Tag;
- Anlagen zur Gewinnung von Asbest und zur Herstellung von Erzeugnissen aus Asbest;
- Anlagen zur Herstellung von Glas einschließlich Anlagen zur Herstellung von Glasfasern mit einer Schmelzkapazität von über 20 t pro Tag;
- Anlagen zum Schmelzen mineralischer Stoffe einschließlich Anlagen zur Herstellung von Mineralfasern mit einer Schmelzkapazität von über 20 t pro Tag;
- Anlagen zur Herstellung von keramischen Erzeugnissen durch Brennen, und zwar insbesondere von Dachziegeln, Ziegelsteinen, feuerfesten Steinen, Fliesen, Steinzeug oder Porzellan mit einer Produktionskapazität von über 75 t pro Tag und/oder einer Ofenkapazität von über 4 m^3 und einer Besatzdichte pro Ofen von über 300 kg/m^3.

(4) Chemische Industrie Herstellung im Sinne der Kategorien von Tätigkeiten unter Nummer 4 bedeutet die Herstellung der unter den Buchstaben a bis g genannten Stoffe oder Stoffgruppen durch chemische Umwandlung im industriellen Umfang:

a) Chemieanlagen zur Herstellung von organischen Grundchemikalien wie
   i) einfachen Kohlenwasserstoffen (linearen oder ringförmigen, gesättigten oder ungesättigten, aliphatischen oder aromatischen);
   ii) sauerstoffhaltigen Kohlenwasserstoffen wie Alkoholen, Aldehyden, Ketonen, Carbonsäuren, Estern, Acetaten, Ethern, Peroxiden, Epoxiden;
   iii) schwefelhaltigen Kohlenwasserstoffen;
   iv) stickstoffhaltigen Kohlenwasserstoffen wie Aminen, Amiden, Nitroso-, Nitro- oder Nitratverbindungen, Nitrilen, Cyanaten, Isocyanaten;
   v) phosphorhaltigen Kohlenwasserstoffen;
   vi) halogenhaltigen Kohlenwasserstoffen;
   vii) metallorganischen Verbindungen;

viii) Basiskunststoffen (Polymeren, Chemiefasern, Fasern auf Zellstoffbasis);
ix) synthetischen Kautschuken;
x) Farbstoffen und Pigmenten;
xi) Tensiden;

b) Chemieanlagen zur Herstellung von anorganischen Grundchemikalien wie
   i) Gasen wie Ammoniak, Chlor oder Chlorwasserstoff, Fluor oder Fluorwasserstoff, Kohlenstoffoxiden, Schwefelverbindungen, Stickstoffoxiden, Wasserstoff, Schwefeldioxid, Phosgen;
   ii) Säuren wie Chromsäure, Flußsäure, Phosphorsäure, Salpetersäure, Salzsäure, Schwefelsäure, Oleum, schwefeligen Säuren;
   iii) Basen wie Ammoniumhydroxid, Kaliumhydroxid, Natriumhydroxid;
   iv) Salzen wie Ammoniumchlorid, Kaliumchlorat, Kaliumkarbonat, Natriumkarbonat, Perborat, Silbernitrat;
   v) Nichtmetallen, Metalloxiden oder sonstigen anorganischen Verbindungen wie Kalziumkarbid, Silicium, Siliciumkarbid;

c) Chemieanlagen zur Herstellung von phosphor-, stickstoff- oder kaliumhaltigen Düngemitteln (Einnährstoff- oder Mehrnährstoffdüngern);

d) Chemieanlagen zur Herstellung von Ausgangsstoffen für Pflanzenschutzmittel und von Bioziden;

e) Anlagen zur Herstellung von Grundarzneimitteln unter Verwendung eines chemischen oder biologischen Verfahrens;

f) Chemieanlagen zur Herstellung von Explosivstoffen;

g) Chemieanlagen, in denen chemische oder biologische Verfahren zur Herstellung von Zusatzstoffen in Eiweißfuttermitteln, Fermenten und anderen Eiweißstoffen angewandt werden.

(5) Abfallbehandlung

- Anlagen zur Verbrennung, Verwertung, chemischen Behandlung oder Deponierung gefährlicher Abfälle;
- Müllverbrennungsanlagen für Siedlungsmüll mit einer Kapazität von über 3 t pro Stunde;
- Anlagen zur Beseitigung ungefährlicher Abfälle mit einer Kapazität von über 50 t pro Tag;
- Deponien mit einer Aufnahmekapazität von über 10 t pro Tag oder einer Gesamtkapazität von über 25.000 t, mit Ausnahme der Deponien für Inertabfälle.

(6) Abwasserbehandlungsanlagen mit einer Leistung von mehr als 150.000 Einwohnerwerten.

(7) Industrieanlagen zur Herstellung von
   a) Zellstoff aus Holz oder anderen Faserstoffen;
   b) Papier und Pappe, deren Produktionskapazität 20 t pro Tag übersteigt.

(8) a) Bau von Eisenbahn-Fernverkehrsstrecken und Flughäfen[2] mit einer Start- und Landebahngrundlänge von 2.100 m und mehr;
   b) Bau von Autobahnen und Schnellstraßen[3];
   c) Bau von neuen vier- oder mehrspurigen Straßen oder Verlegung und/ oder Ausbau von bestehenden ein- oder zweispurigen Straßen zu vier- oder mehrspurigen Straßen, wenn diese neue Straße oder dieser verlegte und/oder ausgebaute Straßenabschnitt eine durchgehende Länge von 10 km oder mehr aufweisen würde.

(9) a) Wasserstraßen und Häfen für die Binnenschiffahrt, die für Schiffe mit mehr als 1.350 t zugänglich sind;
   b) Seehandelshäfen, mit Binnen- und Außenhäfen verbundene Landungsstege (mit Ausnahme von Landungsstegen für Fährschiffe) zum Laden und Löschen, die Schiffe mit mehr als 1.350 t aufnehmen können.

(10) Grundwasserentnahme- oder künstliche Grundwasserauffüllungssysteme mit einem jährlichen Entnahme- oder Auffüllungsvolumen von mindestens 10 Mio. m^3.

(11) a) Bauvorhaben zur Umleitung von Wasserressourcen von einem Flußeinzugsgebiet in ein anderes, wenn durch die Umleitung Wassermangel verhindert werden soll und mehr als 100 Mio. m^3 pro Jahr an Wasser umgeleitet werden;
   b) in allen anderen Fällen Bauvorhaben zur Umleitung von Wasserressourcen von einem Flußeinzugsgebiet in ein anderes, wenn der langjährige durchschnittliche Wasserdurchfluß des Flußeinzugsgebiets, dem Wasser entnommen wird, 2.000 Mio. m^3 pro Jahr übersteigt und mehr als 5 Prozent dieses Durchflusses umgeleitet werden. In beiden Fällen wird der Transport von Trinkwasser in Rohren nicht berücksichtigt.

---

2 „Flughäfen" im Sinne dieses Übereinkommens sind Flughäfen nach der Begriffsbestimmung des Abkommens von Chicago von 1944 zur Errichtung der Internationalen Zivilluftfahrt-Organisation – Abkommen über die Internationale Zivilluftfahrt – (Anhang 14).

3 „Schnellstraßen" im Sinne dieses Übereinkommens sind Schnellstraßen nach der Begriffsbestimmung des europäischen Übereinkommens vom 15. November 1975 über die Hauptstraßen des internationalen Verkehrs (AGR).

(12) Gewinnung von Erdöl und Erdgas zu gewerblichen Zwecken mit einem Fördervolumen von mehr als 500 t pro Tag bei Erdöl und von mehr als 500.000 m^3 pro Tag bei Erdgas.

(13) Stauwerke und sonstige Anlagen zur Zurückhaltung oder dauerhaften Speicherung von Wasser, in denen über 10 Mio. m^3 Wasser neu oder zusätzlich zurückgehalten oder gespeichert werden.

(14) Öl-, Gas- und Chemikalienpipelines mit einem Durchmesser von mehr als 800 mm und einer Länge von mehr als 40 km.

(15) Anlagen zur Intensivhaltung oder -aufzucht von Geflügel oder Schweinen mit mehr als
   a) 40.000 Plätzen für Geflügel;
   b) 2.000 Plätzen für Mastschweine (Schweine über 30 kg) oder
   c) 750 Plätzen für Säue.

(16) Steinbrüche und Tagebau auf einer Abbaufläche von mehr als 25 Hektar oder Torfgewinnung auf einer Fläche von mehr als 150 Hektar.

(17) Bau von Hochspannungsfreileitungen für eine Stromstärke von 220 kV oder mehr und mit einer Länge von mehr als 15 km.

(18) Anlagen zur Lagerung von Erdöl, petrochemischen oder chemischen Erzeugnissen mit einer Kapazität von 200.000 t und mehr.

(19) Sonstige Tätigkeiten:
   - Anlagen zur Vorbehandlung (zum Beispiel Waschen, Bleichen, Merzerisieren) oder zum Färben von Fasern oder Textilien, deren Verarbeitungskapazität 10 t pro Tag übersteigt;
   - Anlagen zum Gerben von Häuten oder Fellen mit einer Verarbeitungskapazität von mehr als 12 t Fertigerzeugnissen pro Tag;
   a) Anlagen zum Schlachten mit einer Schlachtkapazität (Tierkörper) von mehr als 50 t pro Tag;
   b) Behandlungs- und Verarbeitungsanlagen zur Herstellung von Nahrungsmittelerzeugnissen aus
      i) tierischen Rohstoffen (mit Ausnahme von Milch) mit einer Produktionskapazität von mehr als 75 t Fertigerzeugnissen pro Tag;
      ii) pflanzlichen Rohstoffen mit einer Produktionskapazität von mehr als 300 t Fertigerzeugnissen pro Tag (Vierteljahresdurchschnittswert);
   c) Anlagen zur Behandlung und Verarbeitung von Milch, wenn die eingehende Milchmenge 200 t pro Tag übersteigt (Jahresdurchschnittswert);

- Anlagen zur Beseitigung oder Verwertung von Tierkörpern und tierischen Abfällen mit einer Verarbeitungskapazität von mehr als 10 t pro Tag;
- Anlagen zur Oberflächenbehandlung von Stoffen, Gegenständen oder Erzeugnissen unter Verwendung organischer Lösungsmittel, insbesondere zum Appretieren, Bedrucken, Beschichten, Entfetten, Imprägnieren, Kleben, Lackieren, Reinigen oder Tränken, mit einer Verbrauchskapazität von mehr als 150 kg Lösungsmitteln pro Stunde oder von mehr als 200 t pro Jahr;
- Anlagen zur Herstellung von Kohlenstoff (Hartbrandkohle) oder Elektrographit durch Brennen oder Graphitieren.

(20) Jede Tätigkeit, die nicht durch die Nummern 1 bis 19 erfaßt ist, wenn für sie eine Öffentlichkeitsbeteiligung aufgrund eines Verfahrens zur Umweltverträglichkeitsprüfung nach den innerstaatlichen Rechtsvorschriften vorgesehen ist.

(21) Artikel 6 Absatz 1 Buchstabe a dieses Übereinkommens findet keine Anwendung auf die genannten Vorhaben, wenn sie ausschließlich oder hauptsächlich zur Forschung, Entwicklung und Erprobung neuer Methoden oder Produkte über einen Zeitraum von weniger als zwei Jahren durchgeführt werden, es sei denn, sie würden wahrscheinlich erhebliche nachteilige Auswirkungen auf die Umwelt oder die Gesundheit haben.

(22) Jede Änderung oder Erweiterung von Tätigkeiten unterliegt Artikel 6 Absatz 1 Buchstabe a dieses Übereinkommens, wenn sie für sich betrachtet die Kriterien/Schwellenwerte in diesem Anhang erreicht. Jede sonstige Änderung oder Erweiterung von Tätigkeiten unterliegt Artikel 6 Absatz 1 Buchstabe b dieses Übereinkommens.

Anhang II

Schiedsverfahren

(1) Wird eine Streitigkeit einem Schiedsverfahren nach Artikel 16 Absatz 2 dieses Übereinkommens unterworfen, so teilt die Vertragspartei oder teilen die Vertragsparteien dem Sekretariat den Gegenstand des Schiedsverfahrens mit und geben insbesondere die Artikel des Übereinkommens an, deren Auslegung oder Anwendung strittig ist. Das Sekretariat leitet die eingegangenen Mitteilungen an alle Vertragsparteien des Übereinkommens weiter.

(2) Das Schiedsgericht besteht aus drei Mitgliedern. Sowohl die antragstellende(n) Partei(en) als auch die andere(n) Streitpartei(en) bestellen einen

Schiedsrichter; die so bestellten Schiedsrichter ernennen einvernehmlich den dritten Schiedsrichter zum Präsidenten des Schiedsgerichts. Dieser darf weder Staatsangehöriger einer der Streitparteien sein, seinen gewöhnlichen Aufenthalt im Hoheitsgebiet einer dieser Parteien haben, im Dienst einer derselben stehen noch in anderer Eigenschaft mit der Sache befaßt gewesen sein.

(3) Ist der Präsident des Schiedsgerichts nicht binnen zwei Monaten nach Bestellung des zweiten Schiedsrichters ernannt worden, so ernennt der Exekutivsekretär der Wirtschaftskommission für Europa den Präsidenten auf Antrag einer der Streitparteien binnen weiterer zwei Monate.

(4) Bestellt eine der Streitparteien nicht innerhalb von zwei Monaten nach Eingang des Antrags einen Schiedsrichter, so kann die andere Partei den Exekutivsekretär der Wirtschaftskommission für Europa davon in Kenntnis setzen; dieser ernennt den Präsidenten des Schiedsgerichts binnen weiterer zwei Monate. Nach seiner Ernennung fordert der des Schiedsgerichts die Partei, die noch keinen Schiedsrichter bestellt hat, auf diese Bestellung binnen zwei Monaten vorzunehmen. Kommt die Partei dieser Aufforderung innerhalb dieser Frist nicht nach, so unterrichtet der Präsident den Exekutivsekretär der Wirtschaftskommission für Europa, der die Bestellung binnen weiterer zwei Monate vornimmt.

(5) Das Schiedsgericht trifft seine Entscheidungen nach Maßgabe des Völkerrechts und dieses Übereinkommens.

(6) Ein nach diesem Anhang gebildetes Schiedsgericht gibt sich eine Verfahrensordnung.

(7) Das Schiedsgericht entscheidet über verfahrensrechtliche und materiellrechtliche Fragen mit der Mehrheit seiner Mitglieder.

(8) Das Schiedsgericht kann zur Feststellung der Tatsachen alle geeigneten Maßnahmen ergreifen.

(9) Die Streitparteien erleichtern die Arbeit des Schiedsgerichts; insbesondere werden sie ihm mit allen ihnen zur Verfügung stehenden Mitteln

a) alle sachdienlichen Schriftstücke vorlegen, Erleichterungen einräumen und Auskünfte erteilen und

b) die Möglichkeit geben, soweit nötig Zeugen oder Sachverständige zu laden und ihre Aussagen einzuholen.

(10) Die Parteien und die Schiedsrichter wahren die Vertraulichkeit aller während des Verfahrens vor dem Schiedsgericht vertraulich erhaltenen Mitteilungen.

(11) Das Schiedsgericht kann auf Antrag einer der Parteien einstweilige Schutzmaßnahmen empfehlen.

(12) Erscheint eine der Streitparteien nicht vor dem Schiedsgericht oder unterläßt sie es, sich zur Sache zu äußern, so kann die andere Partei das Gericht ersuchen, das Verfahren fortzuführen und seine endgültige Entscheidung zu fällen. Abwesenheit oder das Versäumnis einer Partei, sich zur Sache zu äußern, stellt kein Hindernis für das Verfahren dar.

(13) Das Schiedsgericht kann über Gegenklagen, die mit dem Streitgegenstand unmittelbar im Zusammenhang stehen, verhandeln und entscheiden.

(14) Sofern das Schiedsgericht nicht wegen der besonderen Umstände des Einzelfalls etwas anderes beschließt, werden die Kosten des Gerichts, einschließlich der Vergütung seiner Mitglieder, von den Streitparteien zu gleichen Teilen getragen. Das Gericht verzeichnet alle seine Kosten und legt den Parteien eine Schlußabrechnung vor.

(15) Hat eine Vertragspartei dieses Übereinkommens ein rechtliches Interesse an dem Streitgegenstand und kann sie durch die Entscheidung des Falles berührt werden, so kann sie mit Zustimmung des Gerichts dem Verfahren beitreten.

(16) Das Schiedsgericht fällt seinen Schiedsspruch binnen fünf Monaten nach dem Zeitpunkt, zu dem es gebildet wurde; hält es jedoch eine Verlängerung dieser Frist für notwendig, so soll diese fünf Monate nicht überschreiten.

(17) Der Schiedsspruch des Schiedsgerichts ist mit einer Begründung zu versehen. Er ist endgültig und für alle Streitparteien bindend. Das Schiedsgericht übermittelt den Schiedsspruch den Streitparteien und dem Sekretariat. Dieses leitet die eingegangene Mitteilung an alle Vertragsparteien dieses Übereinkommens weiter.

(18) Streitigkeiten zwischen den Parteien über die Auslegung oder Vollstreckung des Schiedsspruchs können von jeder Partei dem Schiedsgericht, das den Schiedsspruch gefällt hat, oder, falls dieses Gericht nicht befaßt werden kann, einem anderen Gericht, das zu diesem Zweck auf die gleiche Weise gebildet wird wie das erste, unterbreitet werden.

2. RICHTLINIE 2003/35/EG DES EUROPÄISCHEN PARLAMENTS UND DES RATES

vom 26. Mai 2003

über die Beteiligung der Öffentlichkeit bei der Ausarbeitung bestimmter umweltbezogener Pläne und Programme und zur Änderung der Richtlinien 85/337/EWG und 96/61/EG des Rates in Bezug auf die Öffentlichkeitsbeteiligung und den Zugang zu Gerichten

DAS EUROPÄISCHE PARLAMENT UND DER RAT DER EUROPÄISCHEN UNION –

gestützt auf den Vertrag zur Gründung der Europäischen Gemeinschaft, insbesondere auf Artikel 175,
auf Vorschlag der Kommission[1],
nach Stellungnahme des Europäischen Wirtschafts- und Sozialausschusses[2],
nach Stellungnahme des Ausschusses der Regionen[3],
gemäß dem Verfahren des Artikels 251 des Vertrags[4], aufgrund des vom Vermittlungsausschuss am 15. Januar 2003 gebilligten gemeinsamen Entwurfs,
in Erwägung nachstehender Gründe:

(1) Die gemeinschaftlichen Umweltvorschriften sollen dazu beitragen, die Umweltqualität zu erhalten, zu schützen und zu verbessern sowie die menschliche Gesundheit zu schützen.

(2) Die gemeinschaftlichen, Umweltvorschriften enthalten auch Bestimmungen, die Behörden oder andere Stellen beachten müssen, wenn sie Entscheidungen treffen, die erhebliche Auswirkungen auf die Umwelt und auf die Gesundheit und das Wohlbefinden des Einzelnen haben können.

(3) Eine effektive Beteiligung der Öffentlichkeit bei Entschei- dungen ermöglicht es einerseits der Öffentlichkeit, Meinungen und Bedenken zu äußern, die für diese Entscheidungen von Belang sein können, und ermöglicht es

---

1 ABl. C 154 E vom 29.5.2001, S. 123.

2 ABl. C 221 vom 7.8.2001, S. 65.

3 ABl. C 357 vom 14.12.2001, S. 58.

4 Stellungnahme des Europäischen Parlaments vom 23. Oktober 2001 (ABl. C 112 E vom 9.5.2002, S. 125), Gemeinsamer Standpunkt des Rates vom 25. April 2002 (ABl. C 170 E vom 16.7.2002, S. 22) und Beschluss des Europäischen Parlaments vom 5. September 2002 (noch nicht im Amtsblatt veröffentlicht). Beschluss des Europäischen Parlaments vom 30. Januar 2003 und Beschluss des Rates vom 4. März 2003.

andererseits auch den Entscheidungsträgern, diese Meinungen und Bedenken zu berücksichtigen; dadurch wird der Entscheidungsprozess nachvollziehbarer und transparenter, und in der Öffentlichkeit wächst das Bewusstsein für Umweltbelange sowie die Unterstützung für die getroffenen Entscheidungen.

(4) Die Beteiligung, in die auch Verbände, Organisationen und Gruppen – insbesondere Nichtregierungsorganisa tionen, die sich für den Umweltschutz einsetzen – einbezogen sind, sollte daher gefördert werden, unter anderem auch durch Förderung der Umwelterziehung der Öffentlichkeit.

(5) Die Gemeinschaft hat am 25. Juni 1998 das UN/ECE-Übereinkommen über den Zugang zu Informationen, die Öffentlichkeitsbeteiligung an Entscheidungsverfahren und den Zugang zu Gerichten in Umweltangelegenheiten ("Ärhus-Ubereinkommen") unterzeichnet. Damit die Gemeinschaft dieses Übereinkommen ratifizieren kann, sollte das Gemeinschaftsrecht ordnungsgemäß an dieses Übereinkommen angeglichen werden.

(6) Eines der Ziele des Ärhus-Übereinkommens ist es, das Recht auf Beteiligung der Öffentlichkeit an Entscheidungsverfahren in Umweltangelegenheiten zu gewährleisten und somit dazu beizutragen, dass das Recht des Einzelnen auf ein Leben in einer der Gesundheit und dem Wohlbefinden zuträglichen Umwelt geschützt wird.

(7) Artikel 6 des Ärhus-Übereinkommens sieht die Beteiligung der Öffentlichkeit an Entscheidungen über bestimmte Tätigkeiten, die in Anhang I des Übereinkommens aufgeführt sind, sowie über dort nicht aufgeführte Tätigkeiten, die eine erhebliche Auswirkung auf die Umwelt haben können, vor.

(8) Artikel 7 des Ärhus-Übereinkommens sieht die Beteiligung der Öffentlichkeit bei umweltbezogenen Plänen und Programmen vor.

(9) Artikel 9 Absätze 2 und 4 des Ärhus-Übereinkommens sieht Bestimmungen über den Zugang zu gerichtlichen oder anderen Verfahren zwecks Anfechtung der materiell- und verfahrensrechtlichen Rechtmäßigkeit von Entscheidungen, Handlungen oder Unterlassungen in Fällen vor, in denen gemäß Artikel 6 des Übereinkommens eine Öffentlichkeitsbeteiligung vorgesehen ist.

(10) Für bestimmte Richtlinien im Umweltbereich, aufgrund deren die Mitgliedstaaten umweltbezogene Pläne und Programme erstellen müssen, die jedoch keine hinreichenden Bestimmungen über die Beteiligung der Öffentlichkeit enthalten, sollten Bestimmungen erlassen werden, die die Beteiligung der Öffentlichkeit in Einklang mit dem Ärhus-Übereinkom-

men, insbesondere mit Artikel 7, gewährleisten. Andere einschlägige Rechtsvorschriften der Gemeinschaft enthalten bereits Bestimmungen über die Beteiligung der Öffentlichkeit bei der Ausarbeitung von Plänen und Programmen, und in Zukunft werden Anforderungen hinsichtlich der Beteiligung der Öffentlichkeit im Einklang mit dem Ärhus-Übereinkommen von Anfang an in die einschlägigen Rechtsvorschriften einbezogen.

(11) Die Richtlinie 85/337/EWG des Rates vom 27. Juni 1985 über die Umweltverträglichkeitsprüfung bei bestimmten öffentlichen und privaten Projekten[5] und die Richtlinie 96/61/EG des Rates vom 24. September 1996 über die integrierte Vermeidung und Verminde rung der Umweltverschmutzung[6] sollten geändert werden, um ihre vollständige Übereinstimmung mit den Bestimmungen des Århus-Übereinkommens, insbeson dere mit Artikel 6 und Artikel 9 Absätze 2 und 4, sicher zustellen.

(12) Da das Ziel der vorgeschlagenen Maßnahme, nämlich zur Erfüllung der Pflichten aufgrund des Århus-Überein kommens beizutragen, auf Ebene der Mitgliedstaaten nicht ausreichend erreicht werden kann und daher wegen des Umfangs und der Wirkungen der Maßnahme besser auf Gemeinschaftsebene zu erreichen ist, kann die Gemeinschaft im Einklang mit dem in Artikel 5 des Vertrags niedergelegten Subsidiaritätsprinzip tätig werden. Entsprechend dem in demselben Artikel genannten Verhältnismäßigkeitsprinzip geht diese Richtlinie nicht über das für die Erreichung dieses Zieles erforderliche Maß hinaus.

HABEN FOLGENDE RICHTLINIE ERLASSEN:

Artikel 1
Ziel

Ziel dieser Richtlinie ist es, zur Erfüllung der Pflichten aufgrund des Århus-Übereinkommens beizutragen, insbesondere durch

a) Bestimmungen über eine Beteiligung der Öffentlichkeit bei der Ausarbeitung bestimmter umweltbezogener Pläne und Programme und
b) eine verbesserte Öffentlichkeitsbeteiligung sowie Bestim mungen über den Zugang zu den Gerichten im Rahmen der Richtlinien 85/337/EWG und 96/61/EG des Rates.

---

5 ABl. L 175 vom 5.7.1985, S. 40. Geändert durch die Richtlinie 97/11/EG (ABl. L 73 vom 14.3.1997, S. 5).

6 ABl. L 257 vom 10.10.1996, S. 26.

Artikel 2

Öffentlichkeitsbeteiligung bei Plänen und Programmen

(1) Im Sinne dieses Artikels bezeichnet der Ausdruck "Öffentlichkeit" eine oder mehrere natürliche oder juristische Personen und, in Übereinstimmung mit den innerstaatlichen Rechtsvorschriften oder der innerstaatlichen Praxis, deren Verei nigungen, Organisationen oder Gruppen.

(2) Die Mitgliedstaaten stellen sicher, dass die Öffentlichkeit frühzeitig und in effektiver Weise die Möglichkeit erhält, sich an der Vorbereitung und Änderung oder Überarbeitung der Pläne oder der Programme zu beteiligen, die aufgrund der in Anhang I aufgeführten Vorschriften auszuarbeiten sind.

Zu diesem Zweck stellen die Mitgliedstaaten sicher, dass

a) die Öffentlichkeit durch öffentliche Bekanntmachung oder auf anderem geeignetem Wege, wie durch elektronische Medien, soweit diese zur Verfügung stehen, über Vorschläge für solche Pläne oder Programme bzw. für deren Änderung oder Überarbeitung unterrichtet wird und dass die einschlägigen Informationen über diese Vorschläge der Öffentlichkeit zugänglich gemacht werden, unter anderem auch Informationen über das Recht auf Beteiligung am Entscheidungsverfahren sowie über die zuständige Behörde, an die Stellungnahmen oder Fragen gerichtet werden können;

b) die Öffentlichkeit das Recht hat, Stellung zu nehmen und Meinungen zu äußern, wenn alle Optionen noch offen stehen und bevor Entscheidungen über die Pläne und Programme getroffen werden;

c) das Ergebnis der Öffentlichkeitsbeteiligung bei der Entschei dung angemessen berücksichtigt wird;

d) die zuständige Behörde sich nach Prüfung der von der Öffentlichkeit vorgebrachten Meinungen und Stellung nahmen in angemessener Weise bemüht, die Öffentlichkeit über die getroffenen Entscheidungen und die Gründe und Erwägungen, auf denen diese Entscheidungen beruhen, zu unterrichten, auch über das Verfahren zur Beteiligung der Öffentlichkeit.

(3) Die Mitgliedstaaten ermitteln die Kreise der Öffentlich keit, die für die Zwecke des Absatzes 2 ein Beteiligungsrecht haben; hierzu zählen relevante Nichtregierungsorganisationen, z. B. Organisationen, die sich für den Umweltschutz einsetzen, sofern sie alle nach innerstaatlichem Recht geltenden Vorausset zungen erfüllen.

Die genauen Bestimmungen für die Öffentlichkeitsbeteiligung im Rahmen dieses Artikels werden von den Mitgliedstaaten so festgelegt, dass eine effektive Vorbereitung und Beteiligung der Öffentlichkeit möglich ist.

Der Zeitrahmen muss so gewählt werden, dass ausreichend Zeit für die verschiedenen in diesem Artikel vorgesehenen Phasen der Öffentlichkeitsbeteiligung zur Verfügung steht.

(4) Dieser Artikel gilt nicht für Pläne und Programme, die ausschließlich zur Landesverteidigung dienen oder die aus Anlass ziviler Notfälle beschlossen werden.

(5) Dieser Artikel gilt nicht für die in Anhang I aufgeführten Pläne und Programme, für die gemäß der Richtlinie 2001/42/ EG des Europäischen Parlaments und des Rates vom 27. Juni 2001 über die Prüfung der Umweltauswirkungen bestimmter Pläne und Programme[7] oder gemäß der Richtlinie 2000/60/EG des Europäischen Parlaments und des Rates vom 23. Oktober 2000 zur Schaffung eines Ordnungsrahmens für Maßnahmen der Gemeinschaft im Bereich der Wasserpolitik[8] ein Öffentlichkeitsbeteiligungsverfahren durchgeführt wird.

Artikel 3

Änderung der Richtlinie 85/337/EWG

Die Richtlinie 85/337/EWG wird wie folgt geändert:

1. In Artikel 1 Absatz 2 werden die folgenden Begriffsbestimmungen hinzugefügt:

   "Öffentlichkeit': eine oder mehrere natürliche oder juristische Personen und, in Übereinstimmung mit den innerstaatlichen Rechtsvorschriften oder der innerstaatlichen Praxis, deren Vereinigungen, Organisationen oder Gruppen;

   betroffene Öffentlichkeit': die von umweltbezogenen Entscheidungsverfahren gemäß Artikel 2 Absatz 2 betroffene oder wahrscheinlich betroffene Öffentlichkeit oder die Öffentlichkeit mit einem Interesse daran; im Sinne dieser Begriffsbestimmung haben Nichtregierungsorganisationen, die sich für den Umweltschutz einsetzen und alle nach innerstaatlichem Recht geltenden Voraussetzungen erfüllen, ein Interesse."

7 ABl. L 197 vom 21.7.2001, S. 30.

8 ABl. L 327 vom 22.12.2000, S. 1. Geändert durch die Entscheidung Nr. 2455/2001/EG (ABl. L 331 vom 15.12.2001, S. 1).

2. Artikel 1 Absatz 4 erhält folgende Fassung:
"(4) Die Mitgliedstaaten können – auf Grundlage einer Einzelfallbetrachtung, sofern eine solche nach innerstaatlichem Recht vorgesehen ist – entscheiden, diese Richtlinie nicht auf Projekte anzuwenden, die Zwecken der Landesverteidigung dienen, wenn sie der Auffassung sind, dass sich eine derartige Anwendung negativ auf diese Zwecke auswirken würde."
3. Artikel 2 Absatz 3 Buchstaben a) und b) erhalten folgende Fassung:
„a) prüfen, ob eine andere Form der Prüfung angemessen ist;
b) der betroffenen Öffentlichkeit die im Rahmen anderer Formen der Prüfung nach Buchstabe a) gewonnenen Informationen, die Informationen betreffend diese Ausnahme und die Gründe für die Gewährung der Ausnahme zugänglich machen."
4. Artikel 6 Absätze 2 und 3 werden durch folgende Absätze ersetzt:
„(2) Die Öffentlichkeit wird durch öffentliche Bekanntmachung oder auf anderem geeignetem Wege, wie durch elektronische Medien, soweit diese zur Verfügung stehen, frühzeitig im Rahmen umweltbezogener Entscheidungsverfahren gemäß Artikel 2 Absatz 2, spätestens jedoch, sobald die Informationen nach vernünftigem Ermessen zur Verfügung gestellt werden können, über Folgendes informiert:
a) den Genehmigungsantrag;
b) die Tatsache, dass das Projekt Gegenstand einer Umweltverträglichkeitsprüfung ist, und gegebenenfalls die Tatsache, dass Artikel 7 Anwendung findet;
c) genaue Angaben zu den jeweiligen Behörden, die für die Entscheidung zuständig sind, bei denen relevante Infor mationen erhältlich sind bzw. bei denen Stellungnahmen oder Fragen eingereicht werden können, sowie zu vorge sehenen Fristen für die Übermittlung von Stellung nahmen oder Fragen;
d) die Art möglicher Entscheidungen, oder, soweit vorhanden, den Entscheidungsentwurf;
e) die Angaben über die Verfügbarkeit der Informationen, die gemäß Artikel 5 eingeholt wurden;
f) die Angaben, wann, wo und in welcher Weise die rele vanten Informationen zugänglich gemacht werden;
g) Einzelheiten zu den Vorkehrungen für die Beteiligung der Öffentlichkeit nach Absatz 5 dieses Artikels.

(3) Die Mitgliedstaaten stellen sicher, dass der betroffenen Öffentlichkeit innerhalb eines angemessenen zeitlichen Rahmens Folgendes zugänglich gemacht wird:

a) alle Informationen, die gemäß Artikel 5 eingeholt wurden;
b) in Übereinstimmung mit den nationalen Rechtsvorschriften die wichtigsten Berichte und Empfehlungen, die der bzw. den zuständigen Behörden zu dem Zeitpunkt vorliegen, zu dem die betroffene Öffentlichkeit nach Absatz 2 dieses Artikels informiert wird;
c) in Übereinstimmung mit den Bestimmungen der Richtlinie 2003/4/EG des Europäischen Parlaments und des Rates vom 28. Januar 2003 über den Zugang der Öffentlichkeit zu Umweltinformationen[9] andere als die in Absatz 2 dieses Artikels genannten Informationen, die für die Entscheidung nach Artikel 8 von Bedeutung sind und die erst zugänglich werden, nachdem die betroffene Öffentlichkeit nach Absatz 2 dieses Artikels informiert wurde.

(4) Die betroffene Öffentlichkeit erhält frühzeitig und in effektiver Weise die Möglichkeit, sich an den umweltbezogenen Entscheidungsverfahren gemäß Artikel 2 Absatz 2 zu beteiligen, und hat zu diesem Zweck das Recht, der zuständigen Behörde bzw. den zuständigen Behörden gegenüber Stellung zu nehmen und Meinungen zu äußern, wenn alle Optionen noch offen stehen und bevor die Entscheidung über den Genehmigungsantrag getroffen wird.

(5) Die genauen Vorkehrungen für die Unterrichtung der Öffentlichkeit (beispielsweise durch Anschläge innerhalb eines gewissen Umkreises oder Veröffentlichung in Lokalzeitungen) und Anhörung der betroffenen Öffentlichkeit (beispielsweise durch Aufforderung zu schriftlichen Stellungnahmen oder durch eine öffentliche Anhörung) werden von den Mitgliedstaaten festgelegt.

(6) Der Zeitrahmen für die verschiedenen Phasen muss so gewählt werden, dass ausreichend Zeit zur Verfügung steht, um die Öffentlichkeit zu informieren, und dass der betroffenen Öffentlichkeit ausreichend Zeit zur effektiven Vorbereitung und Beteiligung während des umweltbezogenen Entscheidungsverfahrens vorbehaltlich der Bestimmungen dieses Artikels gegeben wird."

5. Artikel 7 wird wie folgt geändert:
   a) Die Absätze 1 und 2 erhalten folgende Fassung:
   "(1) Stellt ein Mitgliedstaat fest, dass ein Projekt erhebliche Auswirkungen auf die Umwelt eines anderen Mitgliedstaats haben könnte, oder stellt ein Mitgliedstaat, der möglicherweise davon erheblich betroffen

9 ABl. L 41 vom 14.2.2003, S. 26.

ist, einen entsprechenden Antrag, so übermittelt der Mitgliedstaat, in dessen Hoheitsgebiet das Projekt durchgeführt werden soll, dem betroffenen Mitgliedstaat so bald wie möglich, spätestens aber zu dem Zeitpunkt, zu dem er in seinem eigenen Land die Öffentlichkeit unterrichtet, unter anderem

a) eine Beschreibung des Projekts zusammen mit allen verfügbaren Angaben über dessen mögliche grenzüberschreitende Auswirkungen,

b) Angaben über die Art der möglichen Entscheidung

und räumt dem anderen Mitgliedstaat eine angemessene Frist für dessen Mitteilung ein, ob er an dem umweltbezogenen Entscheidungsverfahren gemäß Artikel 2 Absatz 2 teilzunehmen wünscht oder nicht; ferner kann er die in Absatz 2 dieses Artikels genannten Angaben beifügen.

(2) Teilt ein Mitgliedstaat nach Erhalt der in Absatz 1 genannten Angaben mit, dass er an dem umweltbezogenen Entscheidungsverfahren gemäß Artikel 2 Absatz 2 teilzunehmen beabsichtigt, so übermittelt der Mitgliedstaat, in dessen Hoheitsgebiet das Projekt durchgeführt werden soll, sofern noch nicht geschehen, dem betroffenen Mitgliedstaat die nach Artikel 6 Absatz 2 erforderlichen und nach Artikel 6 Absatz 3 Buchstaben a) und b) bereitgestellten Informationen."

b) Absatz 5 erhält folgende Fassung:

"(5) Die Einzelheiten der Durchführung dieses Artikels können von den betroffenen Mitgliedstaaten festgelegt werden; sie müssen derart beschaffen sein, dass die betroffene Öffentlichkeit im Hoheitsgebiet des betroffenen Mitgliedstaats die Möglichkeit erhält, effektiv an den umweltbezogenen Entscheidungsverfahren gemäß Artikel 2 Absatz 2 für das Projekt teilzunehmen."

6. Artikel 9 wird wie folgt geändert:

a) Absatz 1 erhält folgende Fassung:

"(1) Wurde eine Entscheidung über die Erteilung oder die Verweigerung einer Genehmigung getroffen, so gibt (geben) die zuständige(n) Behörde(n) dies der Öffentlichkeit nach den entsprechenden Verfahren bekannt und macht (machen) ihr folgende Angaben zugänglich:

- den Inhalt der Entscheidung und die gegebenenfalls mit der Entscheidung verbundenen Bedingungen;
- nach Prüfung der von der betroffenen Öffentlichkeit vorgebrachten Bedenken und Meinungen die Haupt gründe und -erwägungen, auf denen die Entscheidung beruht, einschließlich Angaben über das Verfahren zur Beteiligung der Öffentlichkeit;

– erforderlichenfalls eine Beschreibung der wichtigsten Maßnahmen, mit denen erhebliche nachteilige Auswirkungen vermieden, verringert und, soweit möglich, ausgeglichen werden sollen."

b) Absatz 2 erhält folgende Fassung:

"(2) Die zuständige(n) Behörde(n) unterrichtet (unterrichten) die gemäß Artikel 7 konsultierten Mitgliedstaaten und übermittelt (übermitteln) ihnen die in Absatz 1 dieses Artikels genannten Angaben.

Die konsultierten Mitgliedstaaten stellen sicher, dass diese Informationen der betroffenen Öffentlichkeit in ihrem eigenen Hoheitsgebiet in geeigneter Weise zugänglich gemacht werden."

7. Der folgende Artikel wird eingefügt:

„Artikel 10a"

Die Mitgliedstaaten stellen im Rahmen ihrer innerstaatlichen Rechtsvorschriften sicher, dass Mitglieder der betroffenen Öffentlichkeit, die

a) ein ausreichendes Interesse haben oder alternativ

b) eine Rechtsverletzung geltend machen, sofern das Verwaltungsverfahrensrecht bzw. Verwaltungsprozess recht eines Mitgliedstaats dies als Voraussetzung erfor dert,

Zugang zu einem Überprüfungsverfahren vor einem Gericht oder einer anderen auf gesetzlicher Grundlage geschaffenen unabhängigen und unparteiischen Stelle haben, um die materiellrechtliche und verfahrensrechtliche Rechtmäßigkeit von Entscheidungen, Handlungen oder Unterlassungen anzufechten, für die die Bestimmungen dieser Richtlinie über die Öffentlichkeitsbeteiligung gelten.

Die Mitgliedstaaten legen fest, in welchem Verfahrensstadium die Entscheidungen, Handlungen oder Unterlassungen angefochten werden können.

Was als ausreichendes Interesse und als Rechtsverletzung gilt, bestimmen die Mitgliedstaaten im Einklang mit dem Ziel, der betroffenen Öffentlichkeit einen weiten Zugang zu Gerichten zu gewähren. Zu diesem Zweck gilt das Interesse jeder Nichtregierungsorganisation, welche die in Artikel 1 Absatz 2 genannten Voraussetzungen erfüllt, als ausreichend im Sinne von Absatz 1 Buchstabe a) dieses Artikels. Derartige Organisationen gelten auch als Träger von Rechten, die im Sinne von Absatz 1 Buchstabe b) dieses Artikels verletzt werden können.

Dieser Artikel schließt die Möglichkeit eines vorausgehenden Überprüfungsverfahrens bei einer Verwaltungsbehörde nicht aus und lässt das Erfordernis einer Ausschöpfung der verwaltungsbehördlichen Überprüfungsverfahren vor der Einleitung gerichtlicher Überprüfungsverfahren unberührt, sofern ein derartiges Erfordernis nach innerstaatlichem Recht besteht.

Die betreffenden Verfahren werden fair, gerecht, zügig und nicht übermäßig teuer durchgeführt.

Um die Effektivität dieses Artikels zu fördern, stellen die Mitgliedstaaten sicher, dass der Öffentlichkeit praktische Informationen über den Zugang zu verwaltungsbehördlichen und gerichtlichen Überprüfungsverfahren zugänglich gemacht werden.“

8. In Anhang I wird folgende Nummer hinzugefügt:
   “22. Jede Änderung oder Erweiterung von Projekten, die in diesem Anhang aufgeführt sind, wenn sie für sich genommen die Schwellenwerte, sofern solche in diesem Anhang festgelegt sind, erreicht.“
9. In Anhang II Nummer 13 wird am Ende des ersten Gedan kenstrichs Folgendes hinzugefügt:
   “(nicht durch Anhang I erfasste Änderung oder Erweiterung)“

Artikel 4

Änderung der Richtlinie 96/61/EG

Die Richtlinie 96/61/EG wird wie folgt geändert:

1. Artikel 2 wird wie folgt geändert:
   a) In Nummer 10 Buchstabe b) wird nach dem Semikolon folgender Satz hinzugefügt:
   „im Sinne dieser Begriffsbestimmung gilt jede Änderung oder Erweiterung des Betriebs als wesentlich, wenn die Änderung oder Erweiterung für sich genommen die Schwellenwerte, sofern solche in Anhang I festgelegt sind, erreicht;“
   b) Folgende Nummern werden hinzugefügt:
   “13. ‚Öffentlichkeit‘ eine oder mehrere natürliche oder juristische Personen und, in Übereinstimmung mit den innerstaatlichen Rechtsvorschriften oder der innerstaatlichen Praxis, deren Vereinigungen, Organisationen oder Gruppen;
   14. ‚betroffene Öffentlichkeit‘ die von einer Entscheidung über die Erteilung oder Aktualisierung einer Genehmigung oder von Genehmigungsauflagen betroffene oder wahrscheinlich betroffene Öffentlichkeit oder die Öffentlichkeit mit einem Interesse daran; im Sinne dieser Begriffsbestimmung haben Nichtregierungsorganisationen,

die sich für den Umweltschutz einsetzen und alle nach innerstaatlichem Recht geltenden Voraussetzungen erfüllen, ein Interesse."

2. In Artikel 6 Absatz 1 Unterabsatz 1 wird folgender Gedan kenstrich hinzugefügt:
   "– die wichtigsten vom Antragsteller gegebenenfalls geprüften Alternativen in einer Übersicht".
3. Artikel 15 wird wie folgt geändert:
   a) Absatz 1 erhält folgende Fassung:
   "(1) Die Mitgliedstaaten stellen sicher, dass die betroffene Öffentlichkeit frühzeitig und in effektiver Weise die Möglichkeit erhält, sich an folgenden Verfahren zu beteiligen:
   – Erteilung einer Genehmigung für neue Anlagen;
   – Erteilung einer Genehmigung für wesentliche Änderungen des Betriebs einer Anlage;
   – Aktualisierung der Genehmigung oder der Genehmi gungsauflagen für eine Anlage im Einklang mit Artikel 13 Absatz 2 erster Gedankenstrich.
   Für diese Beteiligung gilt das in Anhang V genannte Verfahren."
   b) Der folgende Absatz wird hinzugefügt:
   "(5) Wurde eine Entscheidung getroffen, so unterrichtet die zuständige Behörde die Öffentlichkeit nach den entsprechenden Verfahren und macht ihr folgende Informationen zugänglich:
   a) den Inhalt der Entscheidung einschließlich einer Kopie der Genehmigung und etwaiger Genehmigungsauf lagen sowie späterer Aktualisierungen und
   b) nach Prüfung der von der betroffenen Öffentlichkeit vorgebrachten Bedenken und Meinungen die Gründe und Erwägungen, auf denen die Entscheidung beruht, einschließlich Angaben über das Verfahren zur Betei ligung der Öffentlichkeit."
4. Der folgende Artikel wird eingefügt:
   "*Artikel 15 a*
   Zugang zu Gerichten
   Die Mitgliedstaaten stellen im Rahmen ihrer innerstaatlichen Rechtsvorschriften sicher, dass Mitglieder der betroffenen Öffentlichkeit, die
   a) ein ausreichendes Interesse haben oder alternativ
   b) eine Rechtsverletzung geltend machen, sofern das Verwaltungsverfahrensrecht bzw. Verwaltungsprozess recht eines Mitgliedstaats dies als Voraussetzung erfor dert,

Zugang zu einem Überprüfungsverfahren vor einem Gericht oder einer anderen auf gesetzlicher Grundlage geschaffenen unabhängigen und unparteiischen Stelle haben, um die materiellrechtliche und verfahrensrechtliche Rechtmäßigkeit von Entscheidungen, Handlungen oder Unterlassungen anzufechten, für die die Bestimmungen dieser Richtlinie über die Öffentlichkeitsbeteiligung gelten.

Die Mitgliedstaaten legen fest, in welchem Verfahrensstadium die Entscheidungen, Handlungen oder Unterlassungen angefochten werden können.

Was als ausreichendes Interesse und als Rechtsverletzung gilt, bestimmen die Mitgliedstaaten im Einklang mit dem Ziel, der betroffenen Öffentlichkeit einen weiten Zugang zu Gerichten zu gewähren. Zu diesem Zweck gilt das Interesse jeder Nichtregierungsorganisation, welche die in Artikel 2 Absatz 14 genannten Voraussetzungen erfüllt, als ausreichend im Sinne von Absatz 1 Buchstabe a) dieses Artikels. Derartige Organisationen gelten auch als Träger von Rechten, die – im Sinne von Absatz 1 Buchstabe b) dieses Artikels – verletzt werden können.

Dieser Artikel schließt die Möglichkeit eines vorangehenden Überprüfungsverfahrens bei einer Verwaltungsbehörde nicht aus und lässt das Erfordernis einer Ausschöpfung der verwaltungsbehördlichen Überprüfungsverfahren vor der Einleitung gerichtlicher Überprüfungsverfahren unberührt, sofern ein derartiges Erfordernis nach innerstaatlichem Recht besteht.

Die betreffenden Verfahren werden fair, gerecht, zügig und nicht übermäßig teuer durchgeführt.

Um die Effektivität dieses Artikels zu fördern, stellen die Mitgliedstaaten sicher, dass der Öffentlichkeit praktische Informationen über den Zugang zu verwaltungsbehördlichen und gerichtlichen Überprüfungsverfahren zugänglich gemacht werden."

5. Artikel 17 wird wie folgt geändert:
   a) Absatz 1 erhält folgende Fassung:
   "(1) Stellt ein Mitgliedstaat fest, dass der Betrieb einer Anlage erhebliche nachteilige Auswirkungen auf die Umwelt eines anderen Mitgliedstaats haben könnte, oder stellt ein Mitgliedstaat, der möglicherweise davon erheblich berührt wird, ein entsprechendes Ersuchen, so teilt der Mitgliedstaat, in dessen Hoheitsgebiet die Genehmigung nach Artikel 4 oder Artikel 12 Absatz 2 beantragt wurde, dem anderen Mitgliedstaat die nach Anhang V erforderlichen oder bereitge-

stellten Angaben zum gleichen Zeitpunkt mit, zu dem er sie seinen eigenen Staatsangehörigen zur Verfügung stellt. Diese Angaben dienen als Grundlage für notwendige Konsultationen im Rahmen der bilateralen Beziehungen beider Mitgliedstaaten auf der Basis von Gegenseitigkeit und Gleichwertigkeit."

b) Die folgenden Absätze werden angefügt:

"(3) Die zuständige Behörde berücksichtigt die Ergebnisse der Konsultationen nach den Absätzen 1 und 2, wenn sie über den Antrag entscheidet.

(4) Die zuständige Behörde setzt alle nach Absatz 1 konsultierten Mitgliedstaaten von der Entscheidung über den Antrag in Kenntnis und übermittelt ihnen die in Artikel 15 Absatz 5 genannten Informationen. Jeder konsultierte Mitgliedstaat ergreift die erforderlichen Maßnahmen um sicherzustellen, dass diese Informationen der betroffenen Öffentlichkeit in seinem Hoheitsgebiet in geeigneter Weise zugänglich sind."

6. Es wird ein Anhang V gemäß Anhang II der vorliegenden Richtlinie angefügt.

Artikel 5

Berichte und Überprüfung

Die Kommission legt dem Europäischen Parlament und dem Rat bis zum 25. Juni 2009 einen Bericht über die Anwendung und Wirksamkeit dieser Richtlinie vor. Um Erfordernisse des Umweltschutzes stärker gemäß Artikel 6 des Vertrags einzube-ziehen, werden diesem Bericht unter Berücksichtigung der bei der Anwendung dieser Richtlinie in den Mitgliedstaaten gesammelten Erfahrungen gegebenenfalls Vorschläge zur Änderung dieser Richtlinie beigefügt. Die Kommission wird insbesondere die Möglichkeit in Erwägung ziehen, den Geltungsbereich dieser Richtlinie auszudehnen, um andere umweltbezogene Pläne und Programme abzudecken.

Artikel 6

Umsetzung

Die Mitgliedstaaten setzen die Rechts- und Verwaltungsvorschriften in Kraft, die erforderlich sind, um dieser Richtlinie bis zum 25. Juni 2005 nachzukommen. Sie setzen die Kommission unverzüglich davon in Kenntnis.

Wenn die Mitgliedstaaten diese Vorschriften erlassen, nehmen sie in den Vorschriften selbst oder durch einen Hinweis bei der amtlichen Veröffentlichung auf diese Richtlinie Bezug. Die Mitgliedstaaten regeln die Einzelheiten der Bezugnahme.

Artikel 7

Inkrafttreten

Diese Richtlinie tritt am Tag ihrer Veröffentlichung im Amtsblatt der Europäischen Union in Kraft.

Artikel 8

Adressaten

Diese Richtlinie ist an alle Mitgliedstaaten gerichtet.

Geschehen zu Brüssel am 26. Mai 2003.

Im Namen des Europäischen Parlaments	*Im Namen des Rates*
Der Präsident	*Der Präsident*
P. COX	*G. DRYS*

Anhänge

Anhang I

BESTIMMUNGEN BETREFFEND PLÄNE UND PROGRAMME IM SINNE VON ARTIKEL 2

a) Artikel 7 Absatz 1 der Richtlinie 75/442/EWG des Rates vom 15. Juli 1975 über Abfälle[1]
b) Artikel 6 der Richtlinie 91/157/EWG des Rates vom 18. März 1991 über gefährliche Stoffe enthaltende Batterien und Akkumulatoren[2]
c) Artikel 5 Absatz 1 der Richtlinie 91/676/EWG des Rates vom 12. Dezember 1991 zum Schutz der Gewässer vor Verunreinigung durch Nitrat aus landwirtschaftlichen Quellen[3]
d) Artikel 6 Absatz 1 der Richtlinie 91/689/EWG des Rates vom 12. Dezember 1991 über gefährliche Abfälle[4]
e) Artikel 14 der Richtlinie 94/62/EG des Europäischen Parlaments und des Rates vom 20. Dezember 1994 über Verpackungen und Verpackungsabfälle[5]
f) Artikel 8 Absatz 3 der Richtlinie 96/62/EG des Rates vom 27. September 1996 über die Beurteilung und die Kontrolle der Luftqualität[6]

Anhang II

Der Richtlinie 96/61/EG wird der folgende Anhang hinzugefügt:

"ANHANG V

Öffentlichkeitsbeteiligung an Entscheidungsverfahren

1. Die Öffentlichkeit wird (durch öffentliche Bekanntmachung oder auf anderem geeignetem Wege, wie durch elek tronische Medien, soweit diese zur

---

1 ABl. L 194 vom 25.7.1975, S. 39. Richtlinie zuletzt geändert durch die Entscheidung 96/350/EG der Kommission (ABl. L 135 vom 6.6.1996, S. 32).

2 ABl. L 78 vom 26.3.1991, S. 38. Richtlinie zuletzt geändert durch die Richtlinie 98/101/EG der Kommission (ABl. L 1 vom 5.1.1999, S. 1).

3 ABl. L 375 vom 31.12.1991, S. 1.

4 ABl. L 377 vom 31.12.1991, S. 20. Richtlinie zuletzt geändert durch die Richtlinie 94/31/EG (ABl. L 168 vom 2.7.1994, S. 28).

5 ABl. L 365 vom 31.12.1994, S. 10.

6 ABl. L 296 vom 21.11.1996, S. 55.

Verfügung stehen) frühzeitig im Verlauf des Entscheidungsverfahrens, späte stens jedoch, sobald die Informationen nach vernünftigem Ermessen zur Verfügung gestellt werden können, über Folgendes informiert:

a) den Genehmigungsantrag oder gegebenenfalls den Vorschlag zur Aktualisierung einer Genehmigung oder von Genehmigungsauflagen im Einklang mit Artikel 15 Absatz 1 einschließlich der Beschreibung der in Artikel 6 Absatz 1 aufgeführten Punkte;
b) gegebenenfalls die Tatsache, dass im Rahmen der Entscheidung eine einzelstaatliche oder grenzüberschrei tende Umweltverträglichkeitsprüfung oder Konsultationen zwischen den Mitgliedstaaten gemäß Artikel 17 erforderlich sind;
c) genaue Angaben zu den jeweiligen Behörden, die für die Entscheidung zuständig sind, bei denen relevante Informationen erhältlich sind bzw. bei denen Stellungnahmen oder Fragen eingereicht werden können, sowie zu vorgesehenen Fristen für die Übermittlung von Stellungnahmen oder Fragen;
d) die Art möglicher Entscheidungen oder, soweit vorhanden, den Entscheidungsentwurf;
e) gegebenenfalls die Einzelheiten zu einem Vorschlag zur Aktualisierung einer Genehmigung oder von Geneh migungsauflagen;
f) die Angaben dazu, wann, wo und in welcher Weise die einschlägigen Informationen zugänglich sind;
g) die Einzelheiten zu den Bestimmungen für die Beteiligung und Konsultation der Öffentlichkeit nach Nummer 5.

2. Die Mitgliedstaaten stellen sicher, dass der betroffenen Öffentlichkeit innerhalb eines angemessenen zeitlichen Rahmens Folgendes zugänglich gemacht wird:

a) in Übereinstimmung mit den nationalen Rechtsvorschriften die wichtigsten Berichte und Empfehlungen, die der bzw. den zuständigen Behörden zu dem Zeitpunkt vorliegen, zu dem die betroffene Öffentlichkeit nach Nummer 1 informiert wird;
b) in Übereinstimmung mit den Bestimmungen der Richtlinie 2003/4/EG des Europäischen Parlaments und des Rates vom 28. Januar 2003 über den Zugang der Öffentlichkeit zu Umweltinformationen[*] andere als die in Nummer 1 genannten Informationen, die für die Entscheidung nach

* ABl. L 41 vom 14.2.2003, S. 26.

Artikel 8 von Bedeutung sind und die erst zugänglich werden, nachdem die betroffene Öffentlichkeit nach Nummer 1 informiert wurde.

3. Die betroffene Öffentlichkeit hat das Recht, der zuständigen Behörde gegenüber Stellung zu nehmen und Meinungen zu äußern, bevor eine Entscheidung getroffen wird.
4. Die Ergebnisse der Konsultationen nach diesem Anhang sind bei der Entscheidung in angemessener Weise zu berücksichtigen.
5. Die Mitgliedstaaten treffen genaue Vorkehrungen dafür, wie die Öffentlichkeit unterrichtet (beispielsweise durch Anschläge innerhalb eines gewissen Umkreises oder Veröffentlichung in Lokalzeitungen) und die betroffene Öffentlichkeit angehört (beispielsweise durch Aufforderung zu schriftlichen Stellungnahmen oder durch eine öffentliche Anhörung) wird. Der Zeitrahmen für die verschiedenen Phasen muss so gewählt werden, dass ausrei chend Zeit zur Verfügung steht, um die Öffentlichkeit zu informieren, und dass der betroffenen Öffentlichkeit ausreichend Zeit zur effektiven Vorbereitung und Beteiligung während des umweltbezogenen Entscheidungsver fahrens vorbehaltlich der Bestimmungen dieses Anhangs gegeben wird."

3. Entwurf eines Gesetzes über ergänzende Vorschriften zu Rechtsbehelfen in Umweltangelegenheiten nach der EG-Richtlinie 2003/35/EG (Umwelt-Rechtsbehelfsgesetz)

A. Problem und Ziel

Der vorliegende Gesetzentwurf dient der Anpassung des Bundesrechts an die zwingenden Vorgaben der Richtlinie 2003/35/EG des Europäischen Parlamentes und des Rates vom 26. Mai 2003 über die Beteiligung der Öffentlichkeit bei der Ausarbeitung bestimmter umweltbezogener Pläne und Programme und zur Änderung der Richtlinien 85/337/EWG und 96/61/EG des Rates in Bezug auf die Öffentlichkeitsbeteiligung und den Zugang zu Gerichten (ABl. EU Nr. L 156 S. 17).

Die Richtlinie 2003/35/EG ist bis zum 25. Juni 2005 in deutsches Recht umzusetzen.Die Richtlinie 2003/35/EG verpflichtet unter anderem zur Ergänzung bzw. Schaffung von Rechtsschutzmöglichkeiten, auch für Vereinigungen, bei Zulassungsentscheidungen für Industrieanlagen und Infrastrukturmaßnahmen nach der UVP-Richtlinie und der IVU-Richtlinie der EG.

Durch die Richtlinie 2003/35/EG werden unter anderem die Vorgaben des „UN ECE Übereinkommens über den Zugang zu Informationen, die Öffentlichkeitsbeteiligung an Entscheidungsverfahren und den Zugang zu Gerichten in Umweltangelegenheiten“ (sogenannte „Århus-Konvention“), welches alle EG-Mitgliedstaaten und die Europäische Gemeinschaft gezeichnet haben, für den Rechtsschutz in umweltrechtlichen Entscheidungsverfahren im europäischen Gemeinschaftsrecht umgesetzt. Die Umsetzung der Richtlinie 2003/35/EG in das deutsche Recht durch dieses Gesetz bewirkt daher zugleich eine Anpassung des nationalen Rechts an die Anforderungen der ÅrhusKonvention zum Rechtsschutz bei Entscheidungen in umweltrechtlichen Entscheidungsverfahren mit Öffentlichkeitsbeteiligung.

B. Lösung

Umsetzung der Vorgaben der Richtlinie 2003/35/EG zum Rechtsschutz durch die Schaffung eines neuen Gesetzes über ergänzende Vorschriften zu Rechtsbehelfen in Umweltangelegenheiten nach der EG-Richtlinie 2003/35/EG.

C. Alternativen

Keine.

D. Finanzielle Auswirkungen auf die öffentlichen Haushalte

1. Haushaltsausgaben ohne Vollzugsaufwand

Für Bund und Länder können durch das Gesetz über ergänzende Vorschriften zu Rechtsbehelfen in Umweltangelegenheiten nach der EG-Richtlinie 2003/35/EG zusätzlichen Kosten entstehen.

Die Regelungen des Gesetzes können einen zusätzlichen geringfügigen Arbeitsaufwand bei den Gerichten erzeugen, der aber im Rahmen der vorhandenen Kapazitäten aufgefangen werden kann. Bei der Einführung einer Vereinsklage durch dieses Gesetz ist aufgrund von bestehenden Erfahrungen mit Vereinsklagen im deutschen Recht und im internationalen Vergleich nicht mit einer übermäßig starken Zunahme von Klagen zu rechnen. Insbesondere ist zu erwarten, dass es mittelfristig zu einer Abnahme von Klagen Privater kommen wird, da sich deren potentielle Klageerhebungen bei Vereinen bündeln werden. Wegen der Sachkunde der Verbände und der dadurch fachgerechten Vorbereitung der Verfahren erscheint sogar eine Entlastung der Gerichte möglich. Den Gemeinden entstehen durch das Gesetz keine zusätzlichen Kosten.

Etwaige Kosten aufgrund der Regelungen dieses Gesetzes können nicht vermieden werden, da sie auf Vorgaben der Richtlinie 2003/35/EG beruhen.

2. Vollzugsaufwand

Das Gesetz über ergänzende Vorschriften zu Rechtsbehelfen in Umweltangelegenheiten nach der EG-Richtlinie 2003/35/EG betrifft ausschließlich das Rechtsbehelfsverfahren und hat daher keine Erhöhung des Verwaltungs- und Vollzugsaufwandes für Bund, Länder und Gemeinden zur Folge.

Die dem Bund gegebenenfalls entstehenden Mehrausgaben sowie ein etwaiger Mehrbedarf an Planstellen und Stellen werden innerhalb des jeweils betroffenen Einzelplans eingespart.

E. Sonstige Kosten

Es kann nicht ausgeschlossen werden, dass die Einführung einer Vereinsklage in Einzelfällen zu Verfahrensverzögerungen und daraus folgendem Mehraufwand bei Investitionsvorhaben führen kann. Soweit in Einzelfällen zusätzliche Kosten für Unternehmen und Wirtschaft entstehen sollten, sind diese auf Grund der europarechtlichen Vorgaben allerdings unvermeidbar.

Unmittelbare Auswirkungen auf Einzelpreise, auf das Preisniveau, insbesondere auf das Verbraucherpreisniveau, sind nicht zu erwarten.

Entwurf

Gesetz über ergänzende Vorschriften zu Rechtsbehelfen in Umweltangelegenheiten nach der EG-Richtlinie 2003/35/EG (Umwelt-Rechtsbehelfsgesetz)*

Vom ...

Der Bundestag hat das folgende Gesetz beschlossen:

§ 1 Anwendungsbereich

(1) Dieses Gesetz findet Anwendung für Rechtsbehelfe gegen

1. Entscheidungen im Sinne von § 2 Abs. 3 des Gesetzes über die Umweltverträglichkeitsprüfung über die Zulässigkeit von Vorhaben, für die nach
   a) dem Gesetz über die Umweltverträglichkeitsprüfung,
   b) der auf Grund des Bundesberggesetzes erlassenen Verordnung über die Umweltverträglichkeitsprüfung bergbaulicher Vorhaben, oder
   c) landesrechtlichen Vorschriften

   eine Pflicht zur Durchführung einer Umweltverträglichkeitsprüfung besteht;
2. Genehmigungen für Anlagen, die nach der Spalte 1 des Anhangs der auf Grund des Bundes-Immissionsschutzgesetzes erlassenen Vierten Ver-

* Das Gesetz dient der Umsetzung von Artikel 3 Nr. 7 und Artikel 4 Nr. 4 der Richtlinie 2003/35/EG des Europäischen Parlamentes und des Rates vom 26. Mai 2003 über die Beteiligung der Öffentlichkeit bei der Ausarbeitung bestimmter umweltbezogener Pläne und Programme und zur Änderung der Richtlinien 85/337/EWG und 96/61/EG des Rates in Bezug auf die Öffentlichkeitsbeteiligung und den Zugang zu Gerichten (ABl. EU Nr. L 156 S. 17).

ordnung zur Durchführung des Bundes-Immissionsschutzgesetzes einer Genehmigung bedürfen, gegen Erlaubnisse nach §§ 2, 7 Abs. 1 Satz 1 des Wasserhaushaltsgesetzes in Verbindung mit den auf Grund von § 7 Abs. 1 Satz 3 des Wasserhaushaltsgesetzes erlassenen landesrechtlichen Vorschriften sowie gegen Planfeststellungsbeschlüsse für Deponien nach § 31 Abs. 2 des Kreislaufwirtschaft- und Abfallgesetzes.

Dieses Gesetz findet auch Anwendung, wenn entgegen geltenden Rechtsvorschriften keine Entscheidung nach Satz 1 getroffen worden ist.

§ 15 Abs. 5 und § 16 Abs. 4 des Gesetzes über die Umweltverträglichkeitsprüfung bleiben unberührt.

(2) Dieses Gesetz gilt auch im Bereich der ausschließlichen Wirtschaftszone oder des Festlandsockels im Rahmen der Vorgaben des Seerechtsübereinkommens der Vereinten Nationen vom 10. Dezember 1982 (BGBl. 1994 II S. 1799, 1995 II S. 602).

(3) Soweit die Voraussetzungen dieses Gesetzes erfüllt sind, findet § 61 Abs. 1 Satz 1 Nr. 2 des Bundesnaturschutzgesetzes keine Anwendung.

§ 2 Voraussetzungen für Rechtsbehelfe von Vereinen

(1) Ein Verein nach Absatz 2 kann, ohne eine Verletzung in eigenen Rechten geltend machen zu müssen, Rechtsbehelfe nach Maßgabe der Verwaltungsgerichtsordnung gegen eine Entscheidung nach § 1 Abs. 1 Satz 1 oder deren Unterlassen einlegen.

(2) Die Zulässigkeit eines Rechtsbehelfs nach Absatz 1 setzt voraus, dass der Verein

1. nach seiner Satzung ideell und nicht nur vorübergehend vorwiegend die Ziele des Umweltschutzes fördert,
2. im Zeitpunkt der Einlegung des Rechtsbehelfs mindestens drei Jahre besteht und in diesem Zeitraum im Sinne der Nummer 1 tätig gewesen ist,
3. nach seiner Satzung organisatorisch und nach Art und Umfang seiner bisherigen Tätigkeit so aufgebaut ist, dass eine sachgerechte Verfolgung der satzungsgemäßen Ziele gewährleistet werden kann,
4. gemeinnützige Zwecke im Sinne von § 52 der Abgabenordnung verfolgt und
5. den Eintritt als Mitglied, das in der Mitgliederversammlung volles Stimmrecht hat, jeder Person ermöglicht, die die Ziele des Vereins unterstützt; bei Vereinen, deren Mitglieder ausschließlich juristische Perso-

nen sind, kann von der Voraussetzung nach Halbsatz 1 abgesehen werden, sofern die Mehrzahl dieser juristischen Personen diese Voraussetzung erfüllt.

Ein zum Zeitpunkt der Einlegung des Rechtsbehelfs als Naturschutzverein nach dem Bundesnaturschutzgesetz oder nach landesrechtlichen Vorschriften anerkannter Verein erfüllt die Voraussetzungen nach Satz 1.

Das Vorliegen der Voraussetzungen von Satz 1 wird vermutet, wenn der Verein innerhalb der letzten drei Jahre einen nach Auffassung der entscheidenden Behörde oder des entscheidenden Gerichts gemäß Satz 1 zulässigen Rechtsbehelf in Bezug auf ein Verfahren nach § 1 Abs. 1 eingelegt hat.

Der Verein hat das Vorliegen der Voraussetzungen nach diesem Absatz durch geeignete Unterlagen zu belegen.*

(3) Rechtsbehelfe nach Absatz 1 sind nur zulässig, wenn der Verein
1. geltend macht, dass eine Entscheidung nach § 1 Abs. 1 Satz 1 oder deren Unterlassen Rechtsvorschriften, die dem Umweltschutz dienen, widerspricht,
2. geltend macht, in seinem satzungsgemäßen Aufgabenbereich der Förderung der Ziele des Umweltschutzes berührt zu sein, und
3. zur Mitwirkung in einem Verfahren nach § 1 Abs. 1 berechtigt war und er sich hierbei in der Sache gemäß den geltenden Rechtsvorschriften geäußert hat oder ihm entgegen den geltenden Rechtsvorschriften keine Gelegenheit zur Äußerung gegeben worden ist.

(4) Hat der Verein im Verfahren nach § 1 Abs. 1 Gelegenheit zur Äußerung gehabt, ist er im Verfahren über den Rechtsbehelf mit allen Einwendungen ausgeschlossen, die er im Verfahren nach § 1 Abs. 1 nicht oder nach den geltenden Rechtsvorschriften nicht rechtzeitig geltend gemacht hat, aber hätte geltend machen können.

(5) Ist eine Entscheidung nach § 1 Abs. 1 Satz 1 dem Verein nicht bekannt gegeben worden, müssen Widerspruch und Klage binnen eines Jahres erhoben werden, nachdem der Verein von der Entscheidung Kenntnis erlangt hat oder hätte erlangen können. Satz 1 gilt entsprechend, wenn eine Entscheidung nach § 1 Abs. 1 Satz 1 entgegen geltenden Rechtsvorschriften nicht getroffen worden ist und der Verein von diesem Umstand Kenntnis erlangt hat oder hätte erlangen können. Für Bebauungspläne gilt § 47 Abs. 2 Satz 1 der Verwaltungsgerichtsordnung.

---

* Alternativ zu einer gerichtlichen Prüfung kommt ein Anerkennungsverfahren in Betracht; hierbei wäre jedoch zu prüfen, wie mit Vereinen verfahren werden soll, die nicht anerkannt sind, die aber dies gilt insbesondere für ausländische Vereine von einem Klageverfahren nicht ausgeschlossen werden sollten.

(6) Rechtsbehelfe nach Absatz 1 sind begründet,
1. soweit die Entscheidung nach § 1 Abs. 1 oder deren Unterlassen gegen Rechtsvorschriften, die dem Umweltschutz dienen, verstößt und der Verein dadurch in seinem satzungsmäßigen Aufgabenbereich der Förderung der Ziele des Umweltschutzes berührt wird,
2. in Bezug auf Bebauungspläne, soweit die Festsetzungen des Bebauungsplanes, die die Zulässigkeit eines UVP-pflichtigen Vorhabens begründen, gegen Rechtsvorschriften, die dem Umweltschutz dienen, verstoßen und der Verein dadurch in seinem satzungsmäßigen Aufgabenbereich der Förderung der Ziele des Umweltschutzes berührt wird.

§ 3 Fehler bei der Anwendung von Verfahrensvorschriften

(1) Abweichend von § 46 des Verwaltungsverfahrensgesetzes oder den entsprechenden landesrechtlichen Bestimmungen kann die Aufhebung einer Entscheidung über die Zulässigkeit eines Vorhabens nach § 1 Abs. 1 Satz 1 Nr. 1 verlangt werden, wenn wesentliche Verfahrensvorschriften verletzt worden sind. Wesentliche Verfahrensvorschriften im Sinne von Satz 1 sind verletzt, wenn
1. nach den Bestimmungen des Gesetzes über die Umweltverträglichkeitsprüfung, nach der Verordnung über die Umweltverträglichkeitsprüfung bergbaulicher Vorhaben oder nach entsprechenden landesrechtlichen Vorschriften
   a) eine erforderliche Umweltverträglichkeitsprüfung
   oder
   b) eine erforderliche Vorprüfung des Einzelfalls über die UVP-Pflichtigkeit,

oder

2. einer oder mehrere der vorgeschriebenen Verfahrensschritte der Umweltverträglichkeitsprüfung
   a) nach § 6 Abs. 1 Satz 1 in Verbindung mit Abs. 2 bis 4 (Vorlage der entscheidungserheblichen Unterlagen über die Umweltauswirkungen des Vorhabens), § 7 Satz 1 (Beteiligung anderer Behörden), § 8 Abs. 1 Satz 1 und 3, Abs. 2 und 3 (Grenzüberschreitende Behördenbeteiligung), § 9 (Beteiligung der Öffentlichkeit), § 9a Abs. 1 (Grenzüberschreitende Öffentlichkeitsbeteiligung) des Gesetzes über die Umweltverträglichkeitsprüfung oder die Bewertung der Umweltauswirkungen nach § 12 des Gesetzes über die Umweltverträglichkeitsprüfung

oder

b) nach den entsprechenden Vorschriften des Bergrechts oder nach entsprechenden landesrechtlichen Vorschriften nicht durchgeführt worden sind.

§ 45 Abs. 2 des Verwaltungsverfahrensgesetzes und andere entsprechende Rechtsvorschriften bleiben unberührt.

(2) Soweit Gegenstand der gerichtlichen Überprüfung Beschlüsse im Sinne des § 2 Abs. 3 Nr. 3 des Gesetzes über die Umweltverträglichkeitsprüfung sind, gelten abweichend von Absatz 1 die §§ 214 und 215 und die diesbezüglichen Überleitungsvorschriften des Baugesetzbuchs sowie die einschlägigen landesrechtlichen Vorschriften.

(3) Die Absätze 1 und 2 gelten entsprechend für Rechtsbehelfe von Beteiligten nach § 61 Nr. 1 und 2 der Verwaltungsgerichtsordnung.

§ 4 Übergangsvorschrift

Dieses Gesetz gilt für Verfahren nach § 1 Abs. 1 Satz 1, die nach dem 25. Juni 2005 eingeleitet worden sind oder hätten eingeleitet werden müssen.

§ 5 Inkrafttreten

Dieses Gesetz tritt am Tage nach der Verkündung in Kraft.

Begründung

A. Allgemeines

I. Zielsetzung und wesentlicher Inhalt des Gesetzentwurfs

Dieser Gesetzentwurf dient in erster Linie der Anpassung des geltenden deutschen Bundesrechts an die zwingenden Vorgaben der Richtlinie 2003/35/EG des Europäischen Parlamentes und des Rates vom 26. Mai 2003 über die Beteiligung der Öffentlichkeit bei der Ausarbeitung bestimmter umweltbezogener Pläne und Programme und zur Änderung der Richtlinien 85/337/EWG und 96/61/EG des Rates in Bezug auf die Öffentlichkeitsbeteiligung und den Zugang zu Gerichten (ABl. EU Nr. L 156 S. 17). Die Richtlinie 2003/35/EG ist bis zum 25. Juni 2005 in deutsches Recht umzusetzen.

Durch die Richtlinie 2003/35/EG werden unter anderem die Vorgaben von Artikel 9 Abs. 2, 4 und 5 des „UN ECE Übereinkommens über den Zugang zu Informationen, die Öffentlichkeitsbeteiligung an Entscheidungsverfahren und den Zugang zu Gerichten in Umweltangelegenheiten" (sogenannte „Århus-Konvention") im Gemeinschaftsrecht umgesetzt. Durch die Umsetzung der Richtlinie 2003/35/EG in das deutsche Recht wird damit das nationale Recht zugleich weiter an die Anforderungen der Århus-Konvention angepasst. Deutschland hat wie auch alle anderen EG-Mitgliedstaaten und die Europäische Gemeinschaft selbst dieses Übereinkommen, welches im Oktober 2001 in Kraft getreten ist, im Jahre 1998 gezeichnet.

1. Zielsetzung und wesentlicher Inhalt der Richtlinie 2003/35/EG

Die Richtlinie 2003/35/EG verfolgt gemäß ihrem Artikel 1 das Ziel, zur Erfüllung der Pflichten aus der Århus-Konvention im europäischen Gemeinschaftsrecht beizutragen. Damit verpflichtet die Richtlinie zur

- Ergänzung bzw. Schaffung von Rechtsschutzmöglichkeiten, insbesondere auch für Umweltverbände, bei Zulassungsentscheidungen für Industrieanlagen und Infrastrukturmaßnahmen nach der Richtlinie 85/337/EWG vom 27. Juni 1985 über die Umweltverträglichkeitsprüfung bei bestimmten öffentlichen und privaten Projekten (ABl. EG Nr. L 175 S. 40, sogenannte UVP-Richtlinie, geändert durch die Richtlinie 97/11/EG vom 3. März 1997 (ABl. EG Nr. L 73 S. 5) und der Richtlinie 96/61/EG vom 24. September 1996 über die integrierte Vermeidung und Verminderung der Umweltverschmutzung (ABl. EG Nr. L 257 S. 26, sogenannte IVU-Richtlinie),
- Einführung einer Öffentlichkeitsbeteiligung bei bestimmten Plänen und Programmen des EG-Rechts, die nicht bereits nach der Richtlinie 2001/42/ EG vom 27. Juni 2001 über die Prüfung der Umweltauswirkungen bestimmter Pläne und Programme (ABl. EG Nr. L 197 S. 30, sogenannte SUP-Richtlinie) einer Strategischen Umweltprüfung mit Öffentlichkeitsbeteiligung bedürfen,
- Ergänzung der nationalen Bestimmungen zur Öffentlichkeitsbeteiligung bei Zulassungsverfahren für Industrieanlagen und Infrastrukturmaßnahmen nach der UVP-Richtlinie und der IVU-Richtlinie der EG.

2. Wesentlicher Inhalt des Gesetzentwurfs

a) Der Gesetzentwurf beinhaltet zur Umsetzung der Vorgaben der Richtlinie 2003/35/EG zu Rechtsbehelfen in Bezug auf Zulassungsentscheidungen für Industrieanlagen und Infrastrukturmaßnahmen nach der UVP-Richtlinie und der IVU-Richtlinie der EG die Schaffung eines neuen Gesetzes über ergänzende Vorschriften zu Rechtsbehelfen in Umweltangelegenheiten nach der EG-Richtlinie 2003/35/EG.

Dieser Gesetzentwurf knüpft an das bestehende deutsche Rechtsbehelfssystem nach der Verwaltungsgerichtsordnung (VwGO) an. Weiterhin in der VwGO geregelt sind die nationalen Vorschriften zur Umsetzung von Artikel 10a Unterabsatz 1 der durch die Richtlinie 2003/35/EG geänderten UVP-Richtlinie bzw. von Artikel 15a Unterabsatz 1 der durch die Richtlinie 2003/35/EG geänderten IVU-Richtlinie. Hier steht das geltende deutsche Recht bereits im Einklang mit den europäischen Vorgaben. Damit verlangt das deutsche Recht von den alternativen Optionen des Gemeinschaftsrechts für Rechtsbehelfe von Mitgliedern der betroffenen Öffentlichkeit die Geltendmachung einer Rechtsverletzung (vgl. Artikel 10a Unterabsatz 1 Buchstabe b der durch die Richtlinie 2003/35/EG geänderten UVP-Richtlinie bzw. von Artikel 15a Unterabsatz 1 Buchstabe b der durch die Richtlinie 2003/35/EG geänderten IVU-Richtlinie). Der Rechtsschutz von natürlichen und juristischen Personen gegen Zulassungsentscheidungen für Industrieanlagen und Infrastrukturmaßnahmen nach der UVP-Richtlinie und der IVU-Richtlinie der EG richtet sich danach weiterhin nach den Vorgaben der VwGO, hängt also insbesondere von der Geltendmachung und dem Vorliegen einer Verletzung von eigenen Rechten des Klägers im Sinne von § 42 Abs. 2, § 113 Abs. 1 Satz 1 VwGO ab. Dasselbe gilt für Vereinigungen, denen im Sinne von § 61 Nr. 2 VwGO ein Recht zustehen kann.

Wesentliche Neuregelung des Gesetzes über ergänzende Vorschriften zu Rechtsbehelfen in Umweltangelegenheiten nach der EG-Richtlinie 2003/35/EG ist die erweiterte Einführung einer Vereins- bzw. Verbandsklage für die genannten umweltrechtlichen Zulassungsentscheidungen für Industrieanlagen und Infrastrukturmaßnahmen.

Vorbilder für eine Vereinsklage im derzeit und früher geltenden deutschen Recht finden sich beispielsweise im Naturschutzrecht (vgl. § 61 des Bundesnaturschutzgesetzes in der Neufassung vom 25. März 2002, BGBl. I S. 1193), im Wirtschaftsund Verbraucherschutzrecht (vgl. § 8 Abs. 4 HandwO vom 17. September 1953, BGBl. I S. 1411, geändert durch Gesetz vom 10. März 1975, BGBl. I S. 685, § 8 Abs. 3 UWG vom 3. Juli 2004, BGBl. I S. 1414, § 33 S. 2 GWB vom 26. August 1998, BGBl. I S. 2521, neugefasst durch Bekanntmachung vom 26. August 1998, BGBl. I S. 2546, das Gesetz über Unterlassungsklagen bei Verbraucherrechts- und anderen Verstößen vom 26. November 2001, BGBl. I S. 3173 bzw. jeweils aufgehoben §§ 13 Abs. 2, 22, 22a AGBG vom 9. Dezember 1976, BGBl. I S. 3317, neugefasst durch Bekanntmachung vom 29. Juni 2000, BGBl. I S. 946, § 12 RabattG vom 25. November 1933, RGBl. I S. 1011, zuletzt geändert durch das Gesetz zur Änderung wirtschafts-, verbraucher-, arbeits- und sozialrechtlicher Vorschriften vom 25. Juli 1986, BGBl. I S. 1169 und § 2 Abs. 1 ZugabeVO vom 9. März 1932, RGBl I S. 121, in der Fassung des Gesetzes zur Änderung wirtschafts-, verbraucher-, arbeits- und sozialrechtlicher Vorschriften vom 25. Juli 1986, BGBl. I. S. 1169) sowie im Behindertenrecht (vgl. § 13 des Behindertengleichstellungsgesetzes vom 27. April 2002, BGBl. I S. 1467 und § 63 des Neunten Buches des Sozialgesetzbuchs Rehabilitation und Teilhabe behinderter Menschen vom 19. Juni 2001, BGBl. I S. 1046).

Einen Vorschlag für eine generelle umweltrechtliche Verbandsklage enthält § 45 des Entwurfs der Unabhängigen Sachverständigenkommission zum Umweltgesetzbuch aus dem Jahre 1998.

Diese Vorbilder sind nun auf Grund der Vorgaben von Artikel 9 der Århus-Konvention der UN ECE und auf Grund der Vorgaben der Richtlinie 2003/35/EG fortzuentwickeln und das bestehende Rechtsbehelfssystem der VwGO zu ergänzen.

b) Die Umsetzung der Vorgaben der Richtlinie 2003/35/EG zur Öffentlichkeitsbeteiligung bei bestimmten Plänen und Programmen des EG-Rechts, die nicht bereits nach der SUP-Richtlinie 2001/42/EG einer Strategischen Umweltprüfung mit Öffentlichkeitsbeteiligung bedürfen, sowie zur Öffentlichkeitsbeteiligung bei Industrieanlagen und Infrastrukturmaßnahmen nach der UVP-Richtlinie und der IVU-Richtlinie der EG erfolgt durch das separate Gesetzgebungsverfahren zum Entwurf eines Gesetzes über die Öffentlichkeitsbeteiligung in Umweltangelegenheiten nach der EG-Richtlinie 2003/35/EG.

II. Gesetzgebungskompetenzen des Bundes

1. Gesetzgebungskompetenz

Die Gesetzgebungskompetenz des Bundes zu Regelungen über Rechtsbehelfe in Bezug auf Entscheidungen in Zulassungsverfahren für UVP-pflichtige Vorhaben bzw. IVU-Anlagen ergibt sich aus der Kompetenz des Bundes nach Artikel 74 Abs. 1 Nr. 1 des Grundgesetzes.

2. Erforderlichkeit der Bundesregelungen nach Artikel 72 Abs. 2 des Grundgesetzes

Die Wahrnehmung der konkurrierenden Gesetzgebungskompetenz durch den Bund ist zur Wahrung der Rechts- und Wirtschaftseinheit im gesamtstaatlichen Interesse erforderlich (Artikel 72 Abs. 2 des Grundgesetzes).

Das Gesetz über ergänzende Vorschriften zu Rechtsbehelfen in Umweltangelegenheiten nach der EG-Richtlinie 2003/35/EG enthält Regelungen zum Rechtsschutz in Bezug auf Entscheidungen in Zulassungsverfahren für UVP-pflichtige Vorhaben bzw. IVU-Anlagen. Danach wird das Verfahren nach der Verwaltungsgerichtsordnung um zusätzliche Regelungen zu Rechtsbehelfen bei Zulassungsverfahren für UVP-Vorhaben und IVU-Anlagen ergänzt. Insbesondere werden, entsprechend den Vorgaben der Richtlinie 2003/35/EG, Rechtsbehelfsmöglichkeiten für Umweltverbände eröffnet. Die Regelung des gerichtlichen Verfahrens auf Bundesebene stellt sicher, dass Zulassungsentscheidungen für Industrieanlagen und Infrastrukturmaßnahmen nach der UVP-Richtlinie und der IVU-Richtlinie im gesamten Bundesgebiet einheitlich von den Verwaltungsgerichten überprüft werden. Dadurch werden die rechtlichen Rahmenbedingungen im Bundesgebiet für eine wirtschaftliche und infrastrukturelle Betätigung ohne Schranken und Hindernisse aufrechterhalten und Wettbewerbsverzerrungen durch unterschiedliche Landesregelungen verhindert. Die Regelungen sind daher zur Wahrung der Wirtschaftseinheit unverzichtbar.

Würde die Regelung des gerichtlichen Verfahrens den Landesgesetzgebern überlassen, wäre damit zu rechnen, dass die Rechtsbehelfsmöglichkeiten in Bezug auf die genannten Zulassungsverfahren an unterschiedliche Voraussetzungen geknüpft würden. Die Verbände, die in einem Bundesland aufgrund geringerer Anforderungen Rechtsbehelfe einlegen könnten, würden im benachbarten Bundesland wegen höherer Anforderungen keine Rechtsbehelfsmöglichkeit eingeräumt erhalten. Unterschiede in den Regelungen zu Verfahrensfehlern könnten dazu führen, dass die Zulassungsentscheidung für ein Vorhaben in einem Bundesland aufgehoben wird, in einem anderen Bundesland für ein vergleichbares Vorhaben dagegen Bestand hat. In den genannten Fällen könnten sich die wirtschaftlichen Aktivitäten in dem Bundesland konzentrieren, in dem die höchsten Hürden für den Rechtsschutz von Verbänden aufgestellt werden. Dies würde zu einer Verzerrung der räumlichen Verteilung von wirtschaftlichen genutzten Standorten und bestehenden Investitionspotentialen führen. Unternehmer, die sich in Ländern mit niedrigen Zulassungsanforderungen für eine Vereinsklage und hohen Hürden bei Regelungen über die Auswirkungen von Verfahrensfehlern betätigen, könnten zudem erheblich gegenüber ihren Konkurrenten in anderen Ländern benachteiligt werden. Dies hätte auch erhebliche Nachteile für die Gesamtwirtschaft zur Folge. Um die Funktionsfähigkeit des Wirtschaftsraumes der Bundesrepublik Deutschland insgesamt zu erhalten, ist eine bundeseinheitliche Rechtssetzung daher erforderlich.

Die bundeseinheitlichen Regelungen zu Rechtsbehelfen gewährleisten zudem einen einheitlichen Handlungsrahmen für die Bürger und die Verbände. Bei unterschiedlichen Länderregelungen besteht die Gefahr einer Zersplitterung der Rechtsbehelfsbestimmungen. Die Rechtsbehelfsmöglichkeiten der betroffenen Öffentlichkeit wären vom jeweiligen Landesrecht abhängig. Betroffene und Verbände aus anderen Ländern müssten sich nicht nur mit ihrem Landesrecht vertraut machen, sondern bei Vorhaben in einem anderen Bundesland auch die dort geltenden Regelungen über Rechtsbehelfe kennen und anwenden. Diese unterschiedlichen Regelungen würden zu erheblichen Rechtsunsicherheiten bei Bürgern und Verbänden und zu unzumutbaren Behinderungen des Klagerechts führen. Noch erschwerender wären die Auswirkungen unterschiedlichen Landesrechts für ausländische Bürger und Umweltverbände, für die damit eine besonders hohe Hürde für die Inanspruchnahme von durch europarechtliche Vorgaben eingeräumten Rechtsbehelfsmöglichkeiten bestehen würde. Dies kann sowohl im Interesse des Bundes als auch der Bundesländer nicht hingenommen werden. Daher sind die bundeseinheitlichen Regelungen zu Rechtsbehelfen auch erforderlich, um die notwendige Rechtseinheit herzustellen.

III. Alternativen

Der Gesetzentwurf dient der Umsetzung zwingender Vorgaben des Gemeinschaftsrechts durch die Richtlinie 2003/35/EG. Eine Nichtumsetzung dieser Vorgaben würde zu Sanktionen der Kommission der Europäischen Gemeinschaften gegen Deutschland gemäß den Artikeln 226 bis 228 des EG-Vertrages führen. Andere Umsetzungsmöglichkeiten als die hier gewählte Konzeption standen angesichts der detaillierten Vorgaben der Richtlinie 2003/35/EG nicht zur Verfügung. Insbesondere kam es nicht in Betracht anstelle des Gesetzentwurfs alternativ entsprechende Regelungen in die bestehenden fachgesetzlichen Vorschriften aufzunehmen, da dies zur parallelen Regelung inhaltsgleicher Vorschriften in verschiedenen Gesetzen geführt hätte und somit nicht im Einklang mit dem Ziel des Abbaus des gesetzlichen Normbestandes im Bundesrecht insgesamt stehen würde. Auf Grund des Rechtscharakters der Richtlinie sind rechtliche Selbstverpflichtungen zur ordnungsgemäßen Umsetzung in nationales Recht ungeeignet, zumal die Verpflichtungen sich weitgehend an staatliche Stellen wenden.

IV. Gender-Mainstreaming

Die gleichstellungspolitischen Auswirkungen wurden gemäß § 2 des Bundesgleichstellungsgesetzes (BGleiG) und § 2 der Gemeinsamen Geschäftsordnung der Bundesministerien (GGO) anhand der Arbeitshilfe der Interministeriellen Arbeitsgruppe „Gender Mainstreaming bei der Vorbereitung von Rechtsvorschriften" und anhand des im federführenden Bundesministerium für Umwelt, Naturschutz und Reaktorsicherheit intern erarbeiteten Prüfschemas für ein Gender Impact Assessment (Prüfung der Auswirkungen auf Geschlechter) geprüft. Personen werden von den Regelungsvorschlägen überwiegend lediglich mittelbar betroffen. Adressaten sind primär die Behörden der öffentlichen Verwaltung und dabei überwiegend die Länder. Soweit durch den Gesetzentwurf der Zugang der Öffentlichkeit zu Gerichten ergänzt wird, besteht kein Unterschied zwischen Frauen und Männern. Die Relevanzprüfung in Bezug auf Gleichstellungsfragen fällt somit negativ aus.

Die Regelungen sind entsprechend § 1 Abs. 2 Satz 1 BGleiG geschlechtergerecht formuliert worden.

V. Gesetzesfolgen

1. Kosten für die öffentlichen Haushalte

Die Regelungen in dem Gesetz über ergänzende Vorschriften zu Rechtsbehelfen in Umweltangelegenheiten nach der EG-Richtlinie 2003/35/EG können einen zusätzlichen geringfügigen Arbeitsaufwand bei den Gerichten erzeugen, der aber im Rahmen der vorhandenen Kapazitäten aufgefangen werden kann. Auf Grund der Einführung einer umweltrechtlichen Vereinsklage durch das vorliegende Gesetz ist nicht mit einer übermäßig starken Zunahme von Klagen zu rechnen. Die Erfahrungen mit Vereinsklagen im deutschen Recht und insbesondere mit der umweltrechtlichen Vereinsklage in den Bundesländern sowie in anderen Mitgliedstaaten der Europäischen Union belegen, dass Befürchtungen, die Vereinsklage führe zu einer starken Zunahme von Prozessen, sich nicht bestätigt haben. Es ist eher zu beobachten, dass sich die Vereine mit Bedacht diejenigen Fälle auswählen, in denen sie Klage erheben. Hierbei wird meist ein Schwerpunkt auf die Erfolgschancen und auf die Qualität und Schwere der möglichen Umweltbeeinträchtigungen gesetzt. Zudem ist grundsätzlich davon auszugehen, dass durch die Erhebung von Gerichtsgebühren eine Kostendeckung erreicht wird. Es ist demgegenüber zu erwarten, dass die Einführung der umweltrechtlichen Vereinsklage mittelfristig zu einer Entlastung der Gerichte führen wird. Dies beruht darauf, dass durch die Vereinsklage ein Teil von potentiellen Klagen Privater gebündelt werden dürften und damit eine Vereinsklage an die Stelle mehrerer Einzelklagen von Privaten treten wird. Dies wird eine Reduzierung der Anzahl von Klagen Privater bewirken. Klagen von Vereinen zeichnen sich zudem häufig durch hohe Sachkunde und eine fachgerechte Vorbereitung der Verfahren aus. Auch dies kann zu einer Beschleunigung von Verfahren beitragen. Die Vereinsklage kann zudem mittelfristig auch eine präventive Wirkung entfalten, weil Behörden im Hinblick auf die Klagemöglichkeiten von Vereinen im Rahmen ihrer ordnungsgemäßen Verwaltungstätigkeit noch mehr Wert auf transparente Entscheidungen und die Vermittlung dieser Entscheidungen gegenüber der Öffentlichkeit legen werden. Dies kann zu einer Steigerung der Akzeptanz und somit ebenfalls zur Vermeidung von Klagen beitragen.

Insgesamt werden die Regelungen über ergänzende Vorschriften zu Rechtsbehelfen in Umweltangelegenheiten nach der EG-Richtlinie 2003/35/EG daher nicht zu wesentlich erhöhten Kosten für den Bund oder die Länder führen. Sofern dennoch in der Anfangsphase der Geltung des Gesetzes eine erhöhte Anzahl von Klagen auftreten sollte, ist die Höhe der damit verbunden Kosten derzeit nicht abschätzbar. Dies gilt auch soweit die Haushalte des Bundes oder der Länder durch Vereinsklagen gegen Projekte von Bundes- bzw. Landesunternehmen berührt sein können, und dabei Verzögerungen bzw. Behinderungen bei Investitionsmaßnahmen zumindest in der Anlaufphase nicht völlig auszuschließen sind. Die dem Bund gegebenenfalls entstehenden Mehrausgaben sowie ein etwaiger Mehrbedarf an Planstellen und Stellen werden innerhalb des jeweils betroffenen Einzelplans eingespart. Den Gemeinden entstehen durch das Gesetz keine zusätzlichen Kosten.

Etwaige Kosten aufgrund der Regelungen dieses Gesetzes können nicht vermieden werden, da sie auf Vorgaben der Richtlinie 2003/35/EG beruhen.

2. Kosten für die Wirtschaft und Preiswirkungen

Es kann nicht ausgeschlossen werden, dass die Einführung einer Vereinsklage in Einzelfällen zu Verfahrensverzögerungen und daraus folgendem Mehraufwand bei Investitionsvorhaben führen kann. Soweit in Einzelfällen zusätzliche Kosten für Unternehmen und Wirtschaft entstehen sollten, sind diese auf Grund der europarechtlichen Vorgaben allerdings unvermeidbar. Unmittelbare Auswirkungen auf Einzelpreise, auf das Preisniveau, insbesondere auf das Verbraucherpreisniveau sind nicht zu erwarten.

VI. Befristung

Eine Befristung des Gesetzes ist nicht möglich, da die Richtlinie 2003/35/EG, die mit diesem Gesetz umgesetzt werden soll, eine solche Möglichkeit nicht vorsieht.

B. Zu den einzelnen Artikeln

Zu § 1 (Anwendungsbereich)

Das Gesetz über ergänzende Vorschriften zu Rechtsbehelfen in Umweltangelegenheiten nach der EG-Richtlinie 2003/35/EG regelt entsprechend der Vorgabe von Artikel 10a der durch die Richtlinie 2003/35/EG geänderten UVP-Richtlinie bzw. von Artikel 15a der durch die Richtlinie 2003/35/EG geänderten IVU-Richtlinie den Gerichtszugang gegen Entscheidungen in Zulassungsverfahren für UVP-pflichtige Vorhaben bzw. IVU-Anlagen. § 1 Abs. 1 Satz 1 bestimmt den Anwendungsbereich, indem auf die behördlichen Entscheidungen in denjenigen Zulassungsverfahren für UVP-Vorhaben und IVU-Anlagen Bezug genommen wird, bei denen ergänzende Rechtsbehelfe nach den europarechtlichen Vorgaben vorzusehen ist.

Vom Anwendungsbereich sind gemäß § 1 Abs. 1 Satz 2 auch Rechtsbehelfe erfasst, die darauf gerichtet sind, dass das jeweilige Zulassungsverfahren hätte durchgeführt werden müssen, aber im Einzelfall unter Verstoß gegen Rechtsvorschriften nicht durchgeführt worden ist. Dies kommt beispielsweise in Betracht bei Errichtung und Betrieb eines Vorhabens oder einer Anlage ohne vorherige Durchführung eines Zulassungsverfahrens oder bei einer vermeintlich zulässigen Änderung eines Vorhabens solch einer Anlage auf Grund einer Anzeige anstelle einer behördlichen Zulassungsentscheidung.

Hingegen sind Rechtsbehelfe in Bezug auf den Erlass oder die Anfechtung von behördlichen Aufsichtsmaßnahmen nicht erfasst. Dies ergibt sich aus dem Wortlaut von § 1 Abs. 1, der lediglich auf die jeweilige Zulassungsentscheidung für ein Vorhaben oder eine Anlage abstellt und somit behördliche Aufsichtsmaßnahmen zum Betrieb eines Vorhabens oder einer Anlage ausklammert.

§ 1 Abs. 1 Satz 1 Nr. 1 knüpft zur Umsetzung von Artikel 10a der durch die Richtlinie 2003/35/EG geänderten UVP-Richtlinie an die Vorschriften des deutschen Bundes- und Landesrechts an, die der Umsetzung der Projektlisten in den Anhängen I und II der UVP-Richtlinie dienen. Der Begriff der Entscheidung über die Zulässigkeit von UVP-Vorhaben wird durch die Legaldefinition in § 2 Abs. 3 des Gesetzes über die Umweltverträglichkeitsprüfung konkretisiert. In Abhängigkeit davon, ob das Trägerverfahren für die Umweltverträglichkeitsprüfung mit einem Verwaltungsakt endet (so beispielsweise die Fälle des § 2 Abs. 3 Nr. 1 UVPG) oder mit einem Beschluss nach § 10 des Baugesetzbuchs (so beispielsweise die Fälle des § 2 Abs. 3 Nr. 3 UVPG) ist der zulässige Rechtsbehelf nach der Verwaltungsgerichtsordnung zu bestimmen. § 1 Abs. 1 Satz 1 Nr. 1 stellt darauf ab, ob für das Zulassungsverfahren des Vorhabens nach den einschlägigen Rechtsvorschriften eine UVP-Pflichtigkeit bestanden hat. Dies kann darauf beruhen, dass ein Vorhaben nach den gesetzlichen Vorgaben einer zwingenden Umweltverträglichkeitsprüfung zu unterziehen war, oder darauf, dass das Vorhaben nach dem Ergebnis einer vorgeschriebenen allgemeinen oder standortbezogenen Vorprüfung des Einzelfalls einer Umweltverträglichkeitsprüfung bedurfte. Bei Vorprüfungen des Einzelfalls ist im Rahmen des Rechtsbehelfs also primär zu prüfen, ob eine UVP durchgeführt wurde bzw. hätte durchgeführt werden müssen. Bestand eine UVP-Pflicht ist der Rechtsbehelf eröffnet. Wurde eine UVP-Pflicht im Rahmen einer Vorprüfung des Einzelfalls verneint, ist nach § 3a Satz 4 des UVPG-E (vgl. Artikel 1 Nr. 4 Buchstabe b des Gesetzentwurfs über die Öffentlichkeitsbeteiligung in Umweltangelegenheiten nach der EG-Richtlinie 2003/35/EG) nur eine Plausibilitätsprüfung anzustellen. Wird dabei das Ergebnis der behördlichen Vorprüfung bestätigt, erübrigt sich eine weitere Prüfung des Rechtsbehelfs. Wurde eine Vorprüfung des Einzelfalls allerdings entgegen den gesetzlichen Vorgaben nicht durchgeführt, stellt dies nach § 3 Abs. 1 Satz 1 Nr. 1 des vorliegenden Gesetzes einen schwerwiegenden Verfahrensfehler dar. Hier muss eine Vorprüfung des Einzelfalls nachgeholt werden, sofern eine Bestätigung der Entscheidung letztlich in Betracht kommen soll.

§ 1 Abs. 1 Satz 1 Nr. 2 nimmt demgegenüber Bezug auf die immissionsschutz-, abfall- und wasserrechtlichen Zulassungsverfahren, die der Zulassung von Anlagen nach der IVU-Richtlinie im deutschen Recht dienen. Wasserrechtliche Zulassungsverfahren sind nur soweit erfasst, als sie nach den auf Grund von § 7 Abs. 1 Satz 3 des Wasserhaushaltsgesetzes erlassenen landesrechtlichen Vorschriften akzessorisch zu den immissionsschutzrechtlichen Zulassungsverfahren für IVU-Anlagen sind.

Zwischen den Nummern 1 und 2 bestehen teilweise Überlappungen, weil zahlreiche Vorhaben und Anlagen sowohl in der UVP- als auch in der IVU-Richtlinie enthalten sind. Die jeweils separate Bezugnahme dient der transparenten Umsetzung der Rechtsschutzbestimmungen sowohl der UVP-Richtlinie als auch der IVU-Richtlinie der EG und wird in der Anwendung dieses Gesetzes zu keinen Problemen führen.

Von § 1 Abs. 1 Satz 1 Nr. 1 werden auch Vorhaben erfasst, die der Verteidigung dienen, und bei denen im Einzelfall nach § 3 Abs. 2 des Gesetzes über die Umweltverträglichkeitsprüfung (UVPG) eine Ausnahme von den Anforderungen bzw. ein Ausschluss der Anwendung des UVPG zugelassen worden ist. Hier wird voraussichtlich mit einem etwaigen Rechtsbehelf gegen die Zulassungsentscheidung insbesondere die Überprüfung einer solchen Ausnahme vom bzw. der Nichtanwendung des UVPG gerügt werden. In einem solchen Rechtsbehelfsverfahren ist den besonderen Geheimschutzanforderungen nach den Vorgaben des geltenden Rechts, insbesondere § 99 VwGO, Rechnung zu tragen.

Die auf das UVPG verweisende Regelung in § 1 Abs. 1 Satz 3 gewährleistet auch für das Umwelt-Rechtsbehelfsgesetz, dass eigenständige Rechtsbehelfe von Vereinen gegen Entscheidungen über die Linienbestimmung bzw. gegen die Ergebnisse von Raumordnungsverfahren nicht zulässig sind. Vielmehr besteht die Möglichkeit der Einlegung von Rechtsbehelfen gegen die nachfolgende Zulassungsentscheidung über das UVP-pflichtige Vorhaben. Wird gegen eine solche Zulassungsentscheidung ein Rechtsbehelf eingelegt, unterliegt das vorangegangene Linienbestimmungs- oder Raumordnungsverfahren entsprechend der ständigen höchstrichterlichen Rechtsprechung einer Inzidentkontrolle im Rahmen dieses Rechtsbehelfs.

Der Verweis in Absatz 2 des § 1 stellt sicher, dass die Vorschriften zur Umsetzung der europäischen Vorgaben der Richtlinie 2003/35/EG zu Rechtsbehelfen auch im Bereich der Ausschließlichen Wirtschaftszone, die von der Bundesrepublik Deutschland durch Proklamation vom 25. November 1994 in der Nord- und Ostsee errichtet wurde, Anwendung finden.

§ 1 Abs. 3 beinhaltet eine Abgrenzungsregelung zur Bestimmung in § 61 Abs. 1 Satz 1 Nr. 2 des Bundesnaturschutzgesetzes. Danach geht das Gesetz über den Rechtsschutz in Umweltangelegenheiten der Vereinsklage des Bundesnaturschutzgesetzes gegen Planfeststellungsbeschlüsse und Plangenehmigungen, soweit eine Öffentlichkeitsbeteiligung vorgesehen ist, vor. Für die Regelung des Bundesnaturschutzgesetzes verbleibt lediglich noch ein Anwendungsbereich, wenn im Bundes- oder Landesrecht für ein Vorhaben eine Planfeststellung vorgeschrieben ist, für das nicht zugleich auch eine UVP-Pflicht oder UVP-Vorprüfungspflicht besteht.

Zu § 2 (Voraussetzungen für den Rechtsbehelfe von Vereinen)

§ 2 regelt die Anforderungen für Rechtsbehelfe gegen eine Entscheidung nach § 1 Abs. 1 oder deren Unterlassen. Damit ist § 2 die grundlegende Vorschrift für die Einführung der umweltrechtlichen Vereinsklage.

§ 2 Abs. 1 regelt ergänzend zum bisherigen verwaltungsgerichtlichen Rechtsschutz die umweltrechtliche Vereinsklage, für die es keiner Verletzung von eigenen Rechten bedarf. Damit wird die Vorgabe von Unterabsatz 3 von Artikel 10a der durch die Richtlinie 2003/35/EG geänderten UVP-Richtlinie bzw. von Artikel 15a der durch die Richtlinie 2003/35/EG geänderten IVU-Richtlinie umgesetzt. Für die Ausgestaltung der damit verbundenen Rechtsbehelfsmöglichkeiten bleibt es weitgehend bei den bewährten Vorschriften der Verwaltungsgerichtsordnung.

§ 2 Abs. 2 Satz 1 normiert für die Zulässigkeit eines Rechtsbehelfs eines Vereins detaillierte Voraussetzungen. Diese Voraussetzungen, die vom Gericht bzw. der für den Widerspruch zuständigen Behörde zu prüfen sind, orientieren sich am Katalog der Kriterien des § 59 Abs. 1 des Bundesnaturschutzgesetzes für eine förmliche Anerkennung eines Vereins. Die konkrete Ausgestaltung der Voraussetzungen trägt insbesondere dem Umstand Rechnung, dass nach den Vorgaben des europäischen Rechts auch ausländische Vereine entsprechend dem Grundsatz der Gleichbehandlung die Möglichkeit einer zulässigen Einlegung von Rechtsbehelfen haben müssen.

§ 2 Abs. 2 Satz 1 Nr. 1 verlangt im Einklang mit den europarechtlichen Vorgaben und entsprechend dem Muster von § 59 Abs. 1 Satz 1 Nr. 1 des Bundesnaturschutzgesetzes, dass der Verein sich auf Dauer für die Ziele des Umweltschutzes nicht nur in Bezug auf ein bestimmtes Vorhaben einsetzt und dabei nicht kommerziell tätig ist. Zudem muss der Verein nach seiner Satzung die Ziele des Umweltschutzes vorwiegend fördern. Diese Ziele müssen daher prägender Vereinszweck sein.

Das Kriterium des dreijährigen Bestehens des Vereins in § 2 Abs. 2 Satz 1 Nr. 2 übernimmt das Muster von § 59 Abs. 1 Satz 1 Nr. 3 des Bundesnaturschutzgesetzes. Dieser Zeitraum beruht auf den verwaltungspraktischen Erfahrungen der Länder, die bereits vor dem Jahre 2002 eine Verbandsklage für Naturschutzvereine im Landesrecht eingeführt hatten. Dadurch sollen Vereine, die sich nur vorübergehend etwa anlässlich eines konkreten Zulassungsverfahrens zusammenschließen und sich nicht dauerhaft und mit einer gewissen Ernsthaftigkeit für den Umweltschutz einsetzen, ausgeschlossen werden.

Das Merkmal von § 2 Abs. 2 Satz 1 Nr. 3 knüpft an die Vorschrift des § 59 Abs. 1 Satz 1 Nr. 4 des Bundesnaturschutzgesetzes an, vereinfacht dessen Voraussetzungen jedoch im Hinblick auf eine Prüfung im Rechtsbehelfsverfahren. Der in der Satzung vorgesehene organisatorische Aufbau des Vereins muss eine sachgerechte Aufgabenerfüllung des Vereins ermöglichen. Daneben soll jedoch auch die tatsächliche Tätigkeit des Vereins betrachtet werden, die beispielsweise durch Tätigkeitsberichte, Presserklärungen oder Presseveröffentlichungen belegt werden kann.

§ 2 Abs. 2 Satz 1 Nr. 4 verlangt die Verfolgung gemeinnütziger Zwecke. Dieses Kriterium wird in der Regel bei Vorliegen der Voraussetzung nach § 2 Abs. 2 Satz 1 Nr. 3 in der Regel mit zu bejahen sein. Eine formelle Anknüpfung an eine Befreiung von der Körperschaftsteuer nach § 5 Abs. 1 Nr. 9 des Körperschaftssteuergesetzes wie in § 59 Abs. 1 Satz 1 Nr. 5 des Bundesnaturschutzgesetzes vorgesehen, ist nicht möglich, da dies zu einer unangemessenen Benachteiligung ausländischer Vereine führen würde. Für Vereine, die jedoch eine solche Befreiung nachweisen können, ist die Vorlage eines entsprechenden Belegs sinnvoll, da damit die Prüfung des Kriteriums vereinfacht wird. Zu Gewährleistung einer einheitlichen Anwendung dieses Kriteriums wird auf die Begriffsbestimmung in § 52 der Abgabenordnung Bezug genommen.

§ 2 Abs. 2 Satz 1 Nr. 5 übernimmt die Voraussetzung von § 59 Abs. 1 Satz 1 Nr. 6 des Bundesnaturschutzgesetzes.

§ 2 Abs. 2 Satz 2 und 3 dienen der Verfahrensvereinfachung, indem unnötige Prüfungen der allgemeinen Anforderungen an die Zulässigkeit eines Rechtsbehelfs eines Vereins vermieden werden. Sofern der Verein als Naturschutzverein nach bundes- oder landesrechtlichen Vorschriften anerkannt ist, bedarf es gemäß Satz 2 keiner Prüfung der Voraussetzungen nach Satz 1. Hier muss der Verein lediglich seine Anerkennung nachweisen.

Bei Vorliegen des Sachverhaltes nach Satz 3 besteht eine widerlegbare Vermutung, dass der Verein die Voraussetzungen nach Satz 1 erfüllt. Bei Satz 3 reicht die Zulässigkeit des Rechtsbehelfs nach Auffassung der erkennenden Behörde oder des erkennenden Gerichts aus, eine rechtskräftige Entscheidung wird angesichts der möglichen Dauer von Gerichtsverfahren in mehreren Instanzen nicht verlangt.

§ 2 Abs. 2 Satz 4 schreibt vor, dass der Verein für die Prüfung der Voraussetzungen nach Satz 1, 2 oder 3 durch die Behörde oder das Gericht entsprechende Unterlagen als Beleg vorzulegen hat.

§ 2 Abs. 3 normiert weitere Zulässigkeitsvoraussetzungen für den Rechtsbehelf eines Vereins im Hinblick auf die konkrete, mit dem Rechtbehelf angegriffene Zulassungsentscheidung in einem Verfahren nach § 1 Abs. 1. Diese Vorschrift orientiert sich an § 61 Abs. 2 des Bundesnaturschutzgesetzes. Nach Nummer 1 ist maßgeblich, dass die gerügten Rechtsvorschriften dem Umweltschutz dienen. Hiervon sind auch Rechtsvorschriften umfasst, die nicht ausschließlich Zielen des Umweltschutzes dienen, sondern die beispielsweise sowohl dem Umwelt- als auch dem Arbeitsschutz dienen. Nummer 2 nimmt ausdrücklich Bezug auf die Umweltschutzziele der Satzung des Vereins, da zum satzungsgemäßen Aufgabenbereich auch andere, nicht umweltschutzbezogene Ziele gehören können. Nummer 3 knüpft unter anderem an die fachrechtlich vorgegebenen Bestimmungen an, beispielsweise an die Einhaltung einer Äußerungsfrist; diesen Bestimmungen muss die Äußerung des Vereins entsprochen haben.

§ 2 Abs. 4 folgt dem Vorbild von § 61 Abs. 3 des Bundesnaturschutzgesetzes. § 2 Abs. 4 enthält eine dementsprechende Vorschrift über den Ausschluss von Einwendungen, die ergänzend auf die Einhaltung fachrechtlicher Bestimmungen, beispielsweise zu Äußerungsfristen, Bezug nimmt.

§ 2 Abs. 5 Satz 1 enthält eine § 61 Abs. 3 des Bundesnaturschutzgesetzes entsprechende Bestimmung über Fristen für Rechtsbehelfe, die unter anderem § 59 Abs. 2 VwGO Rechnung trägt. Zu beachten ist, dass § 9 Abs. 2 UVPG in Verbindung mit § 74 Abs. 5 Satz 2 VwVfG eine öffentliche Bekanntmachung der Zulässigkeitsentscheidung oder der Ablehnung eines UVP-Vorhabens vorschreibt. Dasselbe gilt nach dem zur Umsetzung der Richtlinie 2003/35/EG geänderten § 10 Abs. 7 des Bundes-Immissionsschutzgesetzes (vgl. Artikel 2 Nr. 1 Buchstabe b des Entwurfs eines Gesetzes über die Öffentlichkeitsbeteiligung in Umweltangelegenheiten nach der EG-Richtlinie 2003/35/EG) für IVU-Anlagen. Damit wird für diese Entscheidungen die individuelle Bekanntgabe gemäß § 41 VwVfG ersetzt und die Monatsfrist der §§ 70, 74 VwGO für Rechtsbehelfe beginnt zu laufen. Der Anwendungsbereich von Satz 1 ist daher auf die Fälle reduziert, bei denen die öffentliche Bekanntgabe fehlerhaft erfolgt ist. Die Vorschrift kann insbesondere bei Rechtsbehelfen ausländischer Vereine relevant werden, gegenüber denen eine Bekanntgabe beispielsweise entgegen § 9a Abs. 1 Satz 2 Nr. 4 UVPG-E (vgl. Artikel 1 Nr. 9 Buchstabe b des Entwurfs eines Gesetzes über die Öffentlichkeitsbeteiligung in Umweltangelegenheiten nach der EG-Richtlinie 2003/35/EG) nicht ordnungsgemäß erfolgt ist. Satz 2 enthält aus Gründen der Rechtssicherheit für betroffene Investoren eine Satz 1 entsprechende Regelung für die Fallkonstellationen des unzulässigen Unterlassens einer Entscheidung nach § 1 Abs. 1. Satz 3 stellt klar, dass bei Normenkontrollverfahren gegen Bebauungspläne die Antragsfrist des § 47 Abs. 2 Satz 1 der Verwaltungsgerichtsordnung gilt.

§ 2 Abs. 6 modifiziert in Bezug auf Rechtsbehelfe nach § 2 Abs. 1 die Vorgabe von § 113 VwGO für die Begründetheit. Nach Nummer 1 ist mangels Verletzung des Vereins in eigenen Rechten auf den Verstoß der Entscheidung nach § 1 Abs. 1 oder deren Unterlassen gegen Rechtsvorschriften, die dem Umweltschutz dienen, und auf die Betroffenheit des Vereins in seinem satzungsgemäßen umweltbezogenen Aufgabenbereich abzustellen. Zur Reichweite des Begriffs der Rechtsvorschriften, die dem Umweltschutz dienen, wird auf die Ausführungen zu § 2 Abs. 3 Nr. 1 verwiesen.

Nummer 2 enthält eine Spezialvorschrift für die Fälle, in denen das Bauplanungsverfahren Trägerverfahren für die Umweltverträglichkeitsprüfung ist. UVP-pflichtige Vorhaben im Sinne der Nummer 2 sind nur solche Vorhaben, die einer Regel-UVP-Pflicht unterliegen oder deren UVP-Pflichtigkeit sich aus einer Vorprüfung ergibt.

Zu § 3 (Fehler bei der Anwendung von Rechtsvorschriften)]

Die Vorschrift des § 3, insbesondere § 3 Abs. 1, ist zur vollständigen Umsetzung von Artikel 10a der durch die Richtlinie 2003/35/EG geänderten UVP-Richtlinie erforderlich. Nach Artikel 10a der geänderten UVP-Richtlinie kann unter anderem die Überprüfung der materiellrechtlichen und verfahrensrechtlichen Rechtsmäßigkeit einer Zulassungsentscheidung für ein UVP-pflichtiges Vorhaben beantragt werden.

Dies steht jedoch im Widerspruch zur ständigen Rechtsprechung des Bundesverwaltungsgerichtes (vgl. unter anderem BVerwGE 100, 238 (251ff.); BVerwGE 98, 339 (361f.); BVerwGE 85, 368 (373ff.); BVerwGE 69, 256 (269f.); BVerwGE 26, 145 (148)) in Bezug auf die gerichtliche Überprüfbarkeit von Verfahrensfehlern, insbesondere bei der Durchführung von Umweltverträglichkeitsprüfungen. Danach vermittelt das Recht der Umweltverträglichkeitsprüfung auf Grund seiner Einstufung als Verfahrensrecht keine selbstständig durchsetzbaren Rechtspositionen, weil die Erfüllung von Verfahrensvorschriften kein Selbstzweck ist, sondern nur der besseren Durchsetzung von Umweltbelangen dient. Daher können nach bisheriger Rechtslage die Verfahrensregelungen der Durchführung von Umweltverträglichkeitsprüfungen Drittschutz nur dann begründen, wenn die konkrete Möglichkeit besteht, dass die angegriffene Entscheidung ohne den Verfahrensmangel anders ausgefallen wäre. Gestützt auf § 46 des Verwaltungsverfahrengesetzes des Bundes führt diese Rechtsprechung unter anderem auch bei Unterlassung einer gesetzlich erforderlichen Umweltverträglichkeitsprüfung nur dann zu einer Aufhebung der Zulassungsentscheidung, wenn nach den Umständen des Falles die konkrete Möglichkeit besteht, dass die angegriffene Entscheidung ohne den angenommenen Verfahrensmangel anders ausgefallen wäre.

Vor diesem Hintergrund entwickelt § 3 zur europarechtskonformen Umsetzung von Artikel 10a der geänderten UVP-Richtlinie eine eigenständige Fehlerlehre, mit der für bestimmte schwerwiegende Verfahrensfehler bei zukünftigen Zulassungsentscheidungen gesetzlich festlegt wird, dass diese Fehler zur Aufhebung der Entscheidung führen können, sofern die entsprechenden Verfahrensschritte nicht nachgeholt und damit die Verfahrensfehler geheilt werden. Für die Annahme eines schwerwiegenden Verfahrensfehlers im Sinne von § 3 Abs. 1 bedarf es jedoch nach dessen Ausgestaltung eines völligen Unterlassens dieses Verfahrensschrittes (z.B. eine Beteiligung der Öffentlichkeit wurde überhaupt nicht durchgeführt). Nach § 3 Abs. 1 Satz 2 Nr. 1 ist die vollständige Nichtdurchführung einer rechtlich vorgeschriebenen Umweltverträglichkeitsprüfung oder Vorprüfung des Einzelfalls über die UVP-Pflichtigkeit ein wesentlicher Verfahrensfehler. In Fällen, in denen entgegen den gesetzlichen Vorgaben eine Vorprüfung des Einzelfalls über die UVP-Pflichtigkeit nicht erfolgte, stattdessen aber eine Umweltverträglichkeitsprüfung durchgeführt wurde, fehlt für einen eventuellen Rechtsbehelf das erforderliche Rechtsschutzbedürfnis. Nach Nummer 2 liegt ein wesentlicher Verfahrensfehler vor, wenn ein einzelner Verfahrensschritt der UVP, der nach den für das jeweilige Vorhaben einschlägigen UVP-Vorschriften vorgesehen ist, im konkreten Einzelfall vollständig nicht durchgeführt worden ist. Dies bezieht sich auf die Vorlage der vorgeschriebenen Unterlagen über die Umweltauswirkungen des Vorhabens (beispielsweise nach § 6 UVPG), auf die vorgeschriebene Behördenbeteiligung (beispielsweise nach § 7 UVPG), auf die möglicherweise erforderliche grenzüberschreitende Behörden- und Öffentlichkeitsbeteiligung (beispielsweise nach §§ 8, 9a UVPG), auf die vorgeschriebene Beteiligung der inländischen Öffentlichkeit (beispielsweise nach § 9 UVPG) sowie auf die Bewertung der Umweltauswirkungen des Vorhabens nach § 12 UVPG. Durch das Anknüpfen an eine nach dem Gesetz über die Umweltverträglichkeitsprüfung vorgeschriebene UVP unterfallen der Vorschrift auch die inhaltsgleichen Verfahrensschritte, die über § 4 UVPG in der Verordnung über das Genehmigungsverfahren (9. BImSchV) und in der Atomrechtlichen Verfahrensverordnung (AtVfV) geregelt sind.

§ 3 Abs. 1 Satz 3 verweist ausdrücklich auf die Möglichkeit der Heilung durch Nachholung der aufgetretenen Verletzung von wesentlichen Verfahrensvorschriften. Hierzu bietet es sich beispielsweise in Fällen, in denen das Gericht zu dem Zwischenergebnis kommt, dass entgegen den gesetzlichen Vorgaben eine Vorprüfung des Einzelfalls über die UVP-Pflichtigkeit nicht durchgeführt wurde, eine Aussetzung des gerichtlichen Verfahrens an, damit die zuständige Behörde die Vorprüfung nachholen kann.

Für leichtere Verfahrensfehler (z. B. Frist für die Auslegung von Unterlagen im Rahmen der Öffentlichkeitsbeteiligung wurde versehentlich um einen Tag verkürzt) bleibt es hingegen bei der bisherigen Anwendung der Bestimmung des § 46 des Verwaltungsverfahrensgesetzes des Bundes bzw. der spezielleren Rechtsvorschriften, die für die Entscheidung über die Zulässigkeit des Vorhabens maßgebend sind.

Absatz 2 enthält eine Spezialvorschrift für Beschlüsse im Sinne des § 2 Abs. 3 Nr. 3 UVPG, die auf die Fehlerlehre in den §§ 214 und 215 BauGB und die einschlägigen landesrechtlichen Vorschriften Bezug nimmt.

Nach Absatz 3 werden die Regelungen der Absätze 1 und 2 des § 3 auch auf sonstige Rechtsbehelfe nach der VwGO erstreckt, die von der Geltendmachung subjektiv-öffentlicher Rechte abhängig sind. Diese Erstreckung ist zur ordnungsgemäßen Umsetzung von Artikel 10a der durch die Richtlinie 2003/35/EG geänderten UVP-Richtlinie erforderlich.

Das Gesetz enthält keine Bestimmungen zur Kontrolldichte von Gerichten. Hier bleibt es bei der bewährten höchstrichterlichen Rechtsprechung, wonach die gerichtliche Überprüfbarkeit insbesondere von behördlichen Prognosen und Bewertungen, die technischen oder naturwissenschaftlichen Sachverstand voraussetzen, begrenzt ist. Danach soll die Richtigkeit von behördlichen Prognosen und Bewertungen nicht Gegenstand einer gerichtlichen Beweisaufnahme sein. Eine Beweisaufnahme ist nur erforderlich, wenn das Gericht nicht beurteilen kann, ob ein eventuelles vorgeschriebenes Verfahren eingehalten worden oder ob eine behördliche Prognose oder Bewertung nachvollziehbar ist. Das Gericht kann insbesondere überprüfen, ob die einschlägigen technischen und wissenschaftlichen Erkenntnisse in Betracht gezogen, allgemeine Bewertungsmaßstäbe beachtet sowie die gesetzlichen Grenzen der Ermächtigung eingehalten wurden und ob von der Beurteilungsermächtigung in einer dem Zweck der Ermächtigung entsprechenden Weise Gebrauch gemacht worden ist. Die Behörde muss zum Beispiel, wenn es um den Stand von Wissenschaft und Technik geht, die Wissenschaft zu Rate ziehen; sie darf sich bei der Beurteilung einer Schadenswahrscheinlichkeit nicht allein auf das

„ingenieurmäßige" Erfahrungswissen stützen, sondern muss Schutzmaßnahmen auch anhand bloß theoretischer Überlegungen und Berechnungen in Betracht ziehen, um Risiken und Wissenslücken hinreichend zuverlässig auszuschließen. Sie darf sich auch nicht auf eine vorherrschende Auffassung in der Wissenschaft verlassen, sondern muss nach Maßgabe des Besorgnispotentials alle vertretbaren wissenschaftlichen Erkenntnisse in Erwägung ziehen. Allerdings muss sie nicht ermitteln, ob zur herrschenden Meinung eine auch noch so fernliegende Gegenmeinung besteht, die theoretisch nicht widerlegbar, aber als Beleg für ein bestehendes Gefahrenpotential praktisch auszuschließen ist. Stellen sich Defizite im Bereich der von der Zulassungsbehörde zu verantwortenden Ermittlung und Bewertung von Risiken heraus, so können die Verwaltungsgerichte solche Defizite nicht heilen, indem sie ihre eigene Überzeugung zum Maßstab nehmen und anhand dieses Maßstabes entscheiden. In einem solchen Fall muss die Behörde die erforderlichen Ermittlungen und Bewertungen nachholen.

Zu § 4 (Übergangsvorschrift)

De Übergangsvorschrift des § 4 stellt sicher, dass das Gesetz über ergänzende Vorschriften zu Rechtsbehelfen in Umweltangelegenheiten nach der EG-Richtlinie 2003/35/EG nur für Rechtsbehelfe gegen Zulassungsentscheidungen von Vorhaben oder Anlagen im Sinne von § 1 Abs. 1 Satz 1, die nach dem 25. Juni 2005 begonnen worden sind, Anwendung findet. Damit entfaltet die Umsetzung der europarechtlichen Verpflichtung aus Artikel 3 Nr. Nr. 7 und Artikel 4 Nr. 4 der Richtlinie 2003/35/EG ausschließlich für nach dem in Artikel 7 der Richtlinie 2003/35/EG geregelten Stichtag, 25. Juni 2005, eingeleitete Zulassungsverfahren Rechtswirkungen. Für Zulassungsentscheidungen, die vor dem 25. Juni 2005 bereits erteilt worden sind, oder deren laufende Verwaltungsverfahren am genannten Stichtag noch nicht abgeschlossen sind, richtet sich der Rechtsschutz ausschließlich nach den Bestimmungen der Verwaltungsgerichtsordnung und anderen einschlägigen fachgesetzlichen Vorschriften des Bundes- und Landesrechts. Nach der Übergangsvorschrift findet das Gesetz auch Anwendung, wenn ein Zulassungsverfahren nach dem Stichtag hätte eingeleitet werden müssen. In diesem Sinne ist eine Anwendbarkeit des Gesetzes nur gegeben, wenn sich erstmals nach dem gesetzlichen Stichtag ein Anlass für die Einleitung eines Verfahrens geboten hat. Damit werden Fallkonstellationen erfasst, in denen ein Vorhaben (beispielsweise eine genehmigungspflichtige Änderung einer Industrieanlage) verwirklicht wird, ohne vorher eine Zulassung zu beantragen und damit die Durchführung eines Verfahrens mit Beteiligung der Öffentlichkeit umgangen werden soll.

Zu § 5 (Inkrafttreten)

§ 5 regelt das Inkrafttreten des Gesetzes.

4. Teilnehmerliste

Anne Becker	Bundesministerium für Umwelt, Naturschutz und Reaktorsicherheit, Berlin
Bettina Benz	Deutscher Bundestag, Berlin
Professor Dr. Willi Blümel	Deutsche Hochschule für Verwaltungswissenschaften, Speyer
Jochen Braig	Max-Planck-Institut für ausländisches öffentliches Recht und Völkerrecht, Heidelberg
Dr. Markus Deutsch	Rechtsanwälte Gleiss Lutz, Frankfurt/Main
Marie-Luise Dött, MdB	Deutscher Bundestag, Berlin
Priv.-Doz. Dr. Dr. Wolfgang Durner	Institut für Politik und Öffentliches Recht der Ludwig-Maximilians-Universität München
RA Dr. Martin Düwel	Rechtsanwälte Zenk, Berlin
Franziska Erdle, LL.M.	Verband der Chemischen Industrie e.V., Berlin
Ulrike Feldmann	Wirtschaftsverband Kernbrennstoff-Kreislauf e.V., Berlin
Priv.-Doz. Dr. Kristian Fischer	Rechtswissenschaftliche Fakultät der Universität Mannheim
RA Dr. Jürgen Fluck	BASF Aktiengesellschaft, Ludwigshafen
Jürgen Friedrich, LL.M.	Max-Planck-Institut für ausländisches öffentliches Recht und Völkerrecht, Heidelberg

RAin Martina Froben	Berlin
RA Frank Froeschle	Bayer AG, Leverkusen
Dr. Jürgen Gehb, MdB	Deutscher Bundstag, Berlin
RA Dr. Andreas Geiger	Rechtsanwälte Gassner Stockmann & Kollegen, München
RAin Annette Giersch, LL.M.	Bundesverband der Deutschen Industrie e.V., Berlin
RA Holger Habich	Verband der Chemischen Industrie e.V., Frankfurt/Main
ORR'in Dr. Evelyn Hagenah	Umweltbundesamt Berlin
Dr. Christian Hamann	Rechtsanwälte Gleiss Lutz, Berlin
MinR Peter Hart	Bundesministerium für Umwelt, Naturschutz und Reaktorsicherheit, Berlin
Dr. Christoph Heydemann	Verwaltungsgericht Berlin, Vorsitzender des Bundes Deutscher Verwaltungsrichter
Hans-Georg Hofmann	Landesvertretung Saarland beim Bund, Berlin
Arne Hüskes	Vertretung des Landes Sachsen-Anhalt beim Bund, Berlin
Dr. Alexander Jannasch	Richter am Bundesverwaltungsgericht Leipzig
Dr. Serge-Daniel Jastrow, LL.M.	Bundesministerium des Innern, Berlin
Dr. Alexander Kenyeressy	Wirtschaftsvereinigung Metalle, Berlin
MinRin Beate Kienemund	Bundesministerium der Justiz, Berlin

Jürgen Kipp	Präsident des Oberverwaltungsgerichts Berlin
Dipl.-Volksw. Christiane Klingmann	Verband der Chemischen Industrie e.V., Frankfurt/Main
Professor Dr. Michael Kloepfer	Lehrstuhl für Staats- und Verwaltungsrecht, Europarecht, Umweltrecht, Finanz- und Wirtschaftsrecht, Humboldt-Universität zu Berlin
Andreas Klotz	Dow Olefinverbund GmbH Werk Schkopau, Merseburg
MinR Dr. Gerhard Köpernik	Bundesministerium für Wirtschaft und Arbeit, Berlin
Anne Lambers, LL.M.	CEFIC – Conseil Europeen de l'Industrie Chimique, Brüssel
Ralph Lemp	Hessisches Ministerium für Umwelt, ländlichen Raum und Verbraucherschutz, Wiesbaden
RAin Elenore Lohrum	Deutsche Bahn AG, Frankfurt
Professor Dr. Hans Walter Louis	Niedersächsisches Umweltministerium, Hannover
Ass. jur. Dagmar Lubomirski	Verband der Chemischen Industrie e.V., Berlin
Professor Dr. Thilo Marauhn	Institut für Öffentliches Recht, Völkerrecht und Europarecht der Universität Gießen
Armin Minkner	Ministerium für Umwelt, Naturschutz und Landwirtschaft des Landes Schleswig Holstein, Kiel
Professor Dr. Christoph Moench	Rechtsanwälte Gleiss Lutz, Berlin

Ltd. MinR Andrea Molter	Ministerium für Umwelt und Forsten Rheinland-Pfalz, Mainz
Dr. Margarete Mühl-Jäckel, LL.M.	Rechtsanwälte Dombert, Potsdam
Hans Hermann Nacke	Verband der Chemischen Industrie e.V., Frankfurt/Main
Kathleen Ordnung, LL.M.	Umweltbundesamt Berlin
Dr. Herbert Posser	Rechtsanwälte Freshfields Bruckhaus Deringer, Düsseldorf
Dr. Sylvia Pradel	Arbeitsgemeinschaft Deutscher Verkehrsflughäfen, Berlin
Professor Dr. Hans-Werner Rengeling	Institut für Europarecht der Universität Osnabrück
Dr. Lutz Reulecke	Rechtsanwälte Freshfields Bruckhaus Deringer, Berlin
Christoph Sahm, LL.M.	Verband der Elektrizitätswirtschaft e.V., Berlin
ORR Matthias Sauer	Bundesministerium für Umwelt, Naturschutz und Reaktorsicherheit, Berlin
Dora Schaffrin	Ecologic – Institut für Internationale und Europäische Umweltpolitik, Berlin
Dr. Kurt-Christian Scheel	Bundesverband der Deutschen Industrie e.V., Berlin
RA Hartmut Scheidmann	Rechtsanwälte Redeker Sellner Dahs & Widmaier, Berlin
Dr. Andreas Schirra	E.ON Kernkraft GmbH, Hannover

Dr. Sabine Schlacke	Lehrstuhl für Öffentliches Recht unter besonderer Berücksichtigung des Verwaltungsrechts, Juristische Fakultät der Universität Rostock
Professor Dr. Alexander Schmidt	Fachhochschule Anhalt Bernburg, Köthen
MinR Hans-Peter Schmieszek	Bundesministerium der Justiz, Berlin
Dr. Heribert Schmitz	Bundesministerium des Innern, Berlin
Dr. Bettina Schöndorf-Haubold	Institut für Deutsches und Europäisches Verwaltungsrecht, Juristische Fakultät der Universität Heidelberg
Markus Schrader	Degussa AG, Frankfurt/Main
Thomas Schröder	Niedersächsisches Umweltministerium, Hannover
Ulrike Schulz	Deutscher Bundestag, Berlin
RA Dr. Peter Schütz	Rechtsanwälte Kasper Knacke Wintterlin & Partner, Stuttgart
Helmut Stein	Hessisches Ministerium für Umwelt, ländlichen Raum und Verbraucherschutz, Wiesbaden
Dirk Stern	Deutscher Bundestag, Berlin
Norbert Theihs	Verband der Chemischen Industrie e.V., Berlin
Priv.-Doz. Dr. Andreas von Arnauld	Fachbereich Rechtswissenschaften der FU Berlin

Dr. Anja von Hahn, LL.M.	Verband der Chemischen Industrie e.V., Frankfurt/Main
RA Dr. Horst von Holleben	Rechtsanwälte Redeker Sellner Dahs & Widmaier, Berlin
Professor Dr. Christian Walter	Lehrstuhl für Öffentliches Recht, Europarecht, Völkerrecht und internationales Wirtschaftsrecht, Friedrich-Schiller-Universität Jena
Professor Dr. Clemes Weidemann	Rechtsanwälte Gleiss Lutz Rechtsanwälte, Stuttgart
MinR Dr. Matthias Weigand	Bayerisches Staatsministerium für Umwelt, Gesundheit und Verbraucherschutz, München
Wolfgang Weinzettl	Lexxion-Verlag, Berlin
Urte Wiemken	Lexxion-Verlag, Berlin
RAin Verena A. Wolf	Bundesministerium für Wirtschaft und Arbeit, Berlin
Professor Dr. Jan Ziekow	Deutsche Hochschule für Verwaltungswissenschaften Speyer
Michael Zschiesche	Unabhängiges Institut für Umweltfragen e.V., Berlin